KB154370

5천 년 역사가 단숨에 이해되는

최소한의 한국사

5천 년 역사가 단숨에 이해되는

최소한의 한국사

최태성 지음

프런트페이지
FRONTPAGE

일러두기

· 일반에서는 널리 '광개토대왕'으로 불리나, 이 책에서는 국강상광개토경평안호태왕
國岡上廣開土境平安好太王 이라는 시호를 줄여 '광개토태왕'으로 표기했다.

◆

교양과 상식을 채우는
첫 번째 역사 수업

몇 년 전 한 회사로부터 강연 요청을 받은 적이 있습니다. 요즘에는 기업에서도 인문학을 중요하게 여기는 터라 기업의 강연 요청이 낯선 일은 아니었는데, 강연 주제가 좀 남달랐습니다. 대부분의 기업에서는 혁신과 리더십에 관한 이야기를 요청하는데, 이 회사는 특이하게도 현대 민주화운동에 관해 강의해 달라고 하더군요. 그 이유를 알고 보니 제품 광고에 현대사의 아픔이 담긴 발언을 사용해 여론의 질타를 받은 경험이 있는 회사였습니다. 역사에 대한 이해가 부족해 생긴 일이었지요.

이 회사는 잘못을 빠르게 사과하고, 재발을 막기 위해 직원들을 대상으로 역사 교육을 실시하겠다고 약속했습니다. 그래서 보통의 기업 강연과 다른 주제를 요청한 것이었어요. 대표를 비롯한 전 직원이 모인 강의실이 역사 공부에 대한 열기로 무척 뜨거웠던 기억이 아직까지 생생합니다.

역사를 잘 알지 못해 어려움을 겪는 것은 비단 기업만의 일이 아닙니다. 학창 시절에는 늘 후순위로 밀려났던 역사가 사회에서는 상식과 교양의 필수 요소로 손꼽히곤 합니다. 그래서 일반인들도 역사를 잘 모르면 스스로 상식이 부족한 사람이라 여기며 부끄러워하거나, 의미에 맞지 않는 부적절한 발언을 했다가 난처해지는 경우가 왕왕 있습니다. 성인이 되어 다시 한번 역사 공부에 대한 크고 작은 의지를 품는 분이 많은 이유는 이 때문이겠지요.

약 30년 동안 역사를 가르치면서 한국사에 관심은 많지만 어디서부터 어떻게 공부를 시작해야 할지 몰라 답답해하는 분들을 많이 만났습니다. 학생뿐만 아니라 이런 분들에게도 교양으로서 역사를 쉽고 재미있게 배울 수 있는 콘텐츠가 필요하다는 생각이 들었습니다. 흥밋거리 중 하나로 머무는 역사가 아니라 한국사 전체를 꿰뚫는 기본서 말이죠.

이 책 《최소한의 한국사》는 이러한 생각에서 탄생했습니다. 한국사 교과서 저자로서, 한국사 강연자로서 전국을 다니며 한국사를 소개해왔던 그간의 경험을 바탕으로 더도 말고 덜도 말고 딱 이 정도만 알면 당당해질 수 있겠다 싶은 한국사의 핵심을 정리했습니다. 우리나라 최초의 국가 고조선이 건국되었다는 기원전 2333년부터 최초의 남북정상회담 결과인 6·15남북공동선언이 발표된 2000년까지, 반만년 역사 중 하이라이트만을 엄선해 담았지요.

역사를 제대로 이해하기 위해서는 맥락을 잡는 것이 중요합니다. 그렇기 때문에 고대부터 현대까지 차례대로 살펴보기로 하고 전근대사는 왕을 중심으로, 근현대사는 변화를 이끈 사건들을 중심으로 설명했습니다. 시간 순서에 따라 인물과 사건을 설명했기 때문에 읽는 것만으로도 머릿속에 한국사의 흐름이 일목요연하게 정리될 것이라 기대합니다.

역사에는 재미있는 이야기가 참 많습니다. 하지만 이런 이야기들은 거시적인 담론에 가려져 뒤로 밀리기 일쑤지요. 이 책은 학습서가 아니라 다른 사람과 대화하고, 문화콘텐츠를 감상하고, 동시대 우리 사회를 더 잘 이해하는 데에 도움이 될 만한 한국사를 전하는 데에 그 목적이 있습니다. 그래서 역사적으로 중요한 인물과 사건은 물론 우리 일상에 밀접한 이야기들을 함께 담았습니다. 개천절은 무엇을 기념하기 위한 날인지, 심부름 가서 오지 않는 사람을 왜 함흥차사라고 하는지 등 역사가 우리 일상 곳곳에 남긴 재미있는 유산들을 알아가며 여러분이 한국사의 재미와 의미를 느낀다면 더 바랄 것이 없겠습니다.

역사는 복잡하고 어려운 개념의 나열이 아니라 우리보다 앞서 살았던 사람들이 내린 수많은 선택의 결과입니다. 그래서 역사를 공부하다 보면 사람을 만나게 되고, 그들의 선택을 만나게 됩니다. 선택의 갈림길에서 어떤 선택을 내리느냐에 따라 결과가 달라지는 인생극장을 보게 되는 것이지요. 그 덕분에 내 인생에서 맞닥뜨리는 선택의 갈림길 앞에서도 바로 이 역사를 상상의 근거로 사용할 수 있게 됩니다. 지금의 선택이 어떤 결과를 불러올지 제대로 아는 것. 즉, 올바른 상상력을 갖추는 것이 역사를 배우는 이유라 할 수 있습니다. 제가 이 책에서 단순히 역사적 사실을 나열하는 데 그치지 않고 그 사실을 어떻게 바라보아야 하는지 시선을 덧붙인 이유입니다.

표준국어대사전에서는 '교양'을 '학문, 지식, 사회생활을 바탕으로 이루어지는 품위. 또는 문화에 대한 폭넓은 지식'이라고, '상식'을 '사람들이 보통 알고 있거나 알아야 하는 지식'이라고 정의합니다. 빠르게 발전하는 현대 사회에서 역사가 이 시대에 필요한 첫 번째 교양과 상식으로 손꼽히는 것은 우연이 아닙니다. 우리나라의 사회, 정치, 경제가 현재의 모습을 갖추기까지 어떤 격동의 과정을 겪어왔는지 알게 되면 지식뿐만 아니라 세상을 보는 눈도 달라지기 마련이니까요. 우리가 나눌 역사 이야기가 그 변화의 첫걸음이 되기를 소망합니다.

이 책이 나오기까지 함께해 준 별별한국사 실장님과 선생님들, 출판사 프런트페이지, 그리고 밤부 식구들 모두에게 감사의

최소한의 한국사

인사를 올립니다. 이제 저 큰별쌤 최태성과 함께 최소한의 역사, 그 역사 속으로 떠나보시지요.

2023년 6월 대나무숲에서

큰별쌤 최태성

◆목차

|들어가는 말| 교양과 상식을 채우는 첫 번째 역사 수업 · 5

─────────────── 1장 ───────────────
고조선과 삼국시대

고조선 : 반만년 역사의 시작 · 17
한반도 최초의 국가 | 단군 이야기와 홍익인간 | 선택받은 민족 | 2,000년 역사의 고조선 멸망

고구려 : 만주 벌판을 달리는 철갑기병의 군사 강국 · 24
고구려의 시조, 주몽 | 소수림왕의 개혁 | 전성기 고구려의 영토 확장 | 온달과 평강공주 | 수와 맞선 살수대첩 | 당과 맞선 안시성 전투 | 고구려의 멸망 | 고구려 대표 문화유산

백제 : 화려하되 사치스럽지 않은 문화 강국 · 45
백제의 시조, 온조 | 전성기를 이끈 근초고왕 | 웅진시대를 연 무령왕 | 성왕의 사비 천도 | 백제의 마지막 왕, 의자왕 | **백제 대표 문화유산**

신라 : 유연한 자세로 삼국을 통일한 외교 강국 · 59
신라의 시조, 박혁거세 | 국가의 기틀을 잡은 지증왕과 법흥왕 | 한강을 차지한 진흥왕 | 642년 신라의 위기 | 나당 연합과 삼국 통일 | 신라 대표 문화유산

가야 : 철의 왕국으로 불리는 무역 강국 · 75
가야 연맹의 출발 | 부의 원천, 철 | 금관가야에서 대가야까지 | 논란의 임나일본부설 | 가야 대표 문화유산

―――― 2장 ――――
남북국시대

발해 : 고구려를 계승한 해동성국 · 89

발해가 우리나라 역사인 이유 | 역사상 가장 넓은 영토를 차지한 해동성국 | 미스터리로 남은 멸망의 이유 | 발해 대표 문화유산

통일신라 : 찬란한 문화를 꽃피운 한반도 통일 국가 · 99

삼국 통일을 이룬 문무왕 | 신문왕의 개혁 정치 | 불교예술이 발달한 전성기 | 호족의 등장 | 통일신라의 멸망 | 통일신라 대표 문화유산

―――― 3장 ――――
고려시대

고려의 건국 : 한국사의 중세를 열다 · 119

시대 구분의 이유 | 왕건의 고려 건국 | 강력한 왕권을 세운 광종 | 성종과 시무 28조

거란과 여진의 침입 : 빛나는 외교 전략과 문벌의 몰락 · 132

서희와 강동 6주 | 강감찬의 귀주대첩 | 거란의 쇠퇴, 여진의 성장 | 이자겸의 난 | 묘청의 서경천도운동

무신시대와 몽골의 침략 : 고려 역사의 분기점 · 144

무신정변 | 무신집권기 | 몽골의 침략과 대몽항쟁

원 간섭기와 공민왕의 개혁 : 혼란을 넘어 새 시대로 · 154

고려 운명을 바꾼 원종의 선택 | 원의 부마국이 된 고려 | 반원 정책을 펼친 공민왕 | 위화도 회군이 부른 고려의 멸망 | 고려 대표 문화유산

─────────── 4장 ───────────
조선시대

조선의 건국 : 성리학 기반의 유교 국가를 꿈꾸며 · 173
정몽주와 이성계, 정도전의 대립 | 조선의 설계자, 정도전 | 왕자의 난을 일으킨
이방원

조선 전기 태평성대 : 통치체제 확립과 문화 발전 · 185
태종의 왕권 강화 | 적장자 세자를 폐위한 이유 | 조선 최고의 성군, 세종 | 한글
의 탄생, 훈민정음 창제 | 세조의 계유정난 | 조선의 체제를 완성한 성종

사림의 성장 : 유교 정신의 확산과 지방 선비들의 등장 · 201
유교 윤리의 확산 | 피바람을 부른 폭군, 연산군 | 정치 세력 사림의 등장

임진왜란과 병자호란 : 조선 역사의 분기점 · 208
이순신과 선조 | 대동법과 중립외교의 광해군 | 청에 항복한 병자호란 | 조선 전
기 대표 문화유산

조선 후기 정치 변동 : 붕당 정쟁부터 환국까지 · 223
붕당과 예송 | 숙종의 환국정치 | 정통성을 갖춘 왕의 힘

영·정조의 개혁 정치 : 조선 후기의 르네상스 · 234
영조의 탕평정치 | 뒤주에 갇혀 죽은 사도세자 | 아버지 대신 즉위한 정조 | 실력
을 중시하는 똑똑한 왕

조선의 쇠락 : 세도정치와 피폐한 민생 · 248
세도가문의 득세 | 삼정의 문란 | 농민들의 봉기 | 조선 후기 대표 문화유산

─────────── 5장 ───────────
근대

조선의 개항 : 쏟아지는 열강의 개항 요구와 조선 내부의 혼란 · 259
흥선대원군의 등장 | 통상 수교 거부 정책 | 고종 친정과 강화도조약 | 임오군란 | 위
로부터의 개혁, 갑신정변 | 아래로부터의 개혁, 동학농민혁명

일제의 국권 침탈과 저항 : 좌절된 근대국가 수립의 꿈 ·277

갑오개혁 | 고종의 대한제국 선포 | 국권 침탈, 경술국치 | 국권 침탈에 대한 저항

1910년대 일제강점기 : 무단통치를 끝낸 3·1운동 ·287

일제의 무단통치 | 항일 비밀결사 조직 | 독립운동 기지 건설 | 3·1운동

1920년대 일제강점기 : 민족 분열 정책에 맞선 무장투쟁 ·299

일제의 '문화통치' | 국외 항일 무장투쟁 | 국내의 다양한 저항운동

1930년대 이후 일제강점기 : 민족말살정책 속 대한민국 임시정부의 활동 ·305

일제의 민족말살정책 | 민족문화 수호운동과 대한민국 임시정부

───────────── 6장 ─────────────

현대

광복과 분단 : 해방 이후 둘로 나뉜 한반도 ·315

8·15 광복과 38선 | 모스크바 3국 외상 회의의 여파 | 대한민국 정부 수립 | 6·25 전쟁

1950년대 정치사 : 제1공화국 이승만 정부의 수립 ·325

이승만 정부의 과제 | 발췌 개헌과 사사오입 개헌 | 3·15부정선거와 4·19혁명 | 제2공화국 장면 정부와 5·16군사정변

1960~1970년대 정치사 : 18년간 지속된 박정희 정부 ·333

경제 발전을 목표로 한 제3공화국 | 10월 유신으로 들어선 제4공화국 | 독재 정권에 대한 저항

1980년대 정치사 : 신군부의 등장과 민주화 투쟁 ·339

민주화운동의 토대가 된 5·18민주화운동 | 6월 민주항쟁 | 제6공화국 노태우 정부와 남북회담

1990년대 정치사 : 민주주의의 발전 ·346

문민정부의 등장, 김영삼 정부 | 외환위기 극복과 남북정상회담, 김대중 정부

도판 출처 ·350

— 1장 —

고조선과 삼국시대

고조선

반만년 역사의 시작

한반도 최초의 국가

대한민국의 역사를 흔히들 반만년의 역사라고 말합니다. 그렇다면 그 시작점은 어디일까요? 바로 우리나라 최초의 국가, 고조선이 출발한 기원전 2333년입니다. 물론 한반도에는 그 이전부터 사람이 살기는 했습니다. 학자들은 약 70만 년 전부터 한반도에 인류가 살았을 것이라 봅니다. 다만 그때는 구석기시대라 먹을 것을 찾아 이동하며 생활했기 때문에 구석기인들을 우리 민족의 직접적인 조상이라 말하지 않는 것이지요.

70만 년 가까이 지속된 구석기시대는 지금으로부터 약 1만 년 전 신석기시대로 접어들었고, 신석기인들이 농경을 시작하면서 이 땅에 정착했지요. 그리고 지금으로부터 약 4,000년 전 청동이 발견되면서 돌을 사용하던 석기시대가 저물고 금속의 시대로 들어섰습니다. 청동기시대가 개막한 것입니다.

청동기시대에 농사 기술이 발달하면서 잉여 농산물이 생기고, 빈부 격차와 계급이 발생했습니다. 비옥한 땅을 두고 부족 간의 전쟁도 잦아졌죠. 자연스럽게 국가가 등장했습니다. 한반도에 최초의 국가 고조선이 등장한 것도 청동기시대의 일입니다. 바로 이 고조선이 세워진 기원전 2333년부터 현대에 이르기까지의 시간을 합해서 5,000년, 즉 반만년 역사라고 이야기합니다. 긴 역사의 시작이 고조선의 출발에 있는 것이지요.

그런데 고조선 사람에게 "고조선인이세요?" 하고 물으면 아마 고개를 갸우뚱할 겁니다. 당시에는 고조선이 아니라 '조선'이었거든요. 훗날 태조 이성계가 세운 조선과 구분하거나, 또는 옛날 조선이라는 의미에서 후손들이 편의상 '고古' 자를 붙인 것이지요.

단군 이야기와 홍익인간

그렇다면 고조선은 누가, 어떤 생각으로 세웠을까요? 이를 알 수 있는 이야기가 바로 단군 이야기입니다. 고조선의 건국 이야기죠. 단군 이야기는 하늘의 신인 환인과 그의 아들 환웅으로 시작합니다. 인간 세상을 자주 내려다보던 환웅은 직접 그곳을 다스리고 싶어 했습니다. 그래서 아버지에게 부탁했죠. "아버지,

제가 땅에 내려가 좋은 일을 좀 해보고 싶습니다."

아버지 환인은 아들의 청을 들어주었습니다. 허락만 한 것이 아니라 지원도 제대로 해주었지요. 덕분에 환웅은 3,000명의 무리를 이끌고 땅으로 내려와 세상을 다스리기 시작했습니다.

어느 날 곰과 호랑이가 환웅을 찾아와서 사람이 되게 해달라고 간청했지요. 환웅은 마늘과 쑥을 내주면서 "100일 동안 햇빛을 보지 않고 이것만 먹으면 사람이 될 것이다"라고 말했습니다.

마늘과 쑥을 받아 든 곰과 호랑이는 환웅의 말을 따르기 위해 동굴로 들어갔습니다. 그러나 100일이 되기 전에 호랑이는 도망을 가버리고, 곰만 홀로 남아 이 어려운 미션을 완수했습니다. 그랬더니 환웅의 말대로 사람이 되었지요. 웅녀熊女라는 이름을 얻고, 환웅과 결혼도 했어요. 둘 사이에서 아이도 태어나게 되었는데 이 아이가 단군입니다. 단군이 세운 나라가 고조선이고요. 오늘날 국경일로 지정되어 있는 10월 3일 개천절은 고조선의 건국을 기념하기 위해 제정한 날입니다.

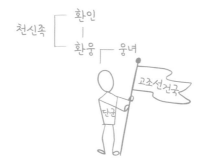

고조선은 건국이념으로 '홍익인간弘益人間'을 내세웠습니다. 홍익인간은 '널리 인간을 이롭게 한다'는 뜻입니다. 쉽게 풀이하자면 인간을 크게 돕는다는 말이지요. 이 말은 반만년이 지난 지금까지도 우리나라가 지향하는 이념이라고 할 수 있습니다.

"환인이 아들인 환웅의 뜻을 알고 아래를 내려다보니 널리 인간을 이롭게 할 만하다고 생각해서 아들로 하여금 땅에 내려가 사람들을 다스리게 했다." 단군 이야기를 전하는 가장 오래된 자료인《삼국유사》를 보면 이렇게 나오거든요. 환인이 한 말이라고 쓰여 있지만, 단군 이야기가 곧 고조선의 건국 이야기인 만큼 고조선을 세운 사람들이 그러한 소망을 갖고 있었다고 할 수 있지요.

즉, 고조선은 우리끼리 잘 살자고 세운 나라가 아니라 누군가에게 도움이 되고자 세운 나라입니다. 이렇게 이타적인 마음으로 세운 나라가 우리 역사의 출발점이라니, 언제 생각해도 참 멋있는 일이지요.

선택받은 민족

단군 이야기에서 놓치면 안 될 부분이 하나 더 있습니다. 바로, 우리가 '천신족'에게 선택받은 민족이라는 점입니다. 환인은 하늘나라의 사람, 즉 천신입니다. 그의 후손이 하늘에서 내려와 나라를 세웠다는 것은 고조선 사람들이 하늘로부터 선택받았다는 것을 뜻합니다. '우리는 보통 사람들과 달라', '지배 계급이 될 자격이 있어'라는 선민사상選民思想을 드러내는 부분이죠. 단군 이야기는 한민족이 천제의 후손임을 분명하게 밝히고 있는 것입니다.

오랜 옛날 우리 민족은 정말로 자신들이 천신족의 후손이라고 믿었습니다. 광개토태왕릉비문을 봐도 알 수 있어요. 광개토태왕릉비는 장수왕이 아버지의 업적을 기리기 위해 세운 비석으로 무려 아파트 2.5층 높이에 달하는 아주 거대한 크기를 자랑합니다.

惟昔始祖鄒牟王之創基也, 出自北夫餘, 天帝之子, 母河伯女郎. 剖卵降世,
유 석 시 조 추 모 왕 지 창 기 야 출 자 북 부 여 천 제 지 자 모 하 백 여 랑
부 란 강 세

옛날에 시조인 추모왕께서 나라를 세우셨다. 추모왕은 북부여 천제의 아들이자 하백의 따님을 어머니로 두었으며, 알을 깨고 세상에 나셨다.

고구려인들은 비문의 첫 문장에서부터 자신들의 조상이 천제의 핏줄임을, 결국 자신들이 하늘에서 내려온 민족의 후손임을 이야기합니다. 비석의 크기만큼이나 웅장하지요? 고조선부터 천신족이라는 개념이 계속 이어져 내려온 것입니다.

고대에서는 이러한 개념이 무척 중요했어요. 그런데 점차 시간이 흐를수록, 특히 조선시대에 들어서면서부터 이런 개념이 많이 사라졌습니다. 조선시대에는 오직 황제만이 하늘과 연결될 수 있었거든요. 황제를 천자天子라고 하잖아요. 그러니까 가장 높은 사람을 제외하고는 감히 그런 생각을 할 수 없는 것이지요. 그래서 현재는 천신족의 후손이라는 개념이 많이 흐릿해진 것 같습니다. 하지만 고조선에서 시작된 이러한 천하관이 존재했었다는 사실을 우리는 알아둘 필요가 있습니다. 반만년 역사 동안 많은 우여곡절을 겪었어도 그 출발은 자긍심을 가질 만했다는 것을 말이지요.

2,000년 역사의 고조선 멸망

단군조선으로 출발한 고조선은 주변의 작은 나라들을 통합하며 한반도 북부는 물론이고 요동지방을 아우르는 큰 나라로 발전했습니다. 기원전 5~4세기에는 중국의 연과 대립할 만큼 성장했지요. 중국 춘추전국시대의 국가와 경쟁할 정도로 성장했고 국력이 강했다는 뜻입니다. 실제로 연이 고조선에 침입할 당시에는 왕위 세습을 할 만큼 왕권도 강력했지요. 하지만 준왕을 마지막으로 단군조선은 무너지고 맙니다. 연에서 온 위만이 준왕을 몰아내고 왕위에 올라 위만조선이 시작되었지요.

단군조선은 청동기시대를 배경으로 출발했으나 위만조선은 기원전 5세기경부터 시작된 철기 문화를 본격적으로 수용했습니다. 지배자들만 사용할 수 있었던 청동과 달리 철은 구하기 쉬운 물질이었습니다. 사람들은 철을 이용해 단단한 농기구와 무기를 만들었습니다. 생산력과 군사력 모두 그만큼 강해졌겠지요? 위만조선은 특히 중계무역으로 많은 돈을 벌었어요. 중국의 한과 한반도 남쪽 나라들 사이에서 물건을 사고팔았던 것이지요.

위만조선이 성장하자 이번에는 한이 쳐들어왔습니다. 계속되는 침략에 기원전 108년, 결국 위만조선의 마지막 왕인 우거왕이 지키는 수도 왕검성이 함락되었고 한 군현이 설치되었죠. 이것이 고조선의 마지막이었습니다.

고조선은 중국에 있던 국가들과 경쟁할 만큼 국력이 강했고, 기록상 무려 2,000년이 넘게 존재했습니다. 그 뒤로 한반도에 여러 나라를 거쳐 대한민국이 세워질 때까지보다 더 긴 시간이니, 얼마나 오랜 역사를 가진 나라입니까. 비록 멸망했으나, 고조선의 발달된 철기 문화는 만주와 한반도 주변 지역으로 퍼져나갔습니다.

고구려

---◆---

만주 벌판을 달리는 철갑기병의 군사 강국

고조선 멸망 이후 철기 문화를 바탕으로 부여, 고구려, 옥저, 동예, 삼한 등 여러 나라가 성장했습니다. 그리고 이들은 정복 활동과 왕권 강화 정책을 펼치며 고구려, 백제, 신라로 통합되었지요. 삼국이 강력한 중앙집권체제를 갖춘 고대국가의 기틀을 마련한 시기는 고구려가 2세기, 백제는 3세기, 신라는 4세기입니다. 이후 세 나라는 한반도의 주도권을 차지하기 위해 서로 엎치락뒤치락하며 경쟁했지요.

지금의 서울에 해당하는 한강 유역에서 시작한 백제가 4세기에 가장 먼저 전성기를 누렸고, 5세기에는 고구려가 전성기를 맞았습니다. 한반도 동남쪽에 치우쳐 있던 신라는 가장 늦은 6세기에 전성기를 맞습니다. 그리고 삼국 통일과 함께 통일신라의 시대로 넘어가지요. 고대국가의 기틀을 잡은 시기에 따라 고구려, 백제, 신라 순으로 그 역사를 알아보겠습니다.

고구려의 시조, 주몽

고구려 하면 어떤 이미지가 떠오르나요? 저는 가장 먼저 〈무용총 수렵도〉에 나오는 고구려인들의 역동적인 사냥 모습이 떠오릅니다. 고구려 옛 무덤인 무용총의 벽에 그려진 이 벽화에는 달리는 말을 타고 사슴과 호랑이를 쫓으며 활을 쏘는 사람들의 모습이 그려져 있습니다. 어떤 이는 말 위에서 몸을 뒤로 돌린 채 활을 쏘고 있어요. 거침없이 대륙을 활보하던 고구려인들의 기백이 느껴지는 그림이지요.

고구려인들의 활 솜씨는 아마도 타고난 게 아닌가 싶습니다. 활을 잘 쏘기로 유명한 고주몽이 고구려의 시조니까요. 주몽이라는 이름 자체가 활을 잘 쏘는 사람이라는 뜻입니다.

고구려의 건국 이야기는 이렇습니다. 강물의 신인 하백에게는 유화라는 딸이 있었는데, 유화가 부모의 허락도 받지 않고 하늘의 신인 해모수와 혼인을 하자 하백은 딸을 쫓아내고 말았습니다. 쫓겨난 유화를 고조선 멸망 후 철기 문화를 바탕으로 성장한 나라 중 하나였던 부여의 금와왕이 발견해 부여로 데리고 왔지요. 유화는 커다란 알을 낳았고, 그 알에서 태어난 사내아이가 바로 주몽입니다. 아버지가 하늘의 신이고, 외할아버지가 강물의 신이니 그야말로 신의 핏줄을 타고난 것이지요.

주몽은 활 솜씨만 뛰어났던 게 아니었습니다. 금와왕의 아들들은 여러모로 비범했던 주몽을 시기해 없애려고 했습니다. 그래서 주몽은 어머니의 도움을 받아 남쪽으로 달아났고, 그곳에 나라를 세웠습니다. 그 나라가 고구려이고, 주몽이 바로 고구려 제1대 왕인 동명왕입니다.

소수림왕의 개혁

처음부터 고구려가 기세등등했던 것은 아닙니다. 삼국 중 가장 먼저 고대국가의 기틀을 잡았음에도 한반도 북부에 자리 잡은 지리적 특성 때문에 빠르게 전성기를 맞이하지 못했지요. 중국과 끊임없이 대립하느라 국가 발전에 힘쓸 겨를이 없었던 탓입니다.

이는 중국과 떨어져 있는 백제가 가장 먼저 번성한 이유이기도 하지요. 고구려가 중국과 전쟁을 벌일 때, 백제는 서해를 통해 중국과 교류했습니다. 선진 문물을 받아들이는 데 더욱 유리했던 백제는 4세기 근초고왕 시기에 가장 먼저 전성기를 구축했고, 영토 확장을 위해 고구려를 공격했습니다.

　백제의 공격을 받은 고구려는 위기에 처했습니다. 얼마나 큰 위기였느냐 하면, 당시 제16대 왕이었던 고국원왕이 백제군의 화살을 맞고 전사할 정도였죠. 고구려는 이후 수와 당의 수십만 대군과 맞붙기도 했지만, 왕이 적군의 손에 죽은 경우는 없었어요. 왕이 전사한 것은 고구려 역사에서 이때가 유일했습니다.

　한 나라를 대표하는 사람이 사망하는 일은 현대 사회에서도 중대한 사건입니다. 그런데 왕이 절대적 권력을 소유했던 고대국가에서 그런 일이 일어났으니 얼마나 큰 사건이었겠습니까. 고국원왕의 죽음은 고구려인들에게 충격과 공포로 다가왔을 겁니다. 나라가 망한 것과 같은 절체절명의 위기였을 거예요.

　고구려는 선택을 해야 했습니다. 이대로 무너지느냐, 다시 일어서느냐 하는 기로에 선 것이지요. 다시 일어서기 위해서는 멸망 직전의 고구려를 버리고 완전히 새로운 고구려로 다시 태어나야 했습니다. 하지만 환골탈태란 결코 쉬운 일이 아니죠. 그런데 그때, 구국의 영웅이 등장합니다. 바로 고구려의 제17대 왕인 소수림왕입니다.

고구려를 대표하는 왕을 뽑으라고 하면 대부분 제19대 왕 광개토태왕이나 제20대 왕 장수왕을 언급할 거예요. 틀린 말은 아니지만, 저는 소수림왕이 있었기 때문에 광개토태왕과 장수왕의 시대가 있었다고 이야기하고 싶습니다. 소수림왕이 등장하면서 고구려는 엄청난 변화를 겪어요. 소수림왕은 마치 이전까지의 고구려는 다 잊으라는 듯 새로운 고구려의 시작을 선포합니다.

국가 발전 3단계

정립기 ——→ 개혁기 ——→ 전성기

국가적 위기 속에서 소수림왕은 전 분야에 걸쳐서 체제를 정비했습니다. 우선 정치 측면에서 율령을 도입했어요. 형법인 '율', 행정법인 '령'을 합쳐 율령이라 하는데요, 쉽게 말해 나라를 다스리는 법과 제도를 말합니다. 제대로 된 법이 있어야 사회질서를 유지할 수 있으니 율령은 체계적으로 나라를 다스리기 위해 필수적인 요소지요.

사회 측면에서는 '태학'이라는 교육기관도 설립했습니다. 오늘날의 국립대학교와 비슷한 역할을 하는 곳으로 태학을 통해서 유교 교육을 강화했지요. 문화적으로는 중국으로부터 고등 종교

최소한의 한국사

인 불교를 수용해 백성들의 마음을 안정시키고자 했습니다. 학문은 유교 이념을 바탕으로 하되, 백성의 마음은 불교를 중심으로 통합했다고 할 수 있지요. 그러니까 법, 교육, 종교까지 모든 면에서 변화를 이뤄낸 셈입니다. 이로써 소수림왕은 이전까지의 고구려와는 전혀 다른 고구려를 만드는 데 성공했습니다.

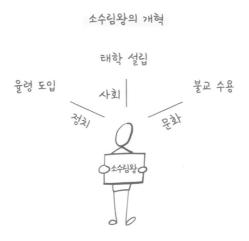

소수림왕의 개혁

우리가 고구려를 생각할 때 먼저 떠올리는 기개는 중국과 수 없이 대립하는 과정에서 생긴 산물이라 할 수 있습니다. 백제의 공격과 고국원왕의 전사까지, 고구려에는 크고 작은 위기가 참 많았습니다. 하지만 소수림왕의 개혁이 성공하면서 국가의 기틀이 잡혔고, 이로써 고구려는 전성기로 나아갈 준비를 마치게 됩니다.

전성기 고구려의 영토 확장

소수림왕에게는 후사가 없어 동생인 고국양왕이 즉위를 하게 되는데요, 고국양왕의 아들이 바로 광개토태왕입니다. 앞서 광개토태왕릉비문에서 살펴봤듯이 광개토태왕 때에도 천신족이라는 의식이 이어져 오고 있었지요. 높이가 6미터가 넘는 광개토태왕릉비에는 1,500자가 넘는 글이 새겨져 있습니다. 광개토태왕이 얼마나 많은 업적을 남겼는지, 나라가 얼마나 부유했으며 백성들의 삶은 또 얼마나 풍요로웠는지 빼곡히 기록되어 있지요.

제가 볼 때 광개토태왕은 준비된 왕이지 않았나 싶습니다. 고작 열여덟 살의 나이로 왕위에 올라 첫 번째로 한 일이 군대를 이끌고 순방을 나선 것이었거든요. 저는 광개토태왕을 생각하면 그 모습이 떠오릅니다. 너른 벌판을 달리고 전쟁터를 누비며 영토를 사방으로 넓히는 장면도 대표적이겠지만, 어린 청년이 군사들을 거느리고 자신의 영토를 순방하는 장면도 무척 인상적이지요. 왕위에 오르기 전부터 나라를 다스릴 준비가 되어 있었다는 얘기거든요. 광개토태왕은 이미 이때부터 성공의 가능성을 보여주지 않았나 싶습니다.

당시 고구려의 가장 큰 적은 백제였습니다. 고국원왕이 백제와의 전쟁 중에 전사했으니까요. 광개토태왕은 집권하자마자 할아버지의 원수를 갚기 위해 백제로 쳐들어 갔습니다. 백제의 수많은 성을 정벌하고 백제를 압박하면서 한강 이북까지 차지했지요. 북쪽으로는 만주와 요동 지역으로 영토를 확장했고요. 얼마나 넓은 땅을 개척했으면 이름 자체가 넓을 광廣, 개척할 개開, 토지 토土를 써서 광개토태왕이겠습니까.

이렇게 영토를 확장해 나가다 보니 광개토태왕이 주변국에 미친 영향은 실로 어마어마했습니다. 신라 고분에서 발견된 '호우명 그릇'이 그 영향력을 보여주는 문화유산이지요. 이 그릇의 바닥에는 "乙卯年國崗上廣開土地好太王壺杅十(을묘년국강상광개토지호태왕호우십)"이라고 쓰여 있는데, 풀이하자면 '을묘년에 광개토왕을 기리며 만든 열 번째 그릇'이라는 뜻입니다.

4세기 말경 광개토태왕이 신라의 구원 요청을 받고 경북 경주에 침입한 일본을 물리친 일이 있었습니다. 그러니 신라인들에게는 은인이자 영웅 아니었겠어요? 무덤에는 생전에 고인이 아꼈던 물건을 넣는 법인데, 그중 광개토태왕의 이름이 적힌 그릇이 있다는 것은 당시 신라인들이 그만큼 광개토태왕에게 열광했다는 뜻입니다.

광개토태왕이 주로 북쪽으로 영토를 넓혔다면 아들 장수왕은 남쪽으로 영토를 넓히고자 했습니다. 도읍을 국내성에서 평양성으로 옮긴 것 또한 남쪽을 정벌하겠다는 의지를 보여준 일이지요. 장수왕이 남쪽으로 내려가겠다는 것은 백제를 향한 공격을 멈추지 않겠다는 뜻이었습니다. 하지만 무작정 쳐들어가는 게 능사는 아니겠지요. 이때 장수왕이 생각해 낸 묘수가 있었으니, 바로 우리나라 역사에 최초로 기록된 스파이를 파견한 것이었습니다.

장수왕은 도림이라는 중을 백제에 보냈습니다. 당시 백제의 왕은 개로왕이었는데 개로왕이 바둑을 좋아한다는 사실을 알고, 바둑 고수인 도림을 보낸 것이지요. 도림은 개로왕에게 접근해 매일 함께 바둑을 두었습니다. 게임이 다 그렇지만, 거의 다 이겼다고 생각했는데 질 때가 있잖아요. 그렇게 지면 너무 억울해서 "한 판만 더, 한 판만 더!" 하게 되지요. 도림은 이러한 인간의 심리를 기가 막히게 이용했습니다.

재미있는 경기를 두며 개로왕의 환심을 산 도림은 개로왕을 흔들어대기 시작했습니다. 백제의 성곽과 궁궐이 초라해서 강국처럼 보이지 않으니 다시 지어야 한다, 강물이 범람할 때마다 백성들의 집이 침수되니 공사가 필요하다 등 도림의 이런 말만 믿고 개로왕은 대규모 토목 사업을 벌였습니다. 전부 다 도림의 계략이었지요. 개로왕이 국고를 탕진하도록 한 거예요.

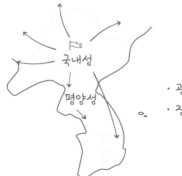

- 광개토태왕 – 요동, 만주 장악
- 장수왕 – 남진 정책

백제가 흔들리자 도림은 장수왕에게 그 사실을 전했고, 장수왕은 그제야 백제로 쳐들어가 수도인 한성을 점령했습니다. 그 길로 지금의 충북 충주까지 쭉쭉 밀고 내려갔어요. 백제는 그렇게 한강 유역을 고구려에 내주고 지금의 충남 공주인 웅진으로 수도를 옮겨야 했습니다.

온달과 평강공주

소수림왕에서 시작해 장수왕에 이르기까지 고구려는 전성기를 유지했습니다. 하지만 계속 잘나갈 줄 알았던 고구려도 한강 유역을 빼앗기는 때가 옵니다. 마지막으로 전성기를 맞은 나라가 신라라고 했지요? 백제와 고구려에 이어 신라가 한강 유역을 차지한 것입니다.

신라에 빼앗긴 땅을 되찾겠다고 등장한 고구려 장수가 있었으니, 그가 바로 온달입니다. 바보 온달과 평강공주 이야기는 전래동화로도 널리 알려져 있는 이야기인데, 두 사람 모두 실존 인물입니다. 김부식이 남긴《삼국사기》에서 그들의 흔적을 찾을 수 있지요.

평강공주는 고구려 제25대 왕인 평원왕의 딸인데 어릴 때부터 툭하면 울었다고 합니다. 그래서 아버지인 평원왕이 "자꾸 우니까 바보 온달에게 시집을 보내야겠다!" 하고 놀렸지요. 온달은 고구려 수도인 평양성 주변에 사는 청년이었는데, 무척 가난한 집에서 태어나 낡은 옷을 입고 돌아다녔다고 해요. 진짜로 바보였다기보다 남들이 손가락질을 해도 그저 웃는 순한 사람이어서 바보 온달로 불렸다 합니다.

평강공주가 열여섯 살이 되자, 평원왕은 공주를 권세 있는 집안의 아들과 결혼시키려 했어요. 그런데 평강공주는 이를 거부했습니다. 아버지가 어릴 때부터 온달에게 시집을 가라고 했으니 온달과 결혼을 하겠다는 거예요. 보통 사람도 아니고 한 나라의 왕이 어찌 거짓말을 하시느냐고 고집을 부리니 평원왕은 기가 막혔겠지요. 딸이 말을 듣지 않으니 결국 궁궐에서 쫓아내 버렸습니다.

쫓겨난 공주는 사람들에게 물어물어 온달을 찾아가 정말로 결혼을 했어요. 궁에서 나올 때 가져온 패물을 팔아 살림살이를 마련했다고 하니, 평강공주는 다 계획이 있었던 듯합니다.

평강공주는 온달에게 볼품없는 말을 사 오게 한 다음 잘 먹이고 보살펴 명마로 만들었습니다. 그 말을 남편에게 주고 남편이 멋진 무사가 되도록 도왔지요. 온달도 아내의 바람대로 글공부를 하는 동시에 열심히 무예를 익혔고요. 당시 고구려에서는 매년 왕이 주관하는 사냥대회가 열렸는데, 온달도 거기에 참여해 그동안 갈고닦은 솜씨를 뽐냈습니다. 평원왕은 완전히 달라진 온달의 모습을 보고 깜짝 놀랐다고 합니다. 그렇게 온달은 장군으로 등용됐지요.

중국과의 전투에서 공을 세운 온달은 신라에 빼앗긴 한강 유역 영토를 되찾기 위해 출정을 결심합니다. 그러고는 평강공주에게 한 가지 약속을 해요. 땅을 되찾기 전에는 돌아오지 않겠다는 약속이었습니다. 하지만 온달의 꿈은 이루어지지 않았습니다. 온달은 신라군과 싸우던 중 화살에 맞아 죽고, 고구려 역시 패하고 말았지요. 아내와의 약속을 지키지 못한 한 때문이었을까요? 기록에 따르면 온달의 관은 움직이지 않았다고 합니다. 평강공주가 와서 관을 어루만지며 "죽고 사는 것이 이미 결정되었으니, 돌아갑시다"라고 한 뒤에야 움직였다고 전해지죠.

후세에 덧붙인 이야기이겠지만 이를 통해 한강 유역의 땅을 되찾으려는 고구려의 의지가 얼마나 강했는지 짐작할 수 있습니다. 하지만 그런 날은 영영 오지 않았지요.

수와 맞선 살수대첩

신라의 세력 확장으로 위기를 맞은 고구려에게 또 한 번의 위기가 찾아왔습니다. 여러 나라로 분열되어 있던 중국이 수로 통일된 것이었죠. 강력한 왕권을 꿈꿨던 수는 하늘 아래 두 개의 태양을 용납할 수 없었는지 고구려 침략 계획을 세웠습니다.

612년, 수는 100만 명이 넘는 대군을 이끌고 고구려로 향했습니다. 이게 얼마나 큰 숫자냐 하면, 첫 부대가 출발한 뒤 마지막 부대가 출발하기까지 한 달이 넘게 걸렸을 정도입니다. 그만큼 어마어마한 규모예요. 그런 군대를 끌고 오니 수는 당연히 이길 거라고 생각했겠죠. 자신들이 패배할 거란 생각은 추호도 하지 않았을 겁니다.

하지만 고구려에는 걸출한 장수 을지문덕이 있었습니다. 을지문덕 장군은 100만이 넘는 군사를 움직이려면 식량 보급이 관건이라는 점을 간파했습니다. 그래서 전쟁을 장기전으로 끌어가며 수 군대가 지치기를 기다렸죠. 그리고 수의 장군 우중문에게 시 한 편을 보냅니다. 〈여수장우중문시與隋將于仲文詩〉라는 제목의 이 시를 찬찬히 살펴보면 우중문을 칭찬하는 게 아니라 조롱하는 내용이에요.

神策究天文 妙算窮地理
신 책 구 천 문 묘 산 궁 지 리

戰勝功旣高 知足願云止
전 승 공 기 고 지 족 원 운 지

귀신같은 책략은 하늘의 이치를 다했고, 신묘한 꾀는 땅의 이치를 다했도다.
싸움에서 이긴 공이 이미 높으니 만족함을 알고 그만두기를 이르노라.

한마디로 할 만큼 했으니 이만 만족하고 돌아가라는 말이었습니다. 고구려 군대가 수 군대와 조금씩 맞붙으면서 계속 도망가는 척을 했으니 수 입장에서는 어떻겠습니까? 조금만 더 공격하면 되겠다 싶었겠지요. 공을 세우고 싶었던 우중문은 회군하지 않았습니다. 오히려 진격할 상황이 아닌데도 무리해서 자꾸 진격했지요. 하지만 야심차게 나섰던 평양성 공격에서는 대패하고 식량 부족에 따른 압박은 점점 커졌습니다.

이때 을지문덕이 사신을 파견해 거짓으로 항복했습니다. 수 군대가 돌아가면 고구려 왕을 모시고 수 황제에게 인사를 드리러 가겠다는 것이었습니다. 우중문은 그 말을 믿지 않으면서도 믿는 척하고 퇴각하기로 결정했습니다. 더 이상 버틸 수가 없는 상황이라 다른 방법이 없었거든요. 그러자 후퇴하는 수 군대를 고구려군이 뒤쫓기 시작했습니다. 계속 지는 척을 하면서 평양성으로 유인했던 것이 실은 고구려의 작전이었던 겁니다.

수 군사들이 지금의 평안북도 청천강 일대인 살수를 건너고 있을 때, 고구려군은 총공격을 퍼부었습니다. 이 싸움이 우리 역사의 3대 대첩 중 하나인 살수대첩입니다. 말 그대로 대승이었어요. 수 군대는 전멸하다시피 했습니다. 평양으로 진격했던 별동대 30만 명 중 살아 돌아간 사람은 겨우 2,700명이었다고 합니다. 중국의 통일 왕조 수와 동북아 최강자 고구려의 대결이 마침내 고구려의 승리로 끝난 것이죠.

당과 맞선 안시성 전투

　중국을 통일한 수는 38년밖에 존속하지 못하고 망하게 됩니다. 그 이후 당이 들어서게 되죠. 당 역시 고구려 원정에 나섰습니다. 자신들은 수와 달리 고구려를 이길 수 있을 거라고 자신했겠지요. 실제로 초반에는 기선을 제압하는 듯했습니다. 하지만 고구려군이 반격에 박차를 가하면서 전쟁은 점차 길어졌고, 결국 두 나라의 군대는 안시성에서 맞붙게 되었죠.

　안시성 전투는 영화로도 만들어졌는데, 영화에서는 안시성의 성주가 양만춘 장군으로 나옵니다. 하지만 사실 안시성주가 누구인지는 정확히 알려져 있지 않습니다. 《삼국사기》와 《삼국유사》에서도 이름을 찾을 수 없지요. 양만춘이라는 이름은 16세기에 중국 명의 작가가 쓴 소설에 나오는 이름인데, 우리나라에는 조선시대에 명과 교류하며 이 이름이 전해진 것으로 보입니다. 양만춘이란 이름 자체도 고구려가 아닌 중국식 이름이고요.

　더 이상 물러설 곳이 없었던 고구려와 어떻게든 안시성을 점령해야 했던 당은 팽팽하게 맞섰습니다. 대치가 장기간 이어지자 당은 흙산을 쌓기 시작했어요. 아무리 공격해도 성벽이 무너지지 않으니 성벽보다 높은 흙산을 쌓아서 넘어가려 한 것이죠. 수많은 당 군사가 무려 두 달에 걸쳐 흙을 쌓았고 흙산에 올라 공격을 퍼부었습니다.

　그런데 이 흙산이 얼마 가지 않아 큰 비에 무너져 내렸습니다. 임시로 쌓은 산이니 토대가 튼튼하지 않을 텐데 그 위에 수십만의 군사가 올라간다고 상상해 보세요. 흙산이 버틸 수 있겠습니까? 견디지 못한 흙산이 와르르 무너지자 병사들은 매몰되었고 우왕좌왕했지요. 주변이 온통 아수라장이 됐습니다. 고구려군은 그 틈을 놓치지 않고 흙산을 점령했습니다. 더 이상 버틸 수 없었던 당 군대는 결국 퇴각해야 했지요.

고구려 원정을 이끌었던 당 태종은 겨우겨우 살아 돌아갔다고 합니다. 고구려군의 추적을 피해 일반 병사들과 함께 마차를 끌고 진흙탕을 건넜고, 심지어 눈에 화살을 맞아 한쪽 눈이 멀었다는 얘기까지 전합니다. 당 태종이 얼마나 고생을 심하게 했는지 중국에는 당시의 이야기를 소재로 한 설화나 야사가 무척 많습니다.

지금 봐도 정말 미스터리한 일입니다. '전쟁의 신'이라 불리던 당 태종이 군대를 끌고 왔는데도 불구하고 고구려가 막아낸 거잖아요. '강국의 대규모 군대를 어떻게 이겼지? 이게 가능한 일인가?' 저는 여전히 그런 생각이 듭니다.

수의 공격을 막아낸 것 역시 마찬가지예요. 100만 대군. 말만 들어도 공포스럽지 않나요? 정말 많은 사람이 새까맣게 떼로 몰려들었겠죠? 만약 우리가 그 당시 고구려 사람이었다면 어땠을까요? 100만 대군이 행진을 하면 그 길이가 400킬로미터가 넘는다고 합니다. 서울에서 부산까지의 거리보다 더 길지요. 성벽 위에서 끝이 안 보이는 대군의 행렬을 바라보았을 고구려인들의 시선에는 어떤 감정이 담겨 있었을까요? 저는 두려움이었을 거라고 생각합니다. 공포를 느꼈을 것 같아요. 하지만 그럼에도 고구려인들은 굳건하게 성을 지켜냈습니다. 두려움에 주저앉지 않았지요.

역사에서 구체적인 사실을 기억하는 것도 중요하지만, 저는 이런 드라마 같은 순간을 기억하는 것도 무척 중요하다고 봅니다. 어렵고 힘든 순간을 이겨낸 경험 같은 것들 말입니다. 한번 생각해 보세요. 살다 보면 도저히 상대가 안 될 것 같은 대상과 맞서야 할 때가 있습니다. 계란으로 바위를 치는 게 아닐까 하는 회의감마저 들지요. 지금으로 따지면 우리나라가 강대국인 미국이나 중국과 대결하는 구도겠지요. 분명 걱정도 되고 스스로를 의심하게 될 것입니다. 막연한 공포감과 두려움에 휩싸일 테고요.

그럴 때 역사를 통해 우리가 이겨낸 경험이 있다는 것을 확인해 보면 어떨까요? 그것이 사실이니까요. 강한 상대와 맞서더라도 주눅 들지 않고 이겨낼 수 있는 방법을 찾는 것, 그리고 그렇게 할 수 있는 용기와 희망을 심어주는 것. 그것이 역사를 배우는 이유일 것입니다. 수와 당이라는 강국에 맞서서 승리할 만큼 고구려는 강대한 나라였습니다. 중국에 기죽지 않은 고구려인의 기개 또한 놀라울 따름이지요. 이런 대단한 역사를 잊어서는 안 될 것입니다.

고구려의 멸망

하지만 영원한 강자는 없듯 고구려의 시계도 멈추는 날이 왔습니다. 수도, 당도 무너뜨리지 못한 고구려를 무너뜨린 것은 신라와 당의 연합군이었습니다. 역시나 고구려라는 나라는 혼자서는 안 되고 위아래에서 협공을 해야만 무너뜨릴 수 있었던 것이지요.

고구려 내부적으로도 망국의 기운이 드리우긴 했습니다. 살수대첩에서 큰 승리를 거두고 안시성 전투에서도 이겼지만, 중국과의 크고 작은 전쟁이 계속되는 동안 고구려의 국력이 약해졌던 것이지요. 게다가 고구려 말에 권력을 장악했던 연개소문이 죽은 뒤 그의 세 아들이 권력 다툼을 벌이면서 혼란은 더욱 심해졌습니다. 나당 연합군은 그 틈을 놓치지 않았어요. 신라와 당의 협공 속에 668년 수도 평양성이 함락되었습니다. 드넓은 땅을 지배했던 군사 강국 고구려는 안타깝게도 그렇게 무너지고 말았습니다.

고구려의 전쟁들

vs 수 - 살수대첩

vs 당 - 안시성 전투

◆ ◆ ◆

장군총

중국 지린성 지안시에 있는 고구려의 무덤으로 7층으로 된 계단식 돌무지무덤이다. 한 변의 길이가 30미터가 넘고 높이도 13미터가 넘는 거대한 무덤이라 광개토태왕이나 장수왕의 무덤으로 추측한다. 2005년 세계문화유산으로 등재되었다.

무용총 수렵도

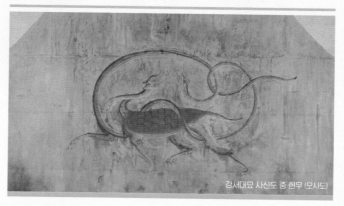

강서대묘 사신도 중 현무 (모사도)

◆ ◆ ◆

고구려 고분벽화

고구려 옛 무덤의 벽과 천장에는 고구려인들의 생활 모습과 생각을 표현한 다양한 벽화
가 존재한다. 무덤 안을 아름답게 꾸미려는 목적 외에 무덤의 주인이 죽은 뒤에도 기억
하고 싶을 모습이나 사후 세계에서의 안녕을 바라며 그린 그림들이 대다수다.

◆ ◆ ◆
금동연가칠년명여래입상

제작 연대를 알 수 있는 불상 중에 가장 오래된 불상으로 국보로 지정되어 있다. 불상의 광배 뒷면에 4행 47자의 글이 새겨져 있는데 이 명문이 고구려의 독자적인 연호를 언급하는 '연가칠년延嘉七年'으로 시작해 539년 고구려에서 제작되었음을 알 수 있다. 삼국시대에 신라 땅이었던 경남 의령에서 발견되어 신라의 불상으로 여겼을 수도 있지만, 이 명문 덕분에 고구려의 유물임이 밝혀졌다.

백제

◆

화려하되 사치스럽지 않은 문화 강국

백제의 시조, 온조

백제는 고구려를 세운 주몽의 둘째 아들 온조가 한강 유역으로 내려와 세운 나라입니다. 아버지가 왕인데 온조는 왜 고구려를 떠나 새로운 나라를 건국했을까요? 주몽이 부여에 두고 온 아들이 고구려에 찾아와 태자가 되었기 때문입니다. 설 자리가 없어진 형제는 남쪽으로 내려와 첫째 아들 비류는 미추홀에, 온조는 하남 위례성에 나라를 세웠습니다.

미추홀은 지금의 인천 지역이라 바닷가를 접하고 있어 농사가 잘되지 않았어요. 비류는 자신의 선택을 후회하다 죽었습니다. 비류가 죽자 비류를 따르던 사람들은 온조를 찾아갔습니다. 지금의 한강 유역에 자리를 잡은 온조는 나라가 커지고 백성이 많아지자 나라 이름을 십제에서 백제로 바꾸었습니다. 이것이 백제의 건국 이야기입니다.

백제가 한반도의 서남부 쪽에 위치하다 보니 백제를 전라도 지역에서 출발한 나라라고 여기는 사람들이 종종 있습니다. 하지만 백제는 700년의 역사 중 500년을 서울에 있었습니다. 백제 후기의 도읍이었던 충남 공주와 부여도 어쩔 수 없이 쫓겨 간 곳이었고요.

한강 유역이 좋은 이유가 무엇일까요? 우선 토지가 비옥해서 농사를 짓기에 알맞았습니다. 교통도 편리했어요. 한강이 서해로 이어지기 때문에 중국과 교류하기도 딱 좋았습니다. 그래서 고구려나 신라보다 선진 문물을 빠르게 받아들일 수 있었어요. 백제가 삼국 중 가장 빠른 4세기에 전성기를 맞이한 이유입니다.

전성기를 이끈 근초고왕

백제의 전성기를 이끈 왕은 제13대 왕인 근초고왕입니다. 고구려에 광개토태왕이 있었다면 백제에는 근초고왕이 있었다고 할 수 있지요. 정복 군주로 유명한 근초고왕을 설명하는 키워드는 크게 네 가지로 정리할 수 있습니다. 영토 확장, 칠지도, 고구려 고국원왕의 전사, 석촌동 고분군이 그것입니다.

제가 첫 번째로 언급하고 싶은 것은 바로 백제대륙진출설입니다. 4세기경에 백제가 중국의 요서 지방을 경략해 군을 설치하고 지배했다는 설이지요. 요서 지방은 중국 랴오허강의 서쪽을 말합니다. 랴오허강을 중심으로 서쪽은 요서, 동쪽은 요동이라고 하지요. 실제로 여러 중국 문헌에는 이 같은 기록이 있습니다.

其後 高驪略有遼東 百濟略有遼西 百濟所治 謂之晋平郡 晋平縣
기후 고려략유료동 백제략유료서 백제소치 위지진평군 진평현

고려는 요동을 점령해 다스리고, 백제는 요서를 점령해 다스렸다. 백제가 다스린 곳을 진평군 진평현이라 이른다.

중국의 역사서인 《송서》에 나오는 내용입니다. 《양서》와 《통전》이라는 역사서에도 같은 기록이 있어요. 우리가 아는 역사에서 백제는 한반도에 국한되어 있지만, 중국 사료에 따르면 백제가 요서 지방까지 진출했음을 알 수 있습니다. 그래서 백제가 고구려를 치러 갈 때 고구려의 북쪽에서 내려와요. 우리가 일반적으로 알기로는 백제가 고구려의 남쪽에 있는데 말이죠. 아직은 더 살펴보아야 하고, 우리나라 주류 사학계에서는 근초고왕 때만 잠시 지배했을 것이라 보기 때문에 조심스럽지만 중국 사료에 이런 내용이 있다는 점만큼은 사실입니다. 연구가 더 진행되기를 바랄 뿐이지요. 어쨌거나 근초고왕이 영토를 엄청나게 확장한 것만은 분명해 보입니다.

활발하게 영토를 확장한 근초고왕은 남쪽으로는 마한을 병합해 영토를 넓히고, 북쪽으로는 고구려를 공격했습니다. 고구려 제16대 왕 고국원왕이 백제와의 전쟁 중에 목숨을 잃었다고 했지요? 바로 근초고왕과의 전쟁 중에 일어난 일입니다. 전성기 때의 백제는 그만큼 강한 나라였습니다.

백제의 약진은 계속되었습니다. 일본 규슈 지역까지 진출했지요. 백제와 일본의 관계는 꽤 긴밀했습니다. 그 사실을 보여주는 문화유산이 바로 '칠지도七支刀'입니다.

칠지도는 백제가 일본에 선물한 철제 칼인데, 이름 그대로 일곱 개의 가지가 달렸습니다. 모양 자체도 독특하지만 가운데에 금으로 새긴 글자가 있다는 점 또한 특징적입니다. 이 명문을 보면 잘나가던 시대에 백제의 자신감을 엿볼 수 있어요. 앞면에 새겨진 명문에는 100번이나 단련한 강철로 만들었고 이 칼로 온갖

적을 물리칠 수 있다는 내용이 쓰여 있고, 뒷면에는 지금까지는 이런 칼이 없었으나 일본의 왕을 위해 정교하게 만들었으니 후세에 전하라는 내용이 쓰여 있습니다. 철을 다루는 백제의 기술이 무척 뛰어났다는 점과 함께 일본과 활발히 교류했다는 점 또한 알 수 있는 문화유산이지요.

근초고왕은 백제 역사상 가장 넓은 영토를 차지한 왕입니다. 정복 군주라는 말이 괜히 주어진 게 아니라는 생각이 들지요? 서울 송파구에 가면 만날 수 있는 어마어마한 크기의 석촌동 고분군 3호분은 축조 시기나 규모로 보아 근초고왕의 무덤으로 보는 견해가 많습니다. 이를 통해 근초고왕 시대에 백제가 얼마나 대단했는지 알 수 있죠. 무덤의 가로 한 변 길이가 무려 50미터에 육박하니, 그 주위를 한 바퀴 돌면 100미터 달리기를 두 번 하는 셈입니다. 중국과 일본에까지 영향력을 뻗치고, 고구려를 압박하며 쌓은 위상을 고분을 통해 보여준 거예요. 근초고왕의 업적은 그야말로 전방위적이라고 할 수 있겠죠.

근초고왕의 활약

- 강력한 왕권 ➡ 석촌동 고분군
- 주변국과 교류 및 진출
- 고구려 고국원왕 전사

웅진시대를 연 무령왕

역사란 건 참 재밌습니다. 한 나라가 계속해서 흥하지는 않거든요. 눈부시게 성장을 거듭했던 나라도 언젠가는 내리막길을 걷게 됩니다. 그리고 새로 흥하는 나라가 나타나지요. 4세기 백제의 전성기도 지나가고, 5세기는 고구려의 시대가 되었습니다. 앞서 이야기했던 광개토태왕과 장수왕이 고구려의 전성기를 이끌었죠.

고구려 장수왕의 남하 정책에 밀려 수도 한성은 순식간에 함락되었고, 이 과정에서 제21대 왕 개로왕이 전사했습니다. 도읍과 왕을 잃어 위기를 맞은 백제는 부랴부랴 지금의 공주 지역인 웅진으로 도읍을 옮깁니다. 그렇게 웅진시대가 시작되었습니다. 고구려에 대패해 쫓겨 왔으니 왕실의 권위는 크게 추락했습니다. 나라의 사정도 말이 아니었죠. 이때 이 혼란을 수습할 왕이 등장했습니다. 바로 백제 제25대 왕인 무령왕이었죠.

무령왕은 쓰러지기 직전인 나라의 사정을 수습하고 질서를 재정립했습니다. 쉽게 무너지지 않고 버텨냈죠. 저는 그것이 바로 문화의 힘이라고 봅니다. 고구려가 군사 강국이라면 백제는 문화 강국입니다. 《삼국사기》에는 "검이불루 화이불치 儉而不陋 華而不侈" 라는 말이 쓰여 있습니다. 백제가 첫 수도인 한성을 디자인할 때 적용한 원칙이에요. 제가 정말 좋아하는 문장인데 해석하면 '검소하되 누추하지 않고, 화려하되 사치스럽지 않다'라는 뜻입니다.

얼마나 멋있습니까? 저는 럭셔리를 표현할 때 이렇게 이야기하거든요. 진정한 럭셔리란 바로 이런 거라고 말입니다.

위기의 백제를 재건한 무령왕에게는 한 가지 놀라운 비밀이 있습니다. 바로 재일교포라는 사실이지요. 백제의 혈통이지만 일본에서 태어났고, 백제로 돌아와 왕이 되었습니다. 일본과 백제의 관계는 아주 긴밀했기 때문에 이런 사례가 종종 있었어요. 무령왕 또한 일본과 계속해서 가까운 관계를 유지했고, 중국의 남조와도 많은 교류를 했습니다. 이 사실을 증명하는 것이 바로 무령왕릉입니다.

무령왕릉은 웅진 백제를 대표하는 문화유산입니다. 삼국시대 고분 중 주인이 누구인지 알 수 있는 유일한 고분이지요. 무령왕릉은 1971년에 발견되었는데, 우리 역사상 최초로 아무도 도굴한 적이 없는 왕릉이었던 터라 더욱 관심이 집중되었습니다. 다른 왕들의 무덤은 백제 멸망 후에 여러 번 도굴되었기 때문에 더욱 가치가 있었지요. 그런데 아쉽게도 하룻밤 만에 졸속 발굴을 해버렸습니다. 그 시절 우리에겐 경험이 없었고, 대중의 인식이나 환경 또한 너무나 미흡했기 때문에 벌어진 일이지요.

무령왕릉을 발굴했던 당시의 사진들을 보면 발굴단이 아치형 입구를 막고 있는 벽돌들을 먼저 빼냅니다. 그러면 입구에서 시신을 안치한 방까지 연결되는 널길이 보이는데요, 밑에 지석誌石이 있어요. 지석이라는 건 죽은 사람의 인적 사항을 기록해 묻은 판석입니다. 지석 앞면에는 "영동대장군 백제 사마왕께서 62세가 되는 계묘년 5월 7일에 돌아가셨다. 을사년 8월 12일에 안장하여 대묘에 올려 모시며 기록하기를 이와 같이 한다"라고 적혀 있습니다. 이 지석 덕분에 무덤의 주인을 알 수 있었던 것이지요.

무령왕릉은 벽돌을 쌓아서 터널처럼 만든 벽돌무덤으로, 중국식 무덤에서 영향을 받았습니다. 왕과 왕비의 나무관은 일본에서만 자라는 금송이라는 나무로 만들었고요. 이를 통해 무령왕이 중국, 일본 등 외국과 활발하게 교류했다는 사실을 알 수 있습니다. 아마도 무령왕은 절체절명의 위기를 주변국과의 활발한 교류를 통해 해결하려 한 것이 아닐까 싶어요. 그리고 다시금 뻗어나가기를 꿈꿨지요.

성왕의 사비 천도

무령왕의 아들인 성왕이 아버지의 못다 이룬 꿈을 이어받았습니다. 제26대 왕 성왕이 가장 먼저 한 일은 사비 천도였어요. 웅진성은 외침을 막아내는 데 유리한 장소였지만, 다시 강한 나라로 발돋움하기에는 너무 좁았습니다. 그래서 지금의 부여인 사비로 수도를 옮겼던 거예요. 백제의 역사는 도읍의 위치에 따라 세 시기로 나눌 수 있는데 한성시대, 웅진시대, 사비시대가 그것입니다. 성왕이 사비시대를 연 것이지요.

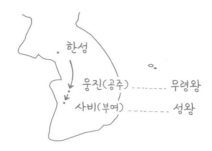

한성

웅진(공주) ------- 무령왕

사비(부여) ------- 성왕

　　성왕의 꿈은 한강을 되찾는 것이었습니다. 조상들이 백제를 처음 세웠던 그곳으로 돌아가는 것이 자신의 의무라고 생각했어요. 그래서 동맹을 맺고 있던 신라와 함께 고구려를 공격했고, 그토록 꿈꾸던 한강 유역을 다시 찾았습니다. 그런데 이게 웬일입니까! 전성기로 향하고 있던 신라가 약속을 어기고 그 땅을 빼앗아 버렸어요. 당시 왕이었던 진흥왕의 배신으로 백제는 다시 한 번 한강 수복에 실패했습니다. 100년 넘게 이어졌던 나제동맹도 그렇게 깨져버렸습니다.

　　그럼에도 불구하고 백제의 문화는 절정에 이르렀습니다. 그 결정체가 바로 금동대향로입니다. 국립부여박물관에 전시되어 있는 금동대향로를 가까이서 보면 절로 감탄이 나옵니다. 그 정도로 우아하고 세련된 작품이에요. 겹겹이 둘러싸인 산과 구름, 각종 동물과 신선들이 섬세하게 새겨져 있어 백제의 공예 기술이 얼마나 뛰어났는지 증명하고 있지요. 자세히 보면 코끼리도 있고, 악어도 있습니다. 우리나라에서 볼 수 없는 동물들이지요. 이는 불교와 도교의 영향이기도 하지만, 다른 나라와 교류한 흔적을 예술에 담은 것이라고도 볼 수 있어요. 이처럼 금동대향로는 문화 강국으로서의 백제를 상징하는 결정판, 이른바 화룡점정이라고 할 수 있습니다.

백제의 마지막 왕, 의자왕

한강 수복에 실패한 성왕은 진흥왕에게 복수하기 위해 신라와 전쟁을 벌이다가 관산성 전투에서 전사하고 말았습니다. 한때 동맹이었던 신라는 백제의 철천지원수가 되었지요. 이후 즉위한 왕들도 계속해서 신라를 압박했습니다.

특히 제31대 왕인 의자왕은 즉위하자마자 신라를 공격해 대승을 거두었습니다. 그 과정에서 신라의 권력자인 김춘추의 딸이 죽었어요. 이에 분노한 김춘추가 백제를 멸망시키기 위해 고구려와 일본, 당에 차례로 찾아가 손을 내밀었고, 결국 나당 연합이 결성되었습니다. 나당 연합군의 공격에 나라를 잃은 의자왕이 사실은 나당 연합의 불씨를 지핀 셈이니 역사의 아이러니지요.

백제의 마지막 왕인 의자왕을 말할 때면 많은 사람이 삼천궁녀를 떠올립니다. 삼천궁녀를 거느리고 사치와 방탕을 일삼은 의자왕 때문에 백제가 망한 거라고 알려져 있지요. 나당 연합에 의해 사비성이 점령당하자 삼천궁녀가 밖으로 뛰쳐나와 낙화암에서 몸을 던졌다고 합니다. 그런데 부여 낙화암에 가보면 이 이야기가 사실이 아니라는 것을 알 수 있습니다. 낙화암에는 3,000명이 올라갈 만한 공간도 없고, 낙화암 아래로 흐르는 강의 수심 역시 많은 사람이 죽을 수 있을 만큼 깊지도 않거든요.

삼천궁녀 이야기는 조선 중기의 시인 민제인이 쓴 〈백마강부〉라는 시에 처음 나옵니다. 그러니까 사서에는 등장한 적이 없는 말이에요. 3,000이라는 숫자 또한 정확한 수치가 아니라 엄청 많은 수를 말하는 표현이라고 생각하면 됩니다. 그게 지금까지 정설처럼 전해진 것뿐이지요. 사실 의자왕은 군사적으로나 외교적으로나 능력이 출중했습니다. 재위 후반에는 분명 실정을 저질렀지만, 백제가 멸망에 이르렀기에 평가가 더욱 박하다고 할 수도 있어요. 역사는 승자의 기록이잖아요. 승자가 된 신라의 입장에서 백제는 망할 만한 국가여야 했습니다. 그래야 삼국을 통일한 명분이 서기 때문이지요. 그러다 보니 의자왕의 업적은 축소되고, 반대로 과오는 과장된 것이 아닐까 합니다.

온조왕이 기원전 18년에 세운 백제는 나당 연합의 공격에 의해 660년에 멸망했습니다. 700년 가까이 이어지는 동안 무수한 위기가 닥쳤지만, 그 와중에도 눈부신 문화를 이룩해 냈지요. 그것이 바로 문화 강국 백제의 저력이었습니다.

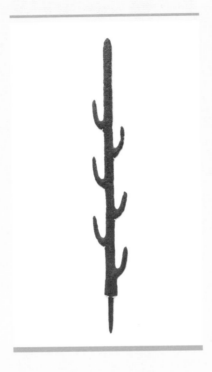

칠지도

일본에서 소장 중인 백제의 칼로, 일곱 개의 가지를 지녔다 하여 칠지도라 한다. 상감 기법으로 금을 채워 글자를 새겨넣었는데 한쪽 면에서 34자, 다른 쪽 면에서는 27자의 흔적이 확인되었다. 이 유물을 통해 당시 백제와 일본 왜의 관계를 짐작할 수 있다.

◆ ◆ ◆

공주 무령왕릉

무령왕릉은 백제 웅진시대 왕들의 무덤이 모여 있는 충청남도 공주시 송산리고분군 내에 있다. 다른 무덤들은 무덤의 주인을 알 수 없어 '1호분', '2호분'과 같이 부르지만, 무령왕릉은 주인이 명확히 확인되어 무령왕릉이라 부른다. 도굴되지 않은 덕분에 석수, 왕과 왕비의 장신구, 지석 등의 유물이 4,600여 점이나 발견되었다.

◆ ◆ ◆

백제 금동대향로

국보로 지정된 백제 금동대향로는 부여 능산리사지를 발굴하던 중 진흙 속에서 발견되었다. 나당 연합이 백제를 공격해 올 때 미처 가져가지 못하고 진흙 속에 파묻은 것으로 보인다. 덕분에 원래 모습 그대로 보존되어 있다. 뚜껑 부분에는 신선과 산수가 어우러진 무위자연을 표현하고, 받침 부분에는 용의 입에서 연꽃이 피어나고 있다. 뚜껑 부분은 도교를, 받침 부분은 불교를 상징하는 것으로 백제의 사상과 뛰어난 예술성을 보여준다.

신라

유연한 자세로 삼국을 통일한 외교 강국

신라의 시조, 박혁거세

고조선 멸망 후 한반도 남쪽에 삼한이라 불리는 마한, 진한, 변한이 들어섰는데 그중 진한의 소국인 사로국에서 시작된 나라가 바로 신라입니다. 박혁거세가 그곳에서 신라의 역사를 열었다고 할 수 있지요.《삼국유사》에 실린 건국 이야기에 따르면 고구려의 고주몽처럼 박혁거세 역시 알에서 태어났다고 합니다.

경주 일대에 있던 여섯 촌의 촌장이 모여 나라를 세우기로 했는데 임금으로 삼을 만한 사람이 없었습니다. 이곳저곳을 둘러보던 촌장들은 나정이라는 우물가에서 흰 말이 울고 있는 모습을 보았습니다. 가까이 다가가자 말은 하늘로 올라가 버렸고, 그 자리에는 자줏빛 알이 놓여 있었습니다. 그 알에서 태어난 사내아이가 바로 박혁거세예요. 혁거세라는 이름은 세상을 밝게 한다는 뜻으로, 촌장들이 지어준 것입니다.

초기의 신라는 국가라고 하기가 어려운 모양새였습니다. 제대로 된 국호도 없어서 그냥 서라벌이라는 지역 이름을 썼지요. 위치마저 한반도 동남쪽에 고립되어 있다 보니 백제가 바닷길을 막고 있어 중국과 교류하기가 어려웠습니다. 자연히 선진 문물을 수용하는 데 뒤처질 수밖에 없었지요. 결국 고구려와 백제에 비해 발전이 늦을 수밖에 없었습니다.

고대국가의 기틀도 삼국 중 가장 늦게 잡았습니다. 고구려와 백제는 왕을 중심으로 고대국가로의 발전을 꾀했지만 신라는 왕조차 없었습니다. 박혁거세의 박씨와 석탈해의 석씨, 김알지의 김씨가 돌아가며 나라를 다스렸거든요. 여러 사람이 돌아가며 왕위를 계승한다는 것 자체가 연맹왕국을 벗어나지 못했다는 뜻입니다. 고대국가의 기본은 왕위 세습이니까요.

신라는 4세기 중반에 이르러서야 김씨가 왕위를 이어가기 시작했습니다. 그 계기도 참 재미있어요. 당시에 신라는 왜의 공격을 받고 멸망하기 직전에 처했습니다. 그래서 고구려에 구원 요청을 했고, 광개토태왕이 신라에 군사를 보내 왜를 물리쳤지요. 그런데 고구려인들이 보기에 신라의 정치판이 좀 이상한 거예요. 돌아가면서 왕을 한다니, 무척 생소했겠지요. 결국 고구려의 입김으로 김씨가 신라의 왕위를 잇게 되었습니다. 아마도 김씨가 친親고구려 성향이 강했던가 봐요. 경주 김씨 왕조가 시작되면서 신라는 고대국가로 발전하기 시작했습니다.

고대국가 성립 요소

- 왕권 강화
- 율령 반포
- 불교 수용

국가의 기틀을 잡은 지증왕과 법흥왕

백제가 4세기에, 고구려가 5세기에 전성기를 맞이했으니 뒤늦게 출발한 신라는 주변 국가들에 치이기만 했습니다. 이런 신라를 개혁한 왕이 바로 제22대 왕인 지증왕입니다. 지증왕이 엄청난 개혁을 단행해 신라의 기틀을 잡고 전성기의 토대를 마련했지요. 국호를 '신라'로 확정한 것도 지증왕 때의 일이고, 왕이라는 칭호를 사용하기 시작한 것도 지증왕 때의 일입니다.

이사부도 지증왕 때 사람이에요. 〈독도는 우리 땅〉이라는 노래에 이런 구절이 나오잖아요. "신라 장군 이사부 지하에서 웃는다, 독도는 우리 땅!" 지증왕이 이사부를 보내 지금의 울릉도인 우산국을 점령했는데, 이때 우산국에 부속되어 있는 독도까지 우리 영토가 된 것입니다.

지증왕의 뒤를 이어 왕위에 오른 제23대 왕 법흥왕 역시 개혁 군주입니다. 고구려의 소수림왕이 고구려를 완전히 바꿨듯이 법흥왕도 신라를 완전히 바꿔버렸지요. 새로운 신라를 만들겠다는 의지에 불타던 법흥왕은 소수림왕이 그랬던 것처럼 율령을 도입했습니다. 또한 불교를 나라의 공식 종교로 삼아 왕권을 강화하고자 했지요.

그런데 신라에는 토착 신앙이 강하게 자리 잡고 있었던 터라 불교를 국교로 삼으려는 법흥왕의 계획이 귀족들의 저항에 부딪치게 됩니다. 고민하던 법흥왕은 이차돈이라는 신하를 불렀습니다. 이차돈은 법흥왕의 뜻에 따라 신라인들이 신성하게 여기는 숲에 절을 지었지요. 귀족들은 분노에 차서 이차돈을 벌해야 한다고 주장했습니다. 법흥왕이 그들의 뜻대로 이차돈의 목을 베었더니 흰 피가 솟고 하늘에서는 꽃비가 내렸다고 합니다. 그 모습을 본 귀족들은 깜짝 놀라며 불교를 받아들였다고 해요.

법흥왕은 왜 이런 스토리까지 만들어냈을까요? 우리는 이차돈의 순교 이야기를 통해 신라가 얼마나 보수적인 나라였는지 알 수 있습니다. 고구려나 백제는 불교를 받아들일 때 신라만큼 진통이 크지 않았거든요. 신라는 고립된 위치 탓에 외국과의 교류가 늦었고, 따라서 새로운 문물을 받아들이는 것 또한 쉽지가 않았어요. 토착 세력들은 오래전부터 이어져 온 자신들의 신앙을 고수하려 했습니다. 그래서 이차돈의 순교가 필요했던 겁니다.

이런 것을 보면 개혁이란 언제나 어려운 일인 것 같습니다. 하지만 고구려, 백제, 신라의 이야기에서 알 수 있듯이 변화를 통해서만 전성기를 맞이할 수 있습니다. 지증왕과 법흥왕도 그 일을 해냈지요. 덕분에 신라는 전성기를 맞게 되었습니다.

신라의 개혁

지증왕	법흥왕
· '왕', '신라' 사용	· 율령 반포
· 우산국 정복(이사부)	· 불교 공인(이차돈 순교)

한강을 차지한 진흥왕

신라 제24대 왕인 진흥왕은 법흥왕의 조카로, 법흥왕이 세상을 떠나자 아주 어린 나이에 왕이 되었습니다. 고대국가의 꼴을 갖추게 된 신라는 진흥왕 대에 이르러 더욱 발전하기 시작했습니다. 진흥왕은 18세가 되던 해에 본격적인 정복 활동을 펼치기 시작했지요.

영토를 늘려가던 진흥왕은 점점 더 큰 꿈을 꿉니다. 백제와 고구려가 그랬듯 한강 유역을 차지해서 강한 나라가 되고 싶었던 거예요. 한반도의 패권을 움켜쥐려면 경제적으로나 군사적으로나 참 좋은 위치였던 한강 유역을 무조건 차지해야 했거든요. 당시 한강 유역은 장수왕의 남하 정책 이후 고구려의 땅이 되어 있었습니다. 그런데 이때 한강 유역을 노리던 진흥왕에게 반가운 요청이 들어옵니다. 백제의 성왕이 힘을 합쳐 고구려를 공격하자고 제안한 거예요.

진흥왕 입장에서는 고민할 필요가 없었어요. 이미 백제와 동맹도 맺은 사이였으니까요. 마침 고구려는 북쪽의 돌궐을 상대하느라 남쪽을 신경 쓰지 못하는 상황이었습니다. 신라와 백제는 함께 고구려를 공격해서 승리를 거두었어요. 이 승리로 신라는 한강 상류 지역을, 백제는 한강 하류 지역을 차지했습니다. 하지만 진흥왕은 거기서 멈추지 않았습니다. 백제를 공격해 한강 하류 지역까지 점령해버리지요. 사실 한강 하류가 정말 좋은 땅이었거든요.

진흥왕의 배신으로 100여 년을 이어온 나제 동맹은 산산조각이 납니다. 신라의 배신에 화가 난 성왕은 복수를 다짐했지요. 그런데 당장 쳐들어갈 수는 없으니 아이러니하게도 딸을 진흥왕에게 시집보냈어요. 시간을 벌기 위해서 말이죠. 겉으로는 화해하는 척하면서 뒤로는 신라와 싸울 준비를 한 것입니다. 막장드라마 같은 전개죠? 진흥왕은 또 그 국혼을 받아들입니다. 진흥왕의 장인이 된 성왕은 554년에 신라를 공격했습니다. 이 싸움이 바로 지금의 충청북도 옥천 지역에서 벌어진 관산성 전투입니다.

관산성 전투는 신라의 승리로 끝이 났습니다. 초반 기세가 좋았던 백제는 성왕이 전사하는 비극을 겪었지요. 성왕은 신라군에 의해 목이 잘렸어요. 심지어 신라에서 성왕의 유해를 백제에 돌려주지 않고 궁궐 아래 묻어 수많은 사람이 밟고 다니게 했다는 이야기도 있습니다. 사실인지는 알 수 없으나 백제인들이 엄청난 충격을 받은 것만은 사실입니다. 성왕은 백제의 중흥기를 이끌며 존경을 받던 왕이었으니까요. 이 일로 두 나라는 철천지 원수가 되었습니다.

한강 지역을 완전히 확보한 신라는 전성기의 시작을 알렸습니다. 당시 선진국이었던 중국과 직접 교류할 수 있게 되었거든요. 영토 확장도 계속됐습니다. 진흥왕은 새로이 점령하게 된 땅에 비석을 세웠습니다. 이 비석을 순수비巡狩碑라고 합니다. '순수하다'라는 말은 왕이 나라 안을 살피면서 돌아다닌다는 뜻이에요. 즉, 진흥왕이 순수하면서 비석을 남긴 거지요. 대표적인 것이 바로 북한산 순수비입니다. 북한산 순수비는 북한산 비봉에 있는데, 비봉이라는 이름 자체가 비가 있는 봉우리라는 뜻이에요.

북한산 순수비는 진흥왕이 한강 유역을 점령했다는 결정적인 증거입니다. 그런데 조선 후기까지도 그 정체가 알려지지 않았어요. 비봉에 있는 비석이 진흥왕 순수비라는 사실을 밝혀낸 사람은 추사체로도 유명한 추사 김정희입니다. 김정희는 직접 비봉에 가서 비석을 조사해 가며 자세한 기록을 남겼습니다. 지금은 그 자리에 복제비가 세워져 있고 진짜 순수비는 국립중앙박물관에 있지요. 저도 비봉에 올라가 봤는데요, 얼마나 힘든지 혀를 내두르게 되더라고요. 그런데 그 길을 김정희는 두 번이나 올랐습니다. 그러한 그의 열정 덕분에 우리가 지난 역사를 더 잘 알 수 있게 된 거겠죠.

진흥왕 순수비는 함경남도에 있는 황초령과 마운령, 남쪽으로는 경남 창녕에서도 발견되었습니다. 그만큼 신라가 영토를 크게 확장한 것이지요. 진흥왕 즉위 이전과 비교하면 세 배가 넘는 크기입니다. 충북 단양에도 비석이 있는데, 진흥왕이 직접 행차한 것이 아니기 때문에 순수비라고는 하지 않습니다. 적성이라는 산성에 있다고 해서 단양 적성비라고 하지요.

이렇듯 전성기를 이끈 진흥왕 덕분에 신라는 처음으로 백제와 고구려를 제치고 한반도의 주도권을 차지하게 됩니다.

642년 신라의 위기

그러나 한강 유역을 손에 넣었다고 해서 신라가 쭉 편안했던 것은 아닙니다. 백제는 성왕의 전사 이후 신라를 원수로 여겼고, 고구려 역시 빼앗긴 땅을 되찾기 위해 끊임없이 신라를 압박했습니다. 한강을 수복하려고 온달 장군도 보냈잖아요. 두 나라에게 한강 수복을 위한 공세를 받던 신라는 결국 커다란 위기에 처하게 됩니다. 642년의 일입니다.

642년은 우리 고대사에서 아주 중요한 기점이 되는 해입니다. 삼국에 큰 영향을 미친 여러 사건이 일어났거든요. 우선 대야성 전투 이야기를 해보겠습니다. 대야성은 경남 합천에 있던 신라의 성인데, 이곳을 지나면 신라의 수도인 경주까지 단번에 갈 수 있어 군사적으로 무척 중요한 곳이었습니다. 대야성이 뚫린다는 건 신라가 뚫린다는 뜻이나 다름없었으니까요.

백제 성왕의 죽음으로 신라에 원한을 품고 있던 의자왕은 즉위하자마자 신라를 공격해 왔고, 40개에 달하는 성을 순식간에 함락했습니다. 곧 전략적 요충지인 대야성도 쳐들어갔지요. 대야성의 성주는 김품석이라는 인물이었는데, 신라의 권력자이자 훗날 태종무열왕이 되는 김춘추의 사위였어요. 김품석은 제대로 싸워보지도 못하고 백제에 항복했습니다. 백제군은 김품석과 가족들을 모조리 죽였지요. 딸을 잃은 김춘추는 큰 충격을 받았습니다.

그런가 하면 642년 그해, 고구려에서는 쿠데타가 벌어졌습니다. 연개소문이 왕을 시해하고 정권을 장악한 것입니다. 그러니고구려도 혼란스러운 시간을 보내고 있었겠지요. 백제의 공격으로 국경 지역이 무너지다시피 했던 신라 역시 뒤숭숭했고요. 당시 신라를 지배하고 있던 제27대 왕 선덕여왕은 이 위기를 극복하고자 김춘추를 고구려로 보냈습니다. 고구려에 도움을 요청해보려고 한 것이지요. 642년, 역사적인 평양 회담이 열립니다.

　　김춘추는 고구려의 왕에게 신라의 사정을 설명하고 도움을 요청했어요. 백제의 공격이 매서워 신라가 망할 지경이라고요. 그런데 연개소문의 뜻을 전달받은 고구려 왕이 터무니없는 요구를합니다. 함께 싸워줄 테니 대신 한강 유역을 내놓으라는 거예요. 하지만 왕도 아닌 김춘추가 그렇게 중대한 사안을 마음대로 결정할 수는 없었습니다. 게다가 신라 입장에서는 받아들이기 힘든요구였죠. 결국 김춘추는 그렇게 할 수 없다고 대답합니다.

　　원하는 대답을 듣지 못한 연개소문은 어떻게 했을까요? 김춘추를 옥에 가둬버렸습니다. 탈출 방법을 고민하던 김춘추는 고구려 왕이 총애하던 신하가 들려준 이야기로 탈출에 성공합니다. 그 이야기는 〈구토지설〉이었습니다. 지금은 〈별주부전〉 또는 〈토끼와 자라〉라는 제목으로 잘 알려져 있지요. 그러니까 신하의 말뜻은 토끼가 용왕을 속여 용궁을 탈출하듯 융통성을 발휘하라는것이었습니다. 힌트를 얻은 김춘추는 고구려 왕에게 신라로 돌아가면 한강 유역의 땅을 내어주도록 이야기하겠다고 약속하고서야 겨우 풀려났습니다. 물론 그 약속은 거짓이었지요.

64그년 삼국의 사건

- 백제: 의자왕 대야성 전투 → 신라와 대립
- 고구려: 연개소문 쿠데타 → 고구려 내부 혼란 ↑
- 신라: 김춘추 평양 회담 → 고구려 동맹 실패

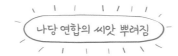

나당 연합의 씨앗 뿌려짐

나당 연합과 삼국 통일

신라와 고구려의 평양회담은 이렇게 결렬되었습니다. 백제에 복수하고 싶지만 혼자서는 무리인 신라 입장에서는 고구려를 대신할 다른 동맹국을 찾아야 했습니다. 그래서 김춘추는 중국 당에 손을 내밀었지요. 사실 당도 신라가 필요했어요. 주변 이민족들을 무릎 꿇리고 태평성대를 이룩한 당 태종이 유일하게 정복하지 못한 나라가 바로 고구려였으니까요. 당은 신라에 군사를 내어주는 대신 대동강 이북의 고구려 땅을 갖기로 했습니다. 그렇게 나당 연합이 결성되었고, 신라는 당의 힘을 빌려 삼국 통일이라는 원대한 꿈을 이루게 됩니다.

나당 연합을 이끌어낸 김춘추는 제29대 왕 태종무열왕으로 왕위에 올랐습니다. 신라 최초로 진골 출신 왕이 탄생한 것이지요. 그리고 660년, 나당 연합군은 백제를 멸망시켰습니다. 그러나 태종무열왕은 삼국 통일을 지켜보지 못했습니다. 그의 아들인 제30대 왕 문무왕 때인 668년에야 고구려가 멸망했거든요.

백제와 고구려가 멸망했다고 해서 바로 통일이 이뤄진 것도 아닙니다. 신라의 삼국 통일 과정은 크게 백제의 멸망, 고구려의 멸망, 그리고 당군 축출로 나뉩니다. 고구려 멸망 후 당이 신라와의 약속을 어기고 한반도 전체를 지배하려는 야욕을 드러내어, 당과 결전을 벌일 수밖에 없었지요. 신라는 매소성과 기벌포 싸움에서 크게 이기며 당 군대를 몰아냈습니다. 그리고 비로소 삼국 통일을 이룰 수 있었지요.

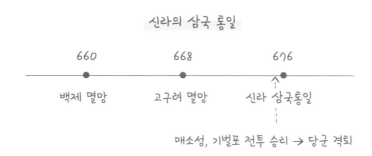

신라의 삼국 통일

660	668	676
백제 멸망	고구려 멸망	신라 삼국통일

매소성, 기벌포 전투 승리 → 당군 격퇴

삼국을 통일한 나라는 거대한 영토를 가지고 있었던 고구려도, 눈부신 문화를 꽃피웠던 백제도 아닌 신라였습니다. 신라는 항상 고구려와 백제보다 한발 뒤처져 있었어요. 어쩌면 그것이 신라가 가장 오래도록 생존한 이유였는지도 모릅니다. 연개소문은 고구려가 강하다는 자만심으로 김춘추의 요청을 외면한 반면, 신라는 살아남기 위해 누구와도 손을 잡을 준비가 되어 있었지요. 당의 도움을 받은 점이나 고구려의 드넓은 영토를 잃었다는 점이 아쉽기는 하지만, 그 또한 신라 입장에서는 위기를 극복하고 삼국을 통일하기 위한 방편이었을 것입니다. 신라는 최후의 승자가 되었고, 세 나라의 힘겨루기로 다사다난했던 삼국시대는 이렇게 막을 내렸습니다.

천마총 금관

◆ ◆ ◆

신라 금관

얇은 금판에 정교하고 세밀한 무늬를 새긴 신라의 금관은 당시 신라의 금 세공 기술이 뛰어났음을 보여주는 유물이다. 현재까지 총 6점이 전해지며 금관의 모양은 각기 조금씩 다르지만 대체로 나뭇가지 모양의 장식으로 이루어져 있다. 여기에 곱은옥 등을 달아 화려하게 꾸민 것이 특징이다.

위 사진은 천마도가 발견되어 천마총이라 부르게 된 고분에서 발견된 '천마총 금관'이다. 전형적인 신라 금관으로 국보로 지정되어 있다.

추정복원도

◆ ◆ ◆

경주 황룡사지

국교가 불교였던 삼국은 전쟁에서 국가를 보호하려는 염원을 담아 절을 많이 지었다. 황룡사는 신라시대에 진흥왕이 세웠고, 황룡사 구층목탑은 643년에 선덕여왕이 세웠다. 황룡사 구층목탑은 주변의 아홉 나라를 제압하고자 하는 바람을 담아 9층으로 지었다고 전하며 전체 높이가 약 80미터에 이르는 큰 탑이었다고 한다. 신라 3보 중 하나로 꼽힐 정도였으나 고려시대 몽골 침입 때 황룡사가 전소되어 지금은 터만 남아 있다.

경주 첨성대

선덕여왕 대에 만들어진 첨성대는 천체의 움직임을 관찰하는 천문 관측대로 추정된다. 360여 개의 벽돌을 27단으로 둥글게 쌓아 올려 높이가 약 9.5미터에 이른다. 2016년 경주에 강진이 발생했을 때도 큰 피해를 입지 않았는데, 전문가들은 현대의 내진 설계 원리가 적용되었기 때문이라고 그 이유를 밝혔다. 신라 과학의 정수를 보여주는 대표적인 문화유산으로 국보로 지정되어 있다.

가야

◆

철의 왕국으로 불리는 무역 강국

삼국시대라고 하면 그 이름부터 고구려, 백제, 신라만을 떠올리게 하지만, 사실 한 나라가 더 있습니다. 바로 가야지요. 연맹 왕국이었던 가야는 고대국가로 발전하지 못하고 무너졌지만, 신라의 전성기였던 6세기까지 존재했습니다. 꽤 오래 존속했지요? 백제와 신라 사이에 끼어 시달리긴 했지만 가야는 우리가 생각하는 것처럼 약한 나라가 아니었어요. 오히려 잘 먹고 잘 살았던 나라입니다.

가야 연맹의 출발

가야의 시작은 한반도 남쪽에 위치한 변한이라고 볼 수 있습니다. 변한은 마한이나 진한과 같이 소국으로 이루어진 집단이었어요. 초기 가야 연맹을 이끌었던 건 금관가야입니다. 금관가야를 세운 인물은 우리에게도 유명한 김수로예요.《삼국유사》에 가야의 건국 이야기가 실려 있습니다.

경남 김해 지역에는 아홉 명의 족장이 각자의 지역을 다스리고 있었는데, 어느 날 작은 산봉우리인 구지봉에서 이상한 소리가 들려왔습니다. 이상한 소리의 정체는 일종의 예언이었습니다. "거북아, 거북아, 머리를 내밀어라. 내밀지 않으면 구워서 먹으리"라는 노래를 부르면 왕을 맞이하게 될 거라는 말이었죠. 족장들이 노래를 부르니까 하늘에서 금빛 상자가 내려왔습니다. 상자 안에는 황금색 알이 여섯 개 들어 있었는데, 알을 깨고 여섯 아이가 나왔다고 해요. 가장 먼저 태어난 아이가 바로 김수로였어요. 여섯 아이가 태어났다는 이야기는 그들이 각각 다른 가야를 이끌었다는 사실을 말해줍니다. 김수로가 세운 금관가야 외에도 대가야, 고령가야 등이 있었지요. 그러니까 가야는 연맹체였고, 김수로가 다스리는 금관가야는 그 연맹체의 중심이었던 것입니다.

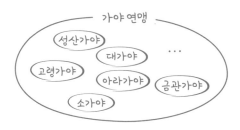

최소한의 한국사

부의 원천, 철

가야는 요즘 말로 표현하자면 하이테크 강국이었어요. 금관가야가 있던 낙동강 하류는 땅이 비옥한 것은 물론이고, 철이 무척 많이 나왔어요. 원래 김해金海라는 이름이 '쇠'와 '바다'를 뜻해요. 그만큼 쇠가 많다는 거예요. 지금도 김해 지역에 있는 야산에 가서 강한 자석을 들이대면 쇳가루가 붙어 나올 정도입니다. 양질의 철이 굉장히 많은 곳이죠.

철은 청동기시대 사람들의 상상을 초월하는 물질이었어요. 청동으로 만든 무기랑 철로 만든 무기가 붙으면 게임도 안 됩니다. 철은 청동보다 훨씬 단단해서 무기는 물론이고 각종 농기구와 도구로 만들어 활용하기 좋았어요. 게다가 청동기시대에 청동은 신분이 높은 사람만 가질 수 있는 귀한 물질이었던 데 반해 철은 아주 흔했지요. 다만 이 철을 사용하기 위해서는 제련하는 기술이 필요했습니다. 온도가 1,100도 이상 올라가야 철이 녹기 때문이에요. 가야에는 그런 기술이 있었어요. 그래서 철을 자유자재로 다룰 수 있었던 겁니다. 가야의 무덤에서 출토된 것들을 보면 사람이 입는 갑옷뿐만 아니라 말이 쓰는 갑옷도 있어요. 그만큼 철을 많이 사용했던 것이지요.

가야는 뛰어난 철기 제작 기술로 덩이쇠를 만들었어요. 덩이쇠는 뼈다귀처럼 가운데가 살짝 들어간 막대 모양의 철판인데, 화폐처럼 사용되기도 했습니다.

반도체가 있어야 현대 사회가 움직이듯이 당시에는 철로 만든 도구가 있어야 생산력이 올라가고 강국이 됐습니다. 그러니까 주변 국가에서 철을 구하기 위해 가야로 몰려들었어요. 금관가야가 가야 연맹의 수장으로 우뚝 설 수 있었던 이유가 바로 여기에 있습니다. 풍부했던 철과 철을 다루는 기술, 그리고 낙동강 하류를 따라 바다로 나아갈 수 있는 위치 덕분에 기술 강국이자 무역 강국으로 거듭난 것이지요.

그 때문일까요? 김수로왕은 우리나라 최초로 국제 결혼을 한 인물이기도 합니다. 김수로왕의 왕비 허황옥은 아유타국 공주라고 알려져 있어요. 아유타국은 지금의 인도에 위치한 나라였을 것으로 추정합니다. 두 사람의 결혼 이야기를 통해 가야가 바다 건너 제법 먼 나라와도 교류했음을 짐작할 수 있지요.

금관가야에서 대가야까지

금관가야에는 철을 다루는 기술을 배우러 온 일본인이 굉장히 많았습니다. 일본에는 그런 기술이 없었거든요. 앞서 백제 근초고왕이 칠지도라는 칼을 일본에 선물했다는 이야기, 기억하시지요? 그 칼에도 '너희들은 이런 거 못 만들잖아. 이게 얼마나 귀한 것인지 알아둬!'라는 식의 글이 적혀 있습니다. 그러니까 일본인들이 가야로 유학을 왔던 거지요.

당시 일본은 왜로 불렸는데, 4세기 말경 이 왜가 신라에 쳐들어갔습니다. 신라로서는 엄청난 위기였어요. 수도인 경주가 함락되기 직전이었습니다. 다급해진 신라는 고구려에 도움을 요청했지요. 그래서 광개토태왕은 직접 5만 명의 군사를 이끌고 신라로 내려왔습니다. 한반도 남쪽에 고구려 군대가 내려온 건 그때가 처음이었어요.

광개토태왕은 왜군을 모두 몰아냈어요. 고구려군에 쫓기던 왜군은 금관가야까지 도망쳤지요. 배를 타고 일본으로 도망갈 수 있는 곳이기도 했고, 그곳에 자신들에게 우호적인 일본인이 많이 살고 있었으니까요. 그런데 고구려군은 도망가는 왜군을 내버려두지 않았습니다. 끝까지 추격했어요. 고구려의 공격을 받게 되자 잘나가던 금관가야는 급격히 쇠퇴했습니다. 그러면서 가야 연맹의 주도권이 지금의 고령 지역에 있던 대가야로 완전히 넘어가게 돼요. 광개토태왕이 가야 연맹의 정치 지형을 바꿔놓은 셈이죠.

가야는 철을 보유하고 있어 부유했지만 고구려, 백제, 신라처럼 왕을 중심으로 강력한 중앙집권체제를 갖춘 고대국가로 발전하지는 못했어요. 각 나라가 독자적인 권력을 가진 채 끝까지 연맹왕국에 머물렀지요. 여기에는 여러 가지 이유가 있겠지만, 잘 살았다는 점이 오히려 걸림돌이 됐을 가능성도 있습니다. '지금도 딱히 부족한 게 없는데 굳이 합쳐야 하나?', '영토 확장까지 할 필요가 있을까?' 이런 생각을 하지 않았을까요? 현재가 너무 만족스러우면 미래를 대비하는 일에 소홀할 수 있잖아요. 어쩌면 가야인들은 철저한 상인 마인드를 가지고 있었는지도 모릅니다. 무역을 통해 많은 돈을 벌기는 했지만 강력한 중앙집권 국가를 만드는 데는 큰 관심이 없었던 것이지요.

결국 가야 연맹은 전성기를 맞은 신라에 의해 스러지고 말았습니다. 금관가야는 신라 법흥왕 때인 532년, 대가야는 신라 진흥왕 때인 562년에 멸망해 신라에 병합됐어요. 우리 역사에서 가야의 존재감은 삼국에 비해 무척 작습니다. 비록 중앙집권 국가로 발전하지는 못했으나, 가야는 앞선 기술과 활발한 무역으로 국제적인 위상이 무척 높은 나라였어요.

논란의 임나일본부설

가야 역사를 공부하며 한 가지 짚고 넘어가야 할 이야기가 있습니다. 일부 일본 학자들이 주장했던 '임나일본부설'입니다. 임나일본부설은 4~6세기에 왜가 임나(가야) 지역에 통치 기구를 세우고 한반도 남부 지역의 일부를 다스렸다는 학설이에요. 가야에 왜의 세력 본부가 있었다는 겁니다. 게다가 백제와 신라도 자신들에게 조공을 바쳤다는 것이 일본의 주장입니다.

　　일본이 임나일본부설을 주장한 속내는 따로 있었습니다. 일제강점기에 일본이 조선을 침략한 일을 정당화하기 위함이었지요. 고대에 이미 한반도 남부를 지배한 적이 있으니 일제가 조선을 식민지로 삼는 게 당연하다는 것이었습니다. 하지만 기술력의 발달이라는 관점에서 봤을 때, 철을 다루지 못하는 사람들이 철을 다루는 사람들을 다스린다는 것 자체가 말이 안 되는 이야기예요.

　　가야에는 일본인들이 많았습니다. 임나일본부설은 거기에서 비롯된 황당한 얘기가 아닌가 합니다. 일본인들은 가야에서 철을 다루는 기술을 배우고, 가야의 풍부한 철, 덩이쇠를 가져가기 위해 왔던 겁니다. 가야는 당시 화폐처럼 이용됐던 덩이쇠를 낙랑과 왜에 수출했어요. 중계무역을 통해 많은 돈을 벌었습니다. 그러니까 일본인들이 가야에 온 주목적은 기술 공부와 무역이었던 거지요.

　　일본학계에서는 임나일본부설을 뒷받침할 근거를 찾으려 애썼지만, 연구를 거듭할수록 역사적 사실과 거리가 멀다는 사실을 인정해야 했습니다. 결국 2010년 한일 역사공동연구위원회는 임나일본부설을 폐기하기로 합의했습니다. 앞으로 이런 잘못된 주장이 또다시 제기되지 않으려면 가야 역사에 대한 대중과 학계의 관심이 높아져야 할 것입니다. 우리도 철의 나라 가야의 빛나는 역사를 기억해야 하겠지요.

◆ ◆ ◆

고령 지산동 고분군

경상북도 고령군에 위치한 대가야의 고분군으로 가야 고분군 중 가장 큰 규모를 자랑한다. 고령은 후기 가야 연맹을 주도했던 대가야의 옛 지역으로 현재 남아 있는 무덤이 수백 기에 이른다. 4~6세기경 만들어진 대가야 지배계층의 무덤으로 추정되며 많은 양의 토기와 함께 금동관, 갑옷 및 투구, 덩이쇠 등이 출토되었다. 가야 사회의 계층 구조와 대내외 문물 교류를 가장 잘 보여주는 대표 고분군이다.

◆ ◆ ◆

금동관

고령 지산동 32호분에서 출토된 금동관으로 보물로 지정되어 있다. 가야시대 금동관
이 출토된 사례가 매우 적기 때문에 희소가치가 높다. 단순화된 형태에 작은 문양을 넣
어 신라 및 백제와는 다른 가야만의 고유한 특징을 확인할 수 있다.

◆ ◆ ◆
수레바퀴모양 토기

가야에서는 독특한 모양의 토기를 많이 만들었다. 상형토기라고도 하는데, 그중에서도 기마 인물형 토기, 배 모양 토기, 집 모양 토기와 같은 토기들은 죽은 사람을 보내는 장송의 의미를 가진 것이 많다. 이 수레바퀴모양 토기 역시 일상에서 쓰였다기보다 제의용으로 무덤에 함께 부장되어 사후 영혼을 운반하기 위한 그릇이었다고 추정된다.

―――― 2장 ――――

남북국시대

발해

고구려를 계승한 해동성국

　　신라가 삼국을 통일하고 30년이 흐른 뒤, 옛 고구려 땅에는 발해가 건국됐습니다. 과거에는 이 시기를 통일신라시대라고 불렀지만, 남북국시대라고 이야기하는 것이 맞겠습니다. 남쪽에는 신라, 북쪽에는 발해가 있었으니까요. 어떻게 보면 지금과 비슷한 체제가 만들어졌다고 볼 수 있지요.

　　남북국시대라는 용어를 처음 언급한 사람은 조선 후기의 실학자 유득공입니다. 유득공은《발해고》라는 저서에서 발해가 우리의 역사임을 주장했어요. 오랜 시간 잊혀 있던 발해의 역사를 되살린 사람이라고 해도 과언이 아닙니다.

발해가 우리나라 역사인 이유

발해를 건국한 사람은 고구려의 후예 대조영입니다. 고구려 유민이었던 그가 698년 만주 동모산 근처에 세운 나라가 바로 발해지요. 대조영이 세웠으니 발해 왕조의 성씨는 대씨겠죠? 고구려 왕조는 고씨, 백제 왕조는 부여씨, 신라 왕조는 김씨인 것처럼요.

발해를 대씨가 세웠음을 아는 것이 중요한 이유는 사실 발해인의 대다수는 말갈족이었기 때문입니다. 나당 연합군에 의해 고구려가 멸망한 뒤, 당이 고구려인들을 강제로 요서 지역으로 이주시켰는데, 그 지역에 말갈족이 많이 살고 있었거든요. 당이 정치적으로 혼란한 틈을 타 대조영이 고구려 유민과 말갈족을 데리고 탈출해 나라를 세웠던 것이지요.

말갈족 또한 발해가 고구려를 이었다고 생각했는지는 알 수 없습니다. 하지만 대조영을 비롯한 고구려 유민들이 중심이 되어 발해를 건국했고, 지배층이 고구려인이었던 만큼 그들은 자신들이 세운 나라가 고구려를 계승했다는 의식이 강했습니다.

발해인들의 고구려 계승 의식은 일본에 보낸 외교문서에서도 확인할 수 있습니다. 발해가 일본에 사절단을 파견하며 보낸 문서의 내용이 《속일본기》에 실려 있습니다.

고려 국왕 대흠무가 천황의 승하 소식을 듣고 문안한다.

(일본) 천황은 삼가 고려 국왕에게 문안한다.

우리는 고려의 옛 땅을 회복하고, 부여의 풍속을 갖추었다.

첫줄에 "고려 국왕 대흠무는"이라고 적혀 있어요. 고려는 고구려의 다른 이름입니다. 고구려를 '고려'라고도 하고, '구려'라고도 했거든요. 발해의 왕이 자신을 고구려의 왕이라고 말했으니 이것만큼 확실한 증거가 또 있을까요?

문화를 봐도 그렇습니다. 발해에서는 고구려의 난방 방식이었던 온돌을 사용했어요. 온돌은 우리 민족 고유의 난방 시스템입니다. 중국에서는 온돌을 사용하지 않았어요. 발해가 중국이나 러시아와는 전혀 다른 방식으로 생활했다는 뜻이지요. 생활 방식은 쉽게 바꿀 수 없습니다. 발해의 무덤 구조나 불상 조각 방식도 고구려와 상당히 유사해요.

중국은 동북공정을 통해 발해의 역사를 중국사로 편입시키려 합니다. 발해는 우리나라 역사지만, 고구려만큼 방어하기가 쉽지 않은 실정입니다. 발해에 관해 남아 있는 기록이 별로 없고, 우리가 축적해놓은 연구 자료도 부족하기 때문이죠. 하지만 그와 별개로, 우리는 발해가 우리의 역사임을 잊지 말아야 합니다. 꾸준한 관심이 선행되어야 새로운 근거도 발견될 수 있을 테니 말이에요.

역사상 가장 넓은 영토를 차지한 해동성국

이렇듯 발해가 고구려 계승 의식을 가지고 있었으니, 고구려를 무너뜨린 신라, 당과 사이가 좋았을 리 없겠지요? 실제로 초기에는 두 나라와 많이 부딪쳤습니다. 대조영의 뒤를 이은 제2대 왕 무왕이 당과 신라를 견제하며 영토 확장에 힘썼거든요.

당시 만주 지역에 퍼져 있던 말갈 세력 중 가장 힘이 강했던 흑수말갈은 당과 친하게 지내려 했고, 당 역시 이들을 이용해 발해를 압박하려 했습니다. 이 상황을 지켜보던 무왕은 참지 않았습니다. 아우를 시켜 흑수말갈을 공격하고, 장문휴라는 장수를 보내 당에 선제공격을 시도했지요. 동아시아뿐만 아니라 세계에서 이름을 떨치는 제국이었던 당을 상대로 말입니다.

당을 공격했던 곳은 지금의 중국 산둥반도에 있는 덩저우로, 이곳은 짙은 안개가 끼는 날이 많습니다. 저도 가봤는데, 안개가 한번 내려앉으면 앞을 분간하기 어려울 정도예요. 발해인들은 이런 기후를 이용해서 기습을 했는지도 모릅니다. 저는 그곳에 서서 자욱한 안개 사이로 갑자기 등장하는 발해의 군사들과 그들을 막는 당 군사들을 떠올려봤습니다. 고구려도 수의 100만 대군과 당당히 맞선 역사가 있잖아요. 고구려를 계승한 발해의 기상도 역시 대단했던 것이지요.

9세기 초, 제10대 왕 선왕 때 전성기를 맞이한 발해는 옛 고구려의 땅을 대부분 회복했습니다. 남쪽은 신라와 맞닿아 있었고, 서쪽으로는 요동, 북쪽으로는 만주를 넘어 오늘날 러시아의 연해주까지 땅을 넓혔지요. 우리나라 역사에서 영토가 가장 넓었던 나라입니다.

땅덩어리가 워낙 커서 행정구역도 정비해야 했어요. 수도인 상경부터 중경, 동경, 서경, 남경까지 5경이 있었고, 그 아래 15부 62주를 두었습니다. 당은 이처럼 잘나가는 발해를 가리켜 해동성국海東盛國이라 불렀습니다. '바다 동쪽의 융성한 나라'라는 뜻입니다. 발해는 분명 동아시아의 강국이었습니다.

발해 최대 영역

발해

고구려를 계승해 우리나라 역사상 가장 넓은 영토를 지배했던 나라 발해. 대륙을 호령하던 그들의 기상은 문화유산에도 잘 드러나 있습니다. 오래된 사찰에 가면 석등을 어렵지 않게 볼 수 있는데요, 이 석등은 전기가 없던 시절에 등불을 넣어서 주변을 밝히는 용도로 쓰였습니다. 우리나라에 남아 있는 석등들의 높이는 대개 2미터가 안 됩니다. 그런데 발해 석등의 높이는 무려 6.3미터에 달합니다. 이 거대한 석등은 발해 수도였던 상경, 즉 지금의 중국 흑룡강성에 있는 절터에 우뚝 서 있습니다. 앞서 살펴본 광개토태왕릉비와 비슷한 크기로, 보통 석등의 세 배가 넘죠. 사진으로만 보면 그 크기가 와닿지 않을 정도입니다. 옆에 사람이 서 있어야 비로소 가늠이 되는 크기지요. 이렇듯 발해인들은 고구려인의 정서를 이어받아 웅장하고 진취적인 문화를 구축해 나갔습니다.

미스터리로 남은 멸망의 이유

200년이 넘도록 승승장구했던 발해의 마지막은 이상하리만치 허무합니다. 926년, 거란족의 침입으로 순식간에 무너져 버렸거든요. 훗날 요를 세우고 첫 번째 황제가 된 야율아보기가 쳐들어왔던 것이지요. 그들의 기록에 따르면 "피 한 방울 흘리지 않고 발해를 무너뜨렸다"고 합니다. 강성했던 나라와 어울리지 않는 급작스러운 멸망이었습니다.

약 230년간 존속했던 발해의 멸망은 미스터리로 남아 있습니다. 발해인의 다수는 고구려인이 아닌 말갈인이었기에 거란족과 싸워 나라를 지켜야겠다는 의식이 부족했을지도 모르지요. 이전에 일어난 백두산 폭발이 멸망에 영향을 주었다는 추측도 있습니다. 수도인 상경이 백두산 근처에 있었거든요. 그러니까 거란족이 강하기도 했지만, 화산 폭발로 나라가 이미 혼란에 빠져 있었기 때문에 더욱 쉽게 무너진 게 아닐까 추정하는 것이지요.

이런 이야기가 나온다는 것은 발해의 멸망이 그만큼 황당하다는 뜻이기도 해요. 발해에 대한 연구가 더욱 활발해져야 하는데, 그 영토가 지금은 북한과 중국, 러시아에 걸쳐 있으니 우리 입장에서는 참으로 아쉬운 일이지요. 발해 역사의 비밀이 속 시원하게 벗겨지는 그날이 꼭 오기를 바랍니다.

◆ ◆ ◆

영광탑

중국 지린성에 남아 있는 발해의 벽돌탑. 완전한 형태로 보존된 유일한 발해의 탑으로
벽돌을 쌓아 축조해 당의 영향을 받은 것으로 보인다. 발해는 고구려 문화를 기반으로
말갈족 문화와 당 문화의 영향을 받아 복합적인 문화를 발전시켜 나갔다.

발해 돌사자상

중국 지린성에 있는 정혜공주묘의 돌사자상. 정혜공주는 발해 제3대 왕 문왕의 둘째 딸로 공주의 무덤은 고구려 무덤 양식에서 영향을 받았다. 이 무덤에서 출토된 돌사자상역시 고구려풍의 돌사자상이다. 힘 있게 튀어나온 가슴과 웅크리고 있는 뒷다리의 근육, 강하게 표현된 앞발 등에서 발해인들의 뛰어난 조각 기술을 엿볼 수 있다.

◆　◆　◆

이불병좌상

높이가 약 11센티미터인 작은 크기의 불상으로, 이불병좌상二佛竝坐像이란 '두 부처가 나란히 앉아 있는 모양의 불상'이라는 뜻이다. 부처님을 표현한 방식이나 머리 뒤의 후광, 옷 모양 등에 고구려의 특색이 나타나 있어 고구려의 영향을 받아 만들어진 발해의 불상이라 볼 수 있다.

최소한의 한국사

통일신라

찬란한 문화를 꽃피운 한반도 통일 국가

─── 삼국 통일을 이룬 문무왕

경주시에 가면 감포라는 곳이 있습니다. 시내에서 감포로 가다 보면 해변과 가까운 곳에 절터가 하나 있어요. 감은사라는 절이 있었던 땅이라고 해서 감은사지라고 하지요. 예전에는 웅장한 사찰이 자리 잡고 있었겠지만, 지금은 삼층석탑 두 개만이 남아 있습니다.

감은사지 삼층석탑은 가까이에서 봐야 됩니다. 1,500여 년이라는 세월을 견뎌온 그 탑들을 바라보고 있으면 어떤 힘이 느껴지거든요. 그 시절 통일신라가 품고 있던 자신감이랄까요? '내가 삼국을 통일했다!'라고 자랑하는 듯도 합니다. 굉장히 압도적인 모습이에요.

감은사를 짓기 시작한 왕은 문무왕입니다. 문무왕은 아버지인 태종무열왕의 뜻을 이어 삼국 통일을 이룬 인물이에요. 그런데 힘겹게 통일한 나라가 잘 유지되지 않거나, 전쟁에 시달린 백성들의 삶이 나아지지 않으면 어쩌나 고민이 많았던 모양입니다. 그래서 나라를 걱정하는 마음으로 사찰을 세우려 했던 거지요.

그래도 마음이 놓이지 않았던지 문무왕은 자신이 죽으면 화장해서 동해 바다에 묻어달라는 유언을 남겼습니다. 동해 바다의 용이 되어 죽어서도 나라를 지키겠다는 뜻이었어요. 그야말로 애국의 아이콘이라고 할 수 있는 분이지요.

감은사는 문무왕의 아들인 제31대 왕 신문왕 때 완공됐습니다. 삼층석탑을 세운 사람도 신문왕이에요. 문무왕은 애국심으로 절을 짓기 시작했지만, 신문왕은 효심으로 그 작업을 완성한 것으로 보입니다. 절에 감사할 감感, 은혜 은恩이라는 이름을 붙였거든요. 죽어서도 나라를 지키겠다는 아버지의 은혜에 감사하는 마음, 그리고 명복을 비는 마음을 담은 겁니다.

삼층석탑을 지나서 뒤쪽으로 가면 금당터가 나옵니다. 감은사지의 중심 건물이라 할 수 있는 금당이 있던 자리예요. 금당터 바닥을 보면 빈 공간이 있는데, 용이 된 문무왕이 들어와 쉴 수 있도록 만들어둔 장소입니다. 아버지를 위하는 아들의 마음을 엿볼 수 있는 부분이지요.

신문왕은 문무왕의 유언을 받들어 그 시신을 화장하고 동해 바다에 무덤을 만들었습니다. 능을 바다에 조성하다 보니 후대 사람들은 찾을 수가 없게 됐어요. 지금도 우리는 문무대왕릉이 어디에 있는지 모릅니다. 감은사 앞에 있는 대왕암을 문무대왕릉으로 추정할 뿐이에요.

문무왕과 관련해서 재미있는 이야기가 하나 더 있습니다. 바로 만파식적萬波息笛 설화입니다. 해룡이 된 문무왕과 천신이 된 김유신이 신문왕에게 나라를 지킬 보배를 주었는데 그 보배가 대나무였다고 합니다. 신문왕은 이 대나무로 피리를 만들었는데, 그것이 만파식적입니다. '만 개의 파도를 가라앉히는 피리'라는 이름으로 온갖 근심을 없애주고 평안을 불러온다는 뜻이지요. 만파식적을 불면 적이 물러가고, 병이 사라졌다고 전해집니다.

용이 되어서도 나라를 지킬 보배를 내렸으니 신라 사람들에게 문무왕은 나라를 지켜주는 수호신처럼 여겨진 듯합니다. 문무왕의 호국 정신과 통일 후 나라의 평화와 안정을 바라는 신라인들의 염원이 만파식적 설화를 만들어낸 것이 아닐까 싶습니다.

신문왕의 개혁 정치

문무왕의 간절한 마음 덕분인지 통일신라는 200년 가까이 평화가 지속됐습니다. 신문왕 역시 통일신라 초기에 기틀을 잘 다졌고요. 신문왕은 정치와 경제는 물론이고, 사회와 문화에 이르기까지 모든 분야에서 통일신라의 체제를 잡았습니다.

신문왕의 정책은 목표가 명확했어요. 모두 왕권 강화를 위한 것이었습니다. 그래서 유학을 가르치는 교육기관인 국학을 설치했습니다. 국학은 요즘으로 말하면 국립 대학교예요. 신라는 불교국가인데 나라가 세운 대학교에서 유학을 가르친 까닭은 무엇일까요? 왕권 강화 정책의 일환이었습니다. 유교에서는 무엇보다 충忠을 강조합니다. 임금에게 충성을 다하는 것이 유학의 기본이지요. 힘으로 신하들을 복종시키는 것은 오래가지 않아요. 그러니까 유교를 공부하면서 자발적으로 왕에게 복종하도록 한 겁니다.

유학으로 인재를 양성했으니 그다음에는 귀족들을 관리해야겠죠? 신문왕은 귀족들의 경제 기반이라 할 수 있는 녹읍을 폐지합니다. 이게 무척 결정적이었죠. 요즘에도 관리들은 나라의 '녹'을 먹는다고 하죠? 녹이라는 건 일을 한 대가예요. 월급 같은 것이지요. 녹읍은 녹으로 '읍'을 지급하는 겁니다. 우리가 '읍, 면, 동'이라고 말하는 그 '읍' 말이에요. 한마디로 마을 하나를 통째로 관리에게 준 겁니다.

왕이 A라는 신하에게 B마을을 녹으로 줬다고 해봅시다. 마을을 줬다고 해서 마을이 위치한 땅의 소유권을 주는 것은 아닙니다. 그 땅은 그 마을에 사는 사람들 소유겠지요. 대신 신하는 해당 마을 사람들이 내는 세금을 받는 것입니다. B마을 사람들은 국가가 아닌 A에게 세금을 바치는 거예요. 그게 당시 공무원들의

최소한의 한국사

월급이었습니다.

백성들이 내는 세금의 종류는 전근대 어느 시기에나 크게 다르지 않습니다. 조세, 공납, 역 이렇게 세 종류였지요. 조세는 토지에서 나오는 생산량의 일부를 내는 것입니다. 지금으로 말하자면 재산세 또는 소득세와 같은 개념이겠지요. 공납은 지역의 특산물을 내는 거예요. 제주도라면 귤을 바치고, 공주에서는 밤을 바치는 식입니다. 역은 노동력을 제공하는 건데, 군대에 가는 건 군역, 물자의 수송이나 토목공사 등에 동원되는 건 요역이라고 했습니다.

귀족들은 녹읍을 무척 좋아했습니다. 한 마을에서 나오는 세금을 몽땅 가져올 수 있으니 얼마나 좋았겠어요? 그중에서도 귀족들이 특히 좋아했던 것은 '역'이었습니다. 백성들의 노동력을 제공받는 것은 물론이고, 그 노동력을 군사력으로 전환할 수도 있었으니까요. 자신이 관리하는 마을에 있는 사람들을 모두 부릴 수 있는 힘을 가진 셈입니다. 이들을 데리고 반역을 일으킬지도 모를 일이었죠.

신문왕은 왕권을 위협할 수 있는 녹읍 제도를 없애버렸습니다. 대신 관료전을 지급하기 시작했어요. 관료전의 '전'이 토지 전田 자를 쓰니 이게 무슨 뜻이겠습니까? 땅에서 나오는 세금, 즉 조세와 공납만 거두라는 말이었습니다. 백성들의 노동력은 왕만이 사용할 수 있게끔 한 거지요.

통일신라 초기에는 아마 혼란이 심했을 거예요. 세 나라가 한 나라가 되었으니 안 그럴 수가 없지요. 넓어진 땅을 다스리려면 행정구역도 재정비해야 했습니다. 그래서 전국을 9주 5소경으로 나누었어요. 여기서 '소경'이란 작은 경주를 말합니다. 경주가 한반도 동남쪽에 치우쳐 있으니까 이전에 고구려나 백제에 속해 있던 땅을 다스리기가 쉽지 않았거든요. 그 단점을 극복하기 위해 다섯 개의 작은 경주를 곳곳에 설치한 것입니다.

이렇듯 신문왕은 전 분야에 걸쳐 통일신라를 재정비했습니다. 왕권을 과시하면서 귀족들의 힘을 빼앗고 정치체제와 경제체제를 마련했지요. 이 덕분에 통일신라는 빠르게 안정을 찾고 발전해나갈 수 있었습니다.

신문왕의 개혁

· 국학 설치 → 유교 교육
· 관료전 지급 → 진골 경제력↓
· 지방 행정조직 정비

불교예술이 발달한 전성기

통일 초기에 기틀을 잘 잡은 통일신라는 화려한 문화를 꽃피웠습니다. '우리가 삼국을 통일했다'는 자부심의 발로일까요? 통일신라의 문화유산을 보면 아우라가 느껴질 정도입니다. 신라의 수도였던 경주를 괜히 '천년의 보고寶庫'라 하는 것이 아니겠죠.

제가 학교에 다닐 때는 수학여행 하면 무조건 경주였습니다. 그리고 빠지지 않는 단골 코스가 바로 불국사와 석굴암이었고요. 그만큼 통일신라와 경주를 대표하는 문화유적이라 할 수 있습니다. 경주 토함산 아래쪽에 있는 불국사는 불국佛國이라는 이름에서도 알 수 있듯이 '부처님의 나라'를 구현한 사찰입니다. 이 절을 생각하면 자연히 떠오르는 것이 불국사 삼층석탑과 다보탑이에요. 이 두 탑은 불국사 대웅전 앞에 나란히 서 있는데, 모양도 다른 두 개의 탑을 굳이 이렇게 배치한 이유는 무엇일까요? 두 탑이 함께함으로써 전하고자 하는 이야기가 있기 때문입니다.

우선 석가탑이라고도 불리는 불국사 삼층석탑부터 살펴보면, 석가탑이라는 이름에서 드러나듯 현세불現世佛인 석가모니를 상징합니다. 설법을 하는 석가모니인 거예요. 석가탑 주변을 보면 방석 같은 것들이 있는데, 석가모니 주위에 앉아 설법을 듣는 사람들의 모습을 형상화한 것입니다.

다보탑은 과거불過去佛인 다보불을 상징합니다. 왜 다보불일까요? 불교 경전인 《법화경》에 보면 석가여래가 설법을 할 때 다보불이 옆에서 그 말이 옳다고 증명하겠노라 약속하거든요. 설법하는 석가모니를 형상화한 석가탑이 있으니 그 옆에 다보탑을 세워 "저 말이 진리다"라고 얘기하는 다보불을 구현한 것이지요. 그러니까 두 탑은 법화경의 내용을 담고 있는 겁니다. 부처님이 설법을 통해 세운 나라를 구현한 공간이 바로 불국사예요. 그래서 이런 이야기에 따라 공간도 배치한 것이고요. 통일신라가 안정을 찾은 상황에서 불교를 통해 나라의 발전을 보여주려고 한 의도가 불국사에 담겨 있는 것입니다.

불국사에서 뻗어 나온 길을 따라 산중턱으로 올라가면 석굴암이 있습니다. 요즘은 차를 타고 올라가는데, 제가 수학여행을 갔을 때는 꼭 걸어 올라갔어요. 게다가 일출을 보겠다고 새벽에 출발을 했죠. 차로도 15분이나 걸리는 산길이니 아주 죽을 맛이었습니다. 그래도 석굴암은 볼만한 가치가 차고 넘칩니다. 너무 아름답거든요. 자비로우면서도 근엄한 표정, 간결하고 부드러운 몸의 선, 불상에 위엄을 더해주는 천장의 형태까지 모든 면에서 감탄을 불러일으킵니다.

석가탑과 다보탑을 품은 불국사, 그리고 석굴암은 통일신라만이 아니라 한국을 대표하는 불교 문화재입니다. 독창성과 예술성을 인정받아 유네스코 세계문화유산으로 지정됐지요. 감은사지와 대왕암이 통일신라의 출발을 보여주는 장소라면 불국사와 석굴암은 통일신라의 아우라를 보여주는 유적이라고 할 수 있어요. 통일신라는 우리 역사에서 불교미술의 정점을 찍은 나라라고 해도 과언이 아닙니다. 후대에도 그렇게 섬세하고 완성도 높은 걸작들은 찾아보기 힘들어요.

우리나라에서 가장 빼어난 종이라고 알려진 에밀레종도 이 시기에 만들어졌습니다. 에밀레종의 정식 이름은 성덕대왕신종으로, 제35대 왕인 경덕왕이 아버지인 제33대 왕 성덕왕의 명복을 빌고자 만든 것이지요. 통일신라의 걸작들은 대개 성덕왕과 경덕왕 시기에 쏟아져 나왔습니다. 그때가 통일신라의 전성기였거든요.

문화라는 건 시대의 거울입니다. 당시 통일신라는 당뿐 아니라 일본, 서역과도 활발히 교류했습니다. 문물이 발전하지 않을 수 없었어요. 산둥반도에는 신라관이라는 신라인 전용 숙박 시설이 있었습니다. 중국 유학생도 많았고, 정치나 사업을 목적으로 방문하는 사람도 많았기 때문입니다. 아예 신라인이 모여 사는 지역도 있었어요. 이런 곳을 신라방이라고 불렀습니다. 그들을 다스리기 위한 자치적인 행정기관까지 있었는데, 바로 신라소입니다.

《삼국유사》에 따르면 전성기 경주에는 17만 호가 넘는 집이 있었다고 합니다. 한 가구당 다섯 명이 살았다고 계산해도 당시 경주 인구가 90만 명에 가까웠던 셈이지요. 이 숫자가 정확한지에 대해서는 학자들 사이에 의견이 분분하지만 이러한 기록이 남아 있다는 것은 그만큼 경주가 번성했다는 뜻일 것입니다. 통일 이후 경주는 상업 도시로 발전했고 국제무역도 활발하게 이루어지며 경제적 번영을 누렸지요.

그런데 이처럼 눈부시게 발전하던 통일신라가 갑작스레 흔

들리기 시작했습니다. 제36대 왕 혜공왕이 피살되면서 혼란기로
접어들기 시작한 것이지요.

호족의 등장

경덕왕의 늦둥이 아들인 혜공왕은 아주 어린 나이에 즉위했
어요. 강력하던 왕권은 추락하기 시작했고, 힘이 세진 귀족들은
권력 다툼을 벌였습니다. 그 과정에서 혜공왕이 피살됐습니다. 그
후에 어떻게 되었는지, 어디에 묻혔는지도 알 수가 없어요.

이후 통일신라는 진골 귀족 간의 왕위 다툼이 끊임없이 이어
집니다. 칼부림이 난무했고, 왕실은 하루도 편안할 날이 없었습니
다. 정치만 퇴보한 게 아니에요. 신문왕이 없앴던 녹읍도 부활했
습니다. 귀족들의 힘이 더 강해질 수밖에 없었겠죠? 이런 판국에
지방을 통제할 여력도 없으니 곳곳에서 새로운 세력이 등장했습
니다. "내가 성주다!", "내가 이곳의 장군이다!"라고 주장하는 사
람들도 나타났어요. 이들이 바로 호족입니다. 호족들이 힘을 키우
면서 신라에는 새로운 바람이 불었습니다.

호족은 1세대와 2세대로 나눌 수 있는데, 1세대를 대표하는
인물이 바로 해상왕 장보고입니다. 장보고는 요즘 말로 하면 흙
수저였어요. 활 쏘는 솜씨가 남달랐지만, 골품제가 뿌리내린 신라
에서는 쓸모없는 재주였지요. 신라에서는 왕족과 귀족의 핏줄을

타고나지 않으면 아무것도 될 수 없었거든요. 골품제로 대다수의 신라인은 기회 자체를 박탈당했지요.

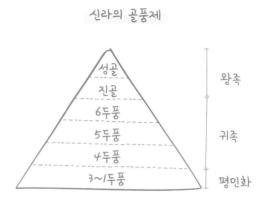

신라의 골품제

결국 바닷가에서 태어난 장보고는 바다를 건너 당으로 갔습니다. 그리고 반란군을 진압하는 부대에 들어가 초고속 승진을 했어요. 군인으로 성공한 장보고는 무역업자로 변신해 엄청난 부를 쌓았습니다. 중국과 일본에도 이름을 널리 알릴 만큼 유명했지요.

그런데 신라 사람들이 해적에게 잡혀서 노예로 팔려가는 모습을 본 장보고는 신라로 돌아왔습니다. 그리고 왕의 허락을 받아 전남 완도에 해적을 물리칠 기지인 청해진을 설치했지요. 이 덕분에 해적들은 자취를 감췄습니다. 하지만 출중한 능력과 막대한 부로도 골품제의 벽을 뚫을 수는 없었습니다. 장보고는 진골 귀족들의 왕위 쟁탈전에 끼어들어 자신의 딸을 왕비로 만들어 보려고 애썼으나 꿈을 이루지 못하고 암살당하고 말았지요. 정말 드라마 같은 삶을 살다 간 인물입니다.

호족 2세대는 장보고와 달리 신라 정계로 진출하려 하지 않고 독자적인 나라를 세워버렸습니다. 신라 왕실의 힘이 그만큼 더 약해진 거예요. 견훤은 오늘날의 전북 전주인 완산주 지역에 후백제를 세우고, 궁예는 오늘날의 개성에 해당하는 송악에 후고구려를 세웠습니다. 후백제와 후고구려는 나라의 모습을 갖추고 주변국과 교류를 하기도 했어요. 신라가 삼국을 통일하기 이전과 같은 상황이 된 겁니다. 그래서 이 시기를 후삼국시대라고 말하지요.

호족의 등장

· 1세대: 장보고 ⟶ 청해진 설치

· 2세대: 견훤, 궁예 ⟶ 후삼국 성립

통일신라의 멸망

그러나 기세등등하던 견훤과 궁예는 모두 비참한 최후를 맞았습니다. 후고구려 궁예의 패착은 자기 자신에 대한 과도한 믿음이었습니다. 그래서 리더로서의 자질을 잃어버렸죠. 궁예는 자신이 미륵불이라고 주장하며 관심법으로 상대방의 마음을 읽을 수 있다고 말하는 등 스스로를 신격화했어요. 눈에 거슬리는 사람은 그 자리에서 죽였습니다. 막무가내식의 공포정치에 민심은 달아났고, 신하들도 궁예에게서 등을 돌렸습니다.

결국 궁예는 자신이 총애하던 장수 왕건과 그를 따르는 무리들에 의해 왕위에서 쫓겨났습니다. 산속으로 도망치는 데 성공했지만, 굶주림을 못 이겨 보리 이삭을 주워 먹다가 백성들에게 발각돼 처참하게 죽고 말았다고 전해지지요.

반면 견훤은 기세가 대단했습니다. 궁예는 물론이고, 왕건도 상대하기 어려운 적이 바로 견훤이었습니다. 견훤은 신라를 끊임없이 공격해 여러 성을 함락시켰고, 경주까지 기습했습니다. 당시 신라의 왕이었던 제55대 왕 경애왕을 자결시키고 마음대로 사람을 골라 왕위에 앉혔으니 그게 바로 신라의 마지막 왕인 경순왕입니다. 하지만 궁예를 몰아내고 고려를 세운 왕건의 힘이 차츰 커지면서 견훤도 밀리기 시작했어요.

이 와중에 결정적인 사건이 터졌습니다. 견훤이 넷째아들에게 왕위를 물려주려고 하자, 장남을 비롯한 세 아들이 아버지를 김제 금산사에 가둬버린 겁니다. 완전히 콩가루 집안이나 다름없지요. 세 달이나 갇혀 있었던 견훤은 겨우 도망쳐 나와 왕건을 찾아갔습니다. 왕건은 견훤을 아주 따뜻하게 맞아줬어요. 후삼국시대를 주름잡던 견훤이 한때 가장 큰 적이었던 이에게 몸을 의탁

하게 된 겁니다. 참 서글픈 처지가 되었지요.

　견훤의 소식을 들은 신라의 경순왕은 신하들을 불러 모아 논
의를 한 끝에 고려에 항복하기로 했습니다. 쇠약해질 대로 쇠약
해져 이미 왕건의 보호 아래 있던 나라를 완전히 넘기기로 결정
한 것입니다. 천년의 역사를 자랑하던 신라는 그렇게 조용히 문
을 닫았습니다. 견훤이 고려로 넘어가고, 고려가 후백제를 무너뜨
리며 혼란했던 후삼국시대는 막을 내리게 되었지요.

　정말 신기한 일입니다. 삼국시대에 신라가 세 나라를 통일할
줄 누가 알았겠어요? 그런데 가장 작은 신라가 삼국 통일의 꿈을
이뤘죠. 왕건 역시 후삼국시대의 주인공은 아니었습니다. 궁예 아
래에 있는 부하였거든요. 어찌 보면 의외의 인물이 후삼국을 통
일한 거예요. 앞서가는 사람은 항상 자만을 경계할 것, 그리고 뒤
에 가는 사람은 포기하지 않고 꾸준히 자신의 길을 갈 것. 후삼국
시대의 역사는 우리에게 이런 교훈을 주고 있는 게 아닐까요?

❖ ❖ ❖

경주 불국사

《삼국유사》에 따르면 불국사는 경덕왕 10년(751)에 당시 재상이었던 김대성이 짓기 시작했다. 절 내에 있는 여러 문화재를 통해 당시 신라 사람들이 얼마나 훌륭한 솜씨로 돌을 다루었는지 알 수 있다. 다보탑과 삼층석탑, 청운교와 백운교, 연화교와 칠보교가 국보로 지정되어 있다. 석굴암과 함께 유네스코 세계문화유산에 등재됐다.

경주 석굴암 석굴

석굴암 석굴은 신라 불교예술의 전성기에 이룩한 최고 걸작으로 건축, 수리, 기하학, 종교, 예술 등이 유기적으로 결합되어 더욱 돋보인다. 산 중턱에 화강암을 이용해 인위적으로 석굴을 만들고 내부 공간에 석가여래불상을 중심으로 40구의 불상을 조각했으나 현재는 38구만 남아 있다. 360여 개의 넓적한 돌로 원형의 천장을 구축한 건축 기법은 세계에 유례가 없는 뛰어난 기술이다. 통일신라의 불상은 삼국의 불상과 달리 근엄한 표정을 짓고 있는 것이 특징이다. 국보로 지정되어 있으며 1995년 12월에 불국사와 함께 유네스코 세계문화유산에 등재되었다.

◆ ◆ ◆

성덕대왕신종

우리나라에 남아 있는 가장 큰 종으로 1997년 국립경주박물관에서 정밀 측정한 결과 무게가 18.9톤으로 확인되었다. 성덕대왕신종은 종의 크기와 구조, 조각과 소리의 아름다움으로 높은 평가를 받는다. 종의 윗부분에 있는 음통은 종소리의 잡음을 제거하고, 종의 두께는 부위마다 달라 맥놀이 현상을 일으켜 수 킬로미터 떨어진 곳까지 웅장한 종소리를 퍼뜨린다. 화려한 문양과 조각 수법 또한 시대를 대표할 만하며 국보로 지정되어 있다.

3장

고려시대

고려의 건국

---◆---

한국사의 중세를 열다

시대 구분의 이유

　우리 역사에서 조선이 개항하기 전까지의 역사를 '전근대'라고 하는데 이 전근대는 크게 네 시기로 나눌 수 있습니다. 선사시대부터 철기시대까지를 기원전 역사로 보고, 삼국시대부터 남북국시대까지를 고대, 고려시대를 중세, 조선시대를 근세로 보는 것이지요.

전근대사 시대 구분

이에 따르면 고려시대는 앞선 시기와 구분되어 중세로 분류됩니다. 이는 고려 사회가 고대 사회와 비교해서 진일보했다는 뜻입니다. 즉, 통일신라와 고려는 단순히 왕조가 교체된 것이 아니라 시대의 성격 자체가 달라졌다는 뜻이지요. 그렇다면 무엇이 어떻게 달라졌을까요? 왜 고려가 우리나라의 중세를 열었다고 평가받는 것일까요?

역사에서 '발전했다'라고 말할 수 있는 근거는 인간 자유의 확대입니다. 기술이 발달하거나 생산력이 증가하는 것도 발전이라고 할 수 있겠지만 그것만으로 역사가 발전했다고 말하기엔 부족하죠. 발전이라는 건 더 좋은 상태로 나아간다는 뜻이니까요. 즉, 인간에게 좋은 방향으로 나아가야 진정한 발전이라고 할 수 있는 겁니다. 아무리 기술이 발달해도 인간이 핍박당한다면 진정한 의미의 발전이라고 할 수 없겠지요. 개인이 원하는 것을 얼마나 실현할 수 있는가, 인간의 자유의지가 얼마나 발현되는가를 바탕으로 판단해 보는 거예요.

고대 사회에서는 신분에 있어 인간의 자유의지가 구현되기 어려웠습니다. 예를 들어 신라에는 골품제라는 폐쇄적인 신분제도가 있어서 제아무리 실력을 쌓아도 출신에 따라 성골, 진골, 6두품의 정해진 계층 위로는 절대 올라갈 수 없었습니다. 그냥 타고난 대로 살아야 돼요. 실제로 경주 김씨들이 대부분의 왕족을 차지하고, 고위직을 세습해 왔습니다.

최소한의 한국사

중세로 넘어오면 이야기가 조금 달라집니다. 고려에도 신분제가 존재하기는 했지만, 그뿐만 아니라 실력도 있어야 했어요. 고대 사회에서는 신분이 제일 중요했다면 중세 사회에서는 신분도, 실력도 중요했던 것입니다. 실력이 있으면 꿈을 펼칠 수 있는 기회가 어느 정도는 생겼다는 말이지요. 대표적인 예가 바로 과거제입니다. 국가에서 주도하는 시험에 응시해 실력을 인정받으면 관직을 얻을 수 있는 거예요. 고려 이전에는 상상도 할 수 없는 일이었습니다.

훗날 조선으로 넘어가면 실력이 더 중요해집니다. 아무리 집안이 좋아도 과거에 급제하지 않으면 높은 관직에 오를 수 없었지요. 조선시대가 근세로 구분되는 이유입니다.

왕건의 고려 건국

우리나라의 중세를 담당하는 고려는 약 500년간 지속됐습니다. 고려 역사를 살펴보기 전에 이 500년의 시대 구분을 한번 하자면, 918년에 건국한 고려는 1170년에 일어난 무신정변을 기준으로 전기와 후기로 나눌 수 있습니다. 전기와 후기의 가장 큰 차이는 지배 세력입니다. 어떤 세력이 주도하는가에 따라서 각 시기의 성격이 달라지거든요.

고려 전기에는 자연스럽게 건국 세력이 나라를 이끌었습니다. 지방에서 성장한 호족과 골품제에 한이 맺힌 6두품이 함께 세운 나라였기 때문에 어찌 보면 고려는 비주류가 세운 나라라 할수 있습니다. 앞서 말했듯이 신라에서는 실력이 있어도 인정받을수 없었고, 아무리 일을 잘해도 정해진 관직 위로는 올라갈 수 없었으니 호족과 6두품은 설움이 많았습니다. 그러니 이런 나라 말고, 새 나라를 세워보자 했던 거지요. 그래서 고려가 과거제를 도입해 실력이 있으면 출세할 수 있는 길을 열었던 것입니다.

생각해 보면 항상 비주류에 의해서 새로운 시대가 열리는 것 같아요. 이후에 다룰 조선 건국 때도 마찬가지였죠. 고려 말 비주류였던 신진사대부들이 개혁의 기치를 내걸고 세운 나라가 조선이니 말입니다. 결국 주류 세력이 장악한 세상을 바꾸려는 비주류의 의지가 새로운 시대를 여는 힘이 아닐까 하는 생각이 듭니다.

고려 제1대 왕 태조 왕건이 궁예를 몰아내고 고려를 세운 건 918년의 일입니다. 후삼국시대는 936년에 종결이 됐어요. 20년 가까이 후삼국 통일 전쟁이 이어진 것이지요. 이 과정에서 왕건은 여러 차례 목숨을 잃을 뻔했습니다.

지금의 대구 팔공산 인근에서 벌어진 공산 전투에서는 죽기 일보 직전까지 갔습니다. 적에게 사로잡힐 위기에 처했을 때, 부하인 신숭겸이 왕건에게 옷을 바꿔 입자고 청했습니다. 자기가 버텨볼 테니 빨리 피신하라는 뜻이었지요. 왕건의 옷을 입고 싸우던 신숭겸은 결국 적에게 잡혀 목이 잘렸습니다. 왕건은 신숭겸 덕분에 목숨을 건졌고요. 신숭겸을 포함한 여덟 명의 신하가 왕건을 지켰어요. 왕건은 그 신하들을 잊지 않겠다는 마음으로 공산 앞에 여덟 팔八 자를 붙였다고 합니다. 그것이 지금 대구에 있는 팔공산입니다.

왕건은 이날의 수모를 고창 전투에서 되갚았습니다. 견훤을 상대로 대승을 거두었지요. 고창 전투는 후삼국 통일의 결정적인 계기가 됐어요. 여기서 고창은 전북 고창이 아니고 경북 안동입니다. 왕건이 '내가 비로소 동쪽을 편안케 했다'라는 뜻으로 안동安東이라는 이름을 내려준 것이지요.

이러한 과정으로 볼 때 왕건은 혼자만의 힘으로 고려를 건국했다 할 수 없습니다. 자신을 도와줬던 여러 호족 덕분에 후삼국을 통일할 수 있었지요. 그래서 고려를 호족 연합정권이라고 말합니다. 긍정적으로 말하면 호족과 힘을 합친 것이고, 다르게 말하면 나라를 세우는 데 호족에게 빚을 진 겁니다.

그러다 보니 왕건에게는 다른 건국 시조처럼 강력한 힘이 없었습니다. 호족들의 눈치를 보며 예민해질 수밖에 없었지요. 호족들의 딸을 부인으로 맞아 정략결혼으로 호족들과의 관계를 다졌습니다. 아예 왕씨 성을 주기도 했고요.

이밖에도 왕건은 오랜 전쟁에 지친 민심을 수습하고 분열된 사회를 통합하기 위해 여러모로 애썼지만, 초기의 고려 왕실은 무척 혼란스러웠습니다. 어쩔 수 없었어요. 부인이 무려 스물아홉 명이었거든요. 그럼 자식은 또 얼마나 많았겠어요. 아들만 스물다섯 명이었습니다. 이것이 불행의 씨앗이 됩니다. 왕건이 죽고 나면 하나밖에 없는 왕 자리를 놓고 다툼이 일어날 게 불을 보듯 뻔하잖아요.

왕건도 이런 상황이 어느 정도 예상되었겠죠. 아들들을 볼 때마다 '내가 죽고 나면 서로 왕이 되겠다고 싸울 텐데 어찌할까' 하는 고민이 들지 않았겠습니까. 그래서 죽기 전에 '훈요 10조'를 남겼습니다. 훈요 10조는 후대 왕이 지켜야 할 가르침을 열 가지로 정리한 유언이었지요. 그만큼 불안했다는 뜻이에요.

왕조 사회에서 아들이 많다는 건 독이 될 수도 있습니다. 왕건의 걱정은 현실이 되었습니다. 그가 죽은 뒤에 왕실은 권력 다툼에 휩싸였고, 무수한 암투 속에서 왕이 죽어나가는 일도 벌어졌거든요.

강력한 왕권을 세운 광종

왕건의 뒤를 이어 왕이 된 혜종과 정종은 몇 년 살지도 못하고 죽었습니다. 두 사람 모두 끊임없이 암살 위협과 반란에 시달렸고, 그 스트레스 때문인지 요절해 버렸지요. 그 뒤를 이어 왕위에 오른 군주가 바로 왕건의 넷째 아들인 고려 제4대 왕 광종입니다.

광종이 즉위한 뒤에도 왕위를 노리는 사람이 너무나 많았어요. 방심하면 죽을 수도 있다는 사실을 알고 있었던 광종은 집권하고 나서 7년이 되도록 존재감을 드러내지 않았습니다. 그저 책만 봤어요. 당 태종과 신하들의 정치문답을 정리한《정관정요》를 항상 곁에 두고 읽었다고 하지요.

왕이 별다른 정책은 펼치지 않고 책만 읽고 있으니까 아마 신하들은 '너무 무능한 거 아니야?' 하는 생각을 했을 것 같습니다. 광종은 이런 식으로 신하들을 방심하게 했던 것 같아요. 안 그러면 호족들이 또 왕을 죽이려고 할 수도 있으니까요. 광종의 예상은 정확했습니다. 호족들은 광종을 허수아비로 여겼습니다. 무려 7년이나 자기들이 하자는 대로 했으니까요. 어찌 보면 그 시간 동안 광종은 철저하게 발톱을 숨기고 있었던 것이고요.

그런데 광종이 읽었던《정관정요》가 보통 책이 아니었습니다. 군주의 도리라든지 인재를 등용하는 방법 같은 것이 적혀 있는, 쉽게 말해서 제왕학을 공부할 수 있는 정치 지침서였습니다.

광종은 이 책을 읽으면서 머릿속으로 어떻게 하면 호족들을 제거하고 왕권을 강화할 수 있을지 계획했을 겁니다.

7년이 지나고, 드디어 광종이 첫 번째 개혁 카드를 꺼내들었습니다. 바로 노비안검법입니다. 노비들을 안검按檢, 즉 자세히 조사하고 살펴서 억울하게 노비가 된 자들을 찾아 해방시키는 법이에요. 노비들을 가장 많이 거느리고 있는 이들이 누구였을까요? 바로 호족이었습니다. 노비는 호족의 사유재산이었으니 비상시에는 군사로도 쓸 수 있었어요. 그런데 불법으로 노비가 된 사람을 양민 신분으로 되돌리면 호족들의 사유재산이 줄어드는 셈이지요. 마음대로 동원할 수 있는 군사력도 약화되고요. 광종이 노린 것이 바로 이것입니다. 녹읍을 폐지해서 왕권 강화를 시도한 통일신라 신문왕의 정책과 일맥상통합니다.

물론 호족들이 자기 재산을 순순히 내어줄 리가 없었겠지요. 그래서 광종은 양민이 늘어나야 세금을 걷을 수 있다는 핑계를 대며 호족들을 구슬립니다. 실제로 당시 국가의 재정 상황이 엉망이었거든요. 7년 동안 호족들이 왕을 좌지우지했으니 나라가 제대로 돌아갔을 리 없잖아요. "세금이 들어와야 그대들의 월급도 줄 수 있지 않겠소?" 광종의 이 말에 호족들은 긴가민가하면서도 노비안검법을 받아들입니다. 허수아비 왕이었으니까 별다른 의심을 하지 않았던 모양이에요.

노비안검법을 시행한 광종은 곧이어 과거제를 시행합니다. 과거제는 시험을 거쳐 관리를 등용하는 제도입니다. 시험으로 실력을 증명해야 관리가 될 수 있는 거예요. 이때 시행된 과거제는 1894년 1차 갑오개혁 때 폐지되기까지 고려 왕조 500년과 조선 왕조 500년, 무려 1,000년간 이어졌습니다. 중세와 근세를 아우른 대단한 제도지요.

광종에게 과거제를 권유한 사람은 쌍기라는 이름의 중국인입니다. 중국에서 귀화한 사람이에요. 광종은 쌍기의 제안을 받아들여 과거제를 시행했어요. 만일 지금 외국인이 와서 대학 입시에 대해 훈수를 둔다면 어떨까 생각해 보세요. 우리나라 정책을 논의하는 데 외국인 의견을 반영할까요? 쉽지 않을 것 같습니다. 그런데 광종은 외국인의 말도 귀담아들었습니다. 당시 사회가 그만큼 열려 있었다는 뜻이겠지요. 쌍기는 한림학사라는 높은 벼슬까지 얻었습니다. 자국인이 아니어도 실력이 있다면 적극적으로 등용한 거예요.

과거제를 시행하려 하니 호족들이 난리가 났습니다. 노비안검법으로 수족이자 군사이자 재산이기도 한 노비들을 잃었는데 이제 시험까지 보라니요. 호족들 입장에서는 2연타를 맞은 셈이었습니다. 결국 들고일어났습니다. 칼을 들고 태조와 함께 나라를 세웠는데 나와 내 아들들에게 시험을 보고 관직을 얻으라니 말이 안 된다는 것이었죠.

들고일어나긴 했지만 호족들은 이미 힘을 잃은 상태였습니다. 광종은 기다렸다는 듯이 호족들을 숙청했지요. 노비안검법을 시행하기 전이라면 불가능했을 일이었습니다. 광종이 7년간 허수아비로 살다가 노비안검법부터 과거제까지 순서대로 차근차근 시행한 이유가 바로 여기에 있습니다. 처음부터 호족들을 숙청하겠다고 나섰다면 오히려 그들에게 당했을 겁니다. 그러니까 호족들을 방심하게 하고, 살살 구슬려서 노비안검법을 시행하고, 과거제까지 밀어붙여 반발하게끔 한 다음, 역모를 이유로 싹 쓸어버린 거지요. 광종이 얼마나 치밀한 사람인지 알 수 있습니다.

고려 왕실에는 한바탕 피바람이 불었습니다. 많은 사람이 죽어나갔어요. 수백 명에 달했던 호족이 겨우 40명 정도 남았으니 그야말로 피의 숙청이었습니다. 광종은 자신을 황제라 칭하고 '광덕'이라는 연호를 사용하며 왕권 강화 프로젝트를 마무리했습니다.

광종의 왕권 강화

- 노비안검법 시행 → 호족 군사력↓
- 과거제 시행 → 신진 관료 등용
- 황제, 연호 사용

성종과 시무 28조

광종 이후에 경종을 거쳐 고려 제6대 왕인 성종이 등장합니다. 성종이라는 묘호는 나라의 체제를 완성시키고 세상을 평안하게 다스린 왕에게 붙이는 겁니다. '이룰 성成' 자이니, 성종이라는 이름이 붙으면 '다 이룬 사람이구나' 하고 생각해도 되겠지요. 고려 성종도 그렇고, 조선 성종도 그렇습니다.

성종은 최승로라는 유학자가 건의한 '시무 28조'를 정책 기조로 삼았습니다. 시무時務란 '지금 해야 할 일'이라는 뜻으로 유교의 정치사상을 바탕으로 지금 고려가 시급하게 이행해야 할 개혁을 정리한 안건이었습니다. 성종은 이 개혁안을 대부분 수용했습니다.

여기에서 신라와 고려 사회의 차이점을 확연히 알 수 있습니다. 최승로는 6두품 집안 출신으로, 신라의 유명한 학자인 최치원의 후손이었습니다. 경주 최씨의 시조인 최치원은 굉장히 똑똑한 사람이었습니다. 그가 중국으로 유학을 갔었는데 중국에서도 똑똑하기로 유명했을 정도입니다. 유학을 마친 최치원은 당 황제의 국서를 가지고 신라로 돌아옵니다. 그야말로 금의환향을 한 거지요. 그런데 신라 왕실에서는 이런 인재를 제대로 활용하지 못합니다. 6두품이라는 신분이 끝내 걸림돌이 된 거예요.

최치원도 최승로처럼 왕에게 개혁안을 올렸지만 받아들여지지 않았습니다. 당시 신라의 상황은 말이 아니었어요. 농민반란이 일어날 정도로 사회가 혼란스러웠습니다. 그럴수록 개혁이 더욱 필요한 법인데 아무리 똑똑한 최치원이라도 6두품이었기에 의견이 제대로 받아들여지지 않았어요. 똑같은 6두품 출신이지만 신라에 살았던 최치원은 안 됐고, 고려에 살았던 최승로는 된 거지요. 신라는 경주 김씨들끼리 꾸려간 반면, 고려의 지배층은 성씨가 다양했습니다. 고려는 지방 호족 세력과 비주류였던 6두품 세력이 새로운 지배층을 형성했기 때문에 전보다 개방적인 사회로 발전하게 된 것입니다.

최승로의 개혁안 중 대표적인 것은 지방관 파견이었습니다. 이 개혁안 덕분에 거점 지역에 12목을 설치하고 처음으로 지방관을 파견했어요. 지방관 파견은 굉장히 중요한 의미를 지니고 있어요. 지방관은 왕의 오른팔입니다. 고려의 각 지역은 호족들이 장악하고 있었잖아요. 왕의 오른팔을 보낸다는 것은 그 지역을 왕이 통제한다는 것과 같은 뜻이거든요. 비로소 왕이 지방을 장악하게 된 거예요. 왕이 호족들의 눈치를 봤던 때와 비교하면 엄청난 변화였습니다.

    고려의 통치 시스템은 성종 대에 이르러 정착되었습니다. 호족 연합정권으로 혼란했던 정치체계를 중앙집권체제로 정비했지요. 성종은 광종이 마련한 토대 위에서 안정된 정치를 펼쳤습니다. 이 덕분에 고려가 초기의 혼란을 극복하고 발전해 나갈 수 있었고요. 처음은 늘 이렇게 좌충우돌하면서 지나갑니다. 우리 인생도 마찬가지겠죠. 완벽한 처음은 존재하지 않습니다.

거란과 여진의 침입

◆

빛나는 외교 전략과 문벌의 몰락

고려는 외침을 상당히 많이 겪었습니다. 고려 왕조 500년 동안 전쟁이 끊임없이 벌어졌다 해도 과언이 아니죠. 10~11세기에는 거란이 쳐들어오고, 12세기에는 여진이 쳐들어오고, 13세기에는 몽골이 쳐들어옵니다. 그게 끝이 아니에요. 14세기에는 홍건적하고 왜구까지 쳐들어오거든요. 고려시대를 외침의 시대라고 말할 정도입니다.

고려 외세 침입

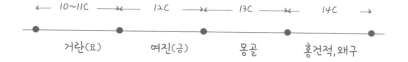

서희와 강동 6주

시간 순서에 따라 하나씩 살펴보죠. 우선 거란이 처음 고려를 침략한 때는 성종이 나라를 다스리고 있던 993년입니다. 당시 고려는 거란과 사이가 좋지 않았습니다. 태조 때부터 발해 유민을 받아들이고, 발해를 멸망시킨 거란을 배척하는 정책을 펼쳤기 때문입니다. 반면, 중국을 통일한 송과는 활발하게 교류하며 친하게 지냈지요. 송과 대립하던 거란 입장에서는 무척 불편한 일이었겠죠.

결국 거란은 고려에 쳐들어와서는 다짜고짜 땅을 내놓으라며 항복을 종용했습니다. 고려 조정에서는 대책 회의가 열렸지요. 몇몇 신하는 거란의 요구대로 북쪽 땅을 떼어주고 얼른 돌려보내자고 주장했습니다. 전쟁을 하는 것보다는 땅을 조금 줘버리는 편이 낫다는 의견이었어요.

그런데 이때 한 사람이 벌떡 일어나 열변을 토했습니다. 만약 거란이 요구하는 대로 땅을 떼어준다면 우리 후손들이 우리를 어떻게 평가하겠느냐고요. 싸워보지도 않고 땅을 주는 건 부끄러운 일이라는 거예요. 이 말을 한 사람은 고려의 외교가로 유명한 서희였습니다. 제 생각에 서희는 역사가 무엇인지 잘 아는 사람인 것 같아요. 역사에 기록될 자신의 모습을 생각하며 선택을 내리려 하지 않았습니까. 역사에 기록될 우리 모두에게 필요한 태도지요.

땅을 그냥 내어줄 수 없으니 서희는 결국 직접 나서기로 합니다. 자기가 거란군을 한번 만나보겠다고 한 거지요. 그래서 거란의 진영으로 가 거란 장수 소손녕과 대화를 합니다.

소손녕은 서희에게 땅을 돌려달라고 요구했습니다. 고려는 신라를 계승한 나라니까 신라 영토 바깥은 다 자기들 땅이라는 이유였습니다. 서희는 그렇지 않다고 반박하지요. "우리나라의 이름은 고려다. 고구려를 계승했다는 뜻이다. 당신의 논리대로라면 지금 당신들이 차지하고 있는 땅이야말로 옛 고구려 땅이고, 우리 선조들의 땅이니 그걸 내놔야 한다"라고 받아쳤어요.

그런데 계속 이야기를 나누다 보니 뭔가 이상한 점이 느껴졌습니다. '우리랑 싸우기 싫은 것 같다'는 느낌을 받은 거예요. 대군을 이끌고 쳐들어왔으면 계속 진격을 해야 하는데, 중간에 멈추고 서희를 만나서 이야기를 나누고 있으니 거란이 원하는 건 고려를 침략해서 항복시키는 게 아니라고 본 겁니다. 어떤 침략자가 전진하지 않고 국경 근처에서 머물며 으르렁대고 있겠습니까. 거란의 행동에는 뭔가 다른 이유가 있었고, 서희는 그 속마음을 간파했던 겁니다.

당시 거란이 싸워야 할 나라는 중국 대륙을 차지한 송이었습니다. 송과 싸우러 가야 하는데, 그사이에 혹시 고려가 자기들 뒤를 치면 어쩌나 걱정이 됐던 것입니다. 그러니까 마음은 급했지만 일단 고려부터 해결하려고 온 것이었지요. 거란이 원하는 건

최소한의 한국사

고려가 송과의 관계를 끊고 자신들과 국교를 맺는 것이었습니다.

서희는 거란의 제안을 수락합니다. 그리고 새로운 제안도 했지요. 거란과 국교를 맺으려면 거란으로 가야 하는데 그 길목에 여진족이 있으니, 여진족을 몰아내고 그 땅을 고려에게 넘겨달라고 요구한 겁니다. 그래야 앞으로 고려와 거란이 계속 교류할 수 있지 않겠느냐고요. 그 땅이 바로 강동 6주라는 곳입니다.

압록강 땅을 내주기는커녕 반대로 내어달라는 서희의 제안을 거란은 놀랍게도 받아들였습니다. 이렇게 거란의 첫 침략은 아무런 피해 없이, 오히려 고려가 강동 6주를 확보하며 끝이 났습니다. 손에 피 한 방울 묻히지 않고 영토를 확장한 거예요. 정말 놀라운 일이지요. 세계 외교사에서도 드문 경우입니다.

사실 거란 입장에서도 손해는 아니었어요. 거란은 어쨌거나 고려의 항복, 그리고 고려와의 교류라는 목적만 달성하면 되는 거잖아요. 고려에서 그 조건으로 강동 6주를 달라고 하니까 자신들의 목적을 위해 이 정도는 투자할 수 있다고 생각한 것이지요. 송과 비교하면 강동 6주는 아주 작은 땅에 불과합니다. 그걸 내어주고 더 넓은 땅인 송을 편하게 공격할 수 있는 정세를 만든 거예요. 그러니까 고려와 거란 모두 서로가 원하는 것을 얻은 것입니다. 말 그대로 윈윈win-win한 것이지요.

이것이 진정한 의미의 외교입니다. 외교란 내가 원하는 것만 취하는 게 아니라 상대방이 원하는 것과 내가 원하는 것 사이에서 합의점을 찾는 것이거든요. 외교의 미학이라 할까요? 서희의 담판은 훌륭한 외교가 무엇인지 아주 잘 보여주는 사례입니다.

그렇다고 이 대화 이후에 고려와 거란의 사이가 좋아진 것은 아닙니다. 거란은 약속대로 강동 6주를 내어줬지만, 고려는 약속을 지키지 않았어요. 이래서 안 되고, 저래서 안 된다는 핑계로 미루기만 했습니다. 거란 입장에서는 화가 났겠죠. 그래서 1010년에 2차 침입을 했습니다. 이번에도 고려가 또다시 거란을 설득했습니다. "이제 너희랑 잘 교류할게" 하면서 돌려보냈지요. 물론 고려는 약속을 이행하지 않았어요.

고려의 외교 정책은 한마디로 NCND^{neither confirm nor deny}입니다. 긍정도 부정도 하지 않는 정책을 선택했지요. 고려를 상대하고 있는 다른 나라에서는 복장이 터질 것도 같아요. 도대체 무슨 생각을 하는지 알 수가 없거든요. 이게 바로 고려의 외교 정책이었습니다. 답을 주지 않으면서 자기 몸값을 최대한 올린 거예요. 주변의 힘이 강해졌다고 해서 무조건 굴복하지 않고, 당근과 채찍을 적절히 활용해 국가의 이익을 추구한 것이지요.

강감찬의 귀주대첩

고려의 외교술은 정말 뛰어났지만, 군사력이 약해서 외교로만 해결하려 했던 것은 아닙니다. 1018년 거란의 3차 침략에 고려가 어떻게 대응했는지를 보면 알 수 있어요. 고려가 계속 약속을 지키지 않자 거란은 강동 6주의 반환을 요구하며 다시 쳐들어왔습니다. 이번에는 고려도 외교가 아닌 군사력으로 맞섭니다. 고려의 명장 강감찬은 강동 6주 중 하나인 귀주에서 거란을 상대로 대승을 거두었어요. 거란의 10만 대군 중 겨우 수천 명만이 살아서 도망을 쳤다고 합니다. 이후 거란은 고려에게 아무런 요구를 하지 못했고, 고려는 국경 지역에 천리장성을 쌓아 북방민족의 침입에 대비했습니다.

이렇듯 고려는 외교로만 승부를 보려는 나라가 아니었습니다. 힘을 비축해놓은 상태에서 전략적 모호를 유지하며 최대한 이익을 추구하다가 한판 붙을 때는 제대로 붙는, 이것이 고려의 외교였습니다. 그야말로 '아트 외교'라고 할 수 있지요.

거란 침입

- 1차: 서희 vs 소손녕 → 강동 6주 확보
- 3차: 귀주대첩(강감찬)

거란의 쇠퇴, 여진의 성장

12세기에 이르자 거란이 쇠퇴하고 여진이 새롭게 세력을 잡았습니다. 이전까지 동북아는 송, 거란, 고려를 중심으로 돌아갔어요. 그 안에서 균형을 잡는 것이 고려의 외교 전략이었는데, 이제 거란의 시대가 가버린 겁니다.

여진족은 말갈족의 후손입니다. 처음에는 고려를 섬겼는데 점차 세력이 커지자 고려의 국경을 침범하기 시작했어요. 결국 윤관이라는 인물이 여진을 토벌하기 위해 떠났으나 쉽지 않았습니다. 말갈족이 유목 민족이었던 만큼 여진의 군사들은 대부분 기병이었어요. 고려는 농경국가니까 기병보다는 보병 위주였고요. 그래서 말을 타고 싸우는 여진을 상대로 이기기가 무척 힘들었던 겁니다.

어려움의 원인을 파악한 윤관은 "그럼 우리도 기병을 키워 싸워보자!" 해서 왕에게 건의를 합니다. 그렇게 고려에도 기병 중심의 군대가 만들어졌습니다. 이게 바로 별무반이지요. 별무반에는 말을 타고 싸우는 신기군, 보병인 신보군, 그리고 조금 독특한 부대인 항마군이 있었습니다. '항마'는 마귀를 항복시킨다는 뜻입니다. 종교적인 색채가 느껴지지요? 실제로 항마군은 승려로 이루어진 부대였습니다. 고려가 불교의 나라임을 알 수 있는 부분이에요.

윤관은 별무반을 이끌고 여진족을 격파했습니다. 그 결과 동북 9성을 확보해 영토를 더 넓혔지요. 그런데 동북 9성을 빼앗긴 여진은 대대로 조공을 바칠 테니 땅을 돌려달라고 합니다. 고려는 그 말을 들어줬어요. 동북 9성을 관리하고 방어하기가 어려웠

최소한의 한국사

기 때문입니다. 그러니까 영토 확장이 무조건 좋기만 한 건 아니에요. 땅을 넓혔다고 해서 그게 바로 우리 땅이 되는 것은 아니니까요. 그 지역을 다스릴 수 있는 역량이 있어야 합니다. 그때 고려에게는 그럴 만한 힘이 없었던 것 같아요. 그래서 땅을 돌려주게 된 겁니다.

여진은 절대로 고려를 침략하지 않겠다고 약속합니다. 하지만 국익 앞에서 이런 약속이 무슨 소용이겠습니까. 성장을 거듭한 여진은 금을 세웠고, 마침내 거란을 멸망시켰습니다. 송까지 남쪽으로 몰아냈어요. 이렇게 되자 여진은 오히려 고려에 조공을 요구했습니다. 자기들은 제국이 되었으니 사대의 관계를 맺자는 것이었지요. 별무반에 혼쭐나던 여진이 아니라는 뜻이었습니다.

이자겸의 난

금이 들어서고 여진의 압박이 시작된 그때, 고려의 상황은 그리 좋지 않았습니다. 성종이 나라의 기틀을 잡고 안정된 정치를 펼쳤던 시절과는 많이 달랐어요. 초심을 잃었다고 해야 할까요? 새로운 세상을 열었던 지방 호족과 6두품 출신 중에서 대대로 고위 관리를 배출한 가문들이 '문벌'이라고 하는 세력을 형성했습니다. 문벌은 각종 특권을 누리며 점점 보수화되었지요. 비주류로서 나라를 바꾸려 했던 그들은 이제 기득권이 되어 더 이상 발전하려 하지 않았습니다. 변화에 대한 의지 대신 자신을 지키려는 의지, 자신의 것을 취하고 빼앗기지 않으려는 의지가 강했어요. 역사는 늘 그렇습니다. 개혁과 변화를 향한 바람은 오래가지 못해요. 결국 그 시대의 비주류들에 의해서 세상이 또 한 번 뒤집어져야 다시 새로운 세상이 열리는 거지요.

여진이 세운 금이 사대를 요구해 왔을 때, 고려 조정의 실세는 이자겸이었습니다. 이자겸은 왕의 장인이자 외할아버지였습니다. 이렇게 족보가 꼬이게 된 것은 이자겸의 욕심 때문이었습니다. 이게 무슨 말이냐고요? 이자겸이 자신의 둘째 딸을 제16대 왕 예종과 결혼시키고, 셋째 딸과 넷째 딸은 예종의 아들인 제17대 왕 인종과 결혼시켰거든요. 그러니까 인종은 자기 이모들과 결혼한 셈입니다. 이자겸은 딸이 무척 많았는데 딸들을 왕에게 계속 시집을 보내면서 권력을 독차지했고, 나는 새도 떨어뜨린다는 권세를 휘둘렀습니다.

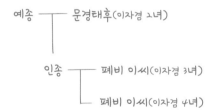

이런 사람이 금과 싸우려 할까요? 그럴 리 없겠죠. 굳이 전

최소한의 한국사

쟁을 했다가는 자기가 가진 것을 잃을 수도 있잖아요. 그래서 이자겸은 금의 사대 요구를 받아들입니다. 그에게는 자신의 권력을 유지하는 것이 가장 중요했거든요. 만약 고려 초기였다면 어땠을까요? 서희 같은 인물이라면 뭐라고 말했을까요? 그만큼 고려의 시대정신이 달라졌다는 사실을 알 수 있습니다.

이자겸의 행동은 점점 도를 넘습니다. 자기 집을 '의친궁'이라 부르고, 자신의 생일은 '인수절'이라고 칭했어요. 거의 왕 행세를 했던 겁니다. 실제로 왕도 이자겸의 말을 거역하지 못했습니다. 결국 이자겸은 자기가 왕이 되겠다고 난을 일으켰어요. 이것이 '이자겸의 난'입니다. 하지만 난은 실패로 돌아갔습니다. 고려 문벌 사회가 허약해졌다는 것을 확인한 시간이었지요.

묘청의 서경천도운동

왕이 되겠다고 나선 사람까지 있으니 당시 왕권이 얼마나 약해졌겠습니까. 그래서 인종은 왕권을 회복하기 위해 개경이 아닌 서경 출신의 신진 관리들을 등용해 개혁을 추진합니다. 묘청이라는 승려도 이때 등용된 서경 세력 중 한 명이었습니다. 서경 세력은 문벌이 권력을 독점하는 것에 불만이 쌓여 있었으니 중앙 정계에서 목소리를 낼 기회를 놓치지 않았지요.

고구려 계승 의식이 강했던 서경 세력은 금에 대한 사대는 말도 안 된다고 생각했어요. 그래서 묘청을 중심으로 풍수지리설을 앞세워 개경의 기운이 쇠했으니 기운이 왕성한 서경으로 수도를 옮길 것을 왕에게 건의합니다. 그리고 추락한 왕권을 회복하기 위해 왕을 황제라 칭하고 연호를 사용하는 칭제건원을 제안하고 금 정벌을 주장했지요. 이를 '서경천도운동'이라 합니다.

인종도 묘청의 말대로 하려 했습니다. 서경에 궁을 짓고 수도를 옮길 준비까지 했어요. 하지만 기득권들이 가만히 있었을 리 없지요. 김부식을 중심으로 한 개경 세력은 서경 천도를 끈질기게 반대했습니다.《삼국사기》의 저자로도 잘 알려진 김부식은 당시 문벌의 중심에 있던 인물입니다. 결국 인종도 천도를 포기해 버렸습니다. 서경 천도가 좌절되자 서경 세력이 반란을 일으켰지만, 김부식이 이끄는 관군의 진압으로 실패하고 맙니다.

서경파	개경파
묘청	김부식
불교	유학
금 정벌	금 사대

역사를 공부하다 보면 이렇게 종종 실패한 개혁들을 만나게 됩니다. 그런데 실패했다고 해서 의미가 없는 일일까요? 그것은 아니라고 봅니다. 실패한 이들의 주장, 그 지향점이 역사의 발전

과 부합한다면 언젠가는 반드시 이루어질 테니까요. 비록 그 시점이 아니더라도 새로운 시대를 한층 끌어당기는 동력으로 작용할 거라고, 저는 믿습니다. 그러니 실패했다고 좌절하거나 실패할 것 같다고 시작조차 망설이지는 말아야겠지요.

서경천도운동이 실패하면서 문벌은 더욱더 권력을 독점하게 되었고, 고려 사회의 모순도 증폭되었습니다. 이자겸의 난과 묘청의 서경천도운동은 문벌 지배 체제가 한계에 도달했음을 보여주는 사건이었습니다. 그러나 문벌은 이러한 사실을 눈치채지 못했지요. 결국 고인물은 썩게 마련이었습니다.

무신시대와 몽골의 침략

◆

고려 역사의 분기점

무신정변

고려에서는 같은 지배층이라도 무신이 문신보다 낮은 신분으로 취급되었습니다. 군대의 지휘권도 무신이 아닌 문신이 맡았지요. 앞서 살펴본 서희, 강감찬, 윤관 모두 문신이었습니다. 이런 상황에서 문벌의 권력 독점으로 무신에 대한 차별이 더욱 심해지고 하급 군인에 대한 처우도 제대로 이루어지지 않자 그동안 쌓여왔던 무신들의 불만이 터져 나오기 시작했습니다.

문신들이 무신들을 얼마나 우습게 봤는지 알 수 있는 일화가 하나 있습니다. 신하들이 모두 참여한 연회에서 김돈중이라는 문신이 정중부라는 무신의 수염을 촛불로 태워버린 것입니다. 이건 그냥 장난이 아니었어요. 고려에서는 수염을 아주 중요하게 여겼거든요. 특히 정중부는 수염이 멋지기로 유명한 인물이었습니다. 게다가 왕을 호위하는 부대의 장교인 정중부에 비해 김돈중은 이제 막 관리가 된 새내기였습니다. 화가 난 정중부는 김돈중에게 주먹을 휘둘렀지요.

그런데 이 김돈중이 당시 최고 권력자였던 김부식의 아들이었습니다. 든든한 뒷배를 두었으니 기고만장해서 이런 일도 벌였겠지요. 화가 풀리지 않은 정중부는 왕을 찾아가 이 일을 해결해 달라고 하소연했지만 인종은 그 말을 들어주지 못했습니다. 왕이라 해도 김부식의 아들을 혼낼 수가 없었던 겁니다.

그런데 왕을 찾아간 이는 정중부만이 아니었습니다. 김부식 역시 왕을 찾아갔습니다. 아들이 한 짓은 생각하지 않고, 오히려 정중부를 엄벌에 처해달라고 청했지요. 이 일로 정중부는 김돈중에게 앙심을 품게 됩니다. 연회에서 김돈중의 행동을 지켜본 무신들 또한 분노를 삼켰고요.

인종의 뒤를 이어 왕이 된 제18대 왕 의종은 무신들의 분노에 부채질을 해댔습니다. 날이면 날마다 연회를 열고 문신들을 불러 놀았지요. 그러는 동안 무신들은 밤낮을 가리지 않고 경비를 섰습니다. 무신들의 불만은 커질 대로 커져서 폭발하기 일보 직전이었습니다. 그리고 끝내 이 폭약의 도화선에 불을 댕기는 사건이 벌어지고 맙니다.

1170년 8월, 의종이 신하들을 거느리고 보현원으로 나들이를 가던 중에 가마를 멈추고 무신들에게 수박희를 시켰습니다. 수박희는 맨몸으로 상대방을 때리고 막는 무예 시합으로, 일종의 격투기라 할 수 있습니다. 무신들은 마치 동물원의 원숭이가 된 것처럼 왕과 문신들 앞에서 격투를 벌여야 했습니다. 이소응이라는 나이 많은 군인도 수박희에 참여했지요. 이소응은 종3품의 대장군으로 무신들의 존경을 받는 인물이었지만, 예순이 넘은 나이였기 때문에 제대로 경기를 하지 못했습니다. 젊은 무신과 겨루다가 힘에 부친 이소응은 결국 기권을 하고 말았습니다.

그러자 갑자기 수박희를 보고 있던 문신 한뢰가 제대로 경기를 하지 않는다며 이소응의 뺨을 때렸습니다. 뺨을 맞은 이소응은 벌렁 넘어졌습니다. 한뢰는 새파란 젊은이였는데, 자기보다 훨씬 나이가 많고 계급도 높은 무신을 이렇게 함부로 대한 것입니다. 무신들이 머리끝까지 화가 날 만하지요? 이 일은 당시의 시대 상황을 극명하게 보여주는 장면이라 할 수 있습니다.

끝도 없이 쌓여가던 무신들의 분노는 결국 터지고 말았습니다. 그날 밤, 정중부를 중심으로 한 무신들은 "갓을 쓴 자들은 한 명도 남기지 말고 죽여라!"라고 외치며 문신들을 제거해 나갔습니다. 이것이 무신들이 일으킨 정변, 무신정변입니다. 한뢰와 김돈중을 비롯해 수많은 문신이 살해당했고, 왕은 궁궐에서 쫓겨났습니다. 의종의 동생인 명종이 허수아비 왕으로 자리에 앉았지요. 문벌의 시대는 이렇게 끝이 났습니다. 고려는 무신들의 세상이 되었지요.

무신집권기

앞서 이야기했듯 역사는 항상 기존과 다른 세력이 등장하면서 끊임없이 앞으로 나아가게 됩니다. 그런데 새로운 시대를 열기 위해서는 갖춰야 할 덕목이 두 가지 있어요. 첫 번째는 힘이고, 두 번째는 비전입니다. 힘만 있으면 오래가지 못해요. 자기들끼리 싸우다가 무너져 버리거든요. 반대로 힘이 없으면 비전도 소용이 없지요. 그래서 힘과 비전을 모두 갖춰야 하는 것입니다.

통일신라 말기에서 후삼국시대를 넘어 고려로 올 때, 호족들이 선호했던 사상이 있습니다. 그 사상 중 하나가 바로 '선종'이었어요. 불교의 한 종파인 선종은 참선수행을 중시했습니다. 누구나 스스로 수행하면 깨달음을 얻을 수 있고, 부처가 될 수 있다는 거예요. 이게 선종의 캐치프레이즈였습니다. 골품제의 모순을 깨버리는 사상이었지요.

골품제가 지배하는 사회에서 '누구나'라는 말은 통하지 않았어요. 왕은 물론이고, 출세나 승진이 가능한 사람도 이미 정해져 있었습니다. 그 안에서도 철저히 급을 나눴어요. 귀족들은 교종을 지지했습니다. 교종은 경전과 교리를 중시했거든요. 부처님의 가르침을 해석하고 연구하는, 굉장히 학문적인 불교였습니다. 배우지 못한 사람은 가까이하기가 힘들었어요.

선종은 달랐습니다. 누구나 부처가 될 수 있다는 말은 곧 누구나 왕이 될 수 있다는 논리로 연결이 됐어요. 현대 사회에서 이야기하는 자유나 평등의 개념은 아니지만, 그래도 골품제에 갇힌 신라 사회에서 인간의 자유의지를 좀 더 폭넓게 실현할 수 있는 비전을 담고 있었던 겁니다.

그런데 정변을 일으킨 무신들에게는 이러한 비전이 없고 오직 힘만 있었습니다. 힘으로만 권력을 쟁탈하려다 보니 서로 죽고 죽이는 잔인한 싸움이 계속됐습니다. 탐욕과 배신, 피가 난무했어요. 그래서 무신 정권 초기에는 최고 권력자가 자주 바뀌었습니다. 마침내 최충헌이 권력을 장악하면서 무신들 사이의 권력 다툼이 마무리되었고, 60여 년간 최씨 집안 대대로 이어지는 최씨 무신정권이 시작됐습니다.

최충헌은 교정도감이라는 최고권력기구를 만들어서 권력 안정화를 꾀했습니다. 최충헌의 아들 최우는 서방書房을 설치해 문신들도 등용했습니다. 아무래도 무신들만 모여 있다 보니 국정을 도울 사람들이 필요했기 때문이지요. 서방은 일종의 국정 자문 기구로서 문신들이 서방에서 국정을 논의하고 연구했습니다. 나름대로 비전을 세워보려 노력했던 것으로 보입니다. 하지만 최씨 정권은 이 문제를 해결하지 못한 채 더욱 다급한 문제에 맞닥뜨리게 됩니다. 몽골의 침략이 시작된 것이지요.

몽골의 침략과 대몽항쟁

13세기 몽골군은 말 그대로 천하무적이었습니다. 몽골은 여러 부족을 통일하며 엄청난 속도로 세력을 키웠고, 그들을 이끈 칭기즈칸이 세계 대제국을 건설해 나가고 있었습니다. 결국 단일 제국으로는 인류 역사상 가장 넓은 영토를 확보했지요. 유라시아 대륙의 상당 부분이 몽골군의 말발굽에 짓밟혔습니다.

몽골 최대 영역

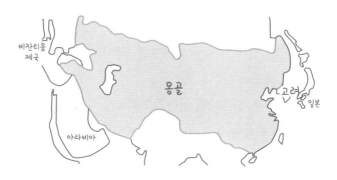

몽골군은 중앙아시아, 서아시아를 지나 유럽을 향해 내달렸습니다. 유럽인들에게 몽골군은 공포 그 자체였지요. 몽골의 기마병들이 정말 무자비했거든요. "항복하면 살려줄게. 하지만 항복하지 않으면 자비는 없어." 이게 몽골 스타일이었습니다. 그러니까 몽골군이 한번 지나가고 나면 그 자리에는 아무것도 남지 않았지요.

그런데 서진하던 몽골이 방향을 바꿔 동쪽에 있는 고려로 쳐들어왔습니다. 소문만으로도 사람들을 벌벌 떨게 하는 세계 최강의 군대가 몰려온다고 생각해 보세요. 얼마나 무섭겠습니까? 몽골 제국에 비하면 고려는 너무나 작은 나라였어요. 먼지를 일으키며 물밀듯이 들어오는 몽골군을 상상하면 당시 고려인들이 느꼈던 공포가 어느 정도였을지 짐작조차 되지 않습니다.

항복이냐, 항전이냐를 두고 고려는 선택해야만 했어요. 당시 고려의 최고 집권자였던 최우는 몽골에 맞서기로 결정합니다. 그래서 강화도로 수도까지 옮기며 결사항전을 했습니다. 유목민인 몽골군은 해상 전투에 비교적 약한 편이었거든요. 강화도와 육지 사이는 물살이 무척 빠르니 강화도에 들어가서 버틸 수 있을 때까지 버틴 거예요.

우리 민족에게는 이런 저항의 DNA가 있나 봅니다. 몽골군이 왜 무섭지 않았겠어요. 하지만 분명 오래전에 겪어봤던 감정이에요. 수와 당의 대군이 쳐들어왔을 때도 우리 선조들은 극한의 공포감을 느꼈겠지만 결국 싸워 이겨냈잖아요. 이런 역사적 경험을 계속 장착하고 있는 거예요. 지금의 우리에게도 있는, 그리고 후손에게도 계속 이어져야 할 역사의 유전자라고 할 수 있겠지요.

놀라운 사실은 몽골도 이런 고려의 대응에 어찌할 줄 몰랐다는 겁니다. "이제까지 이런 나라는 없었다." 몽골은 고려를 이렇게 평가했습니다. 수많은 나라와 싸웠지만, 섬으로 도망쳐서 끝까지 항복하지 않는 나라는 없었으니까요. 하지만 이 방법이 좋기만 한 건 아니었습니다. 몽골은 항복하지 않으면 자비 없이 죽인다고 했잖아요. 몽골군에게는 끝까지 추적해 승부를 봐야 하는 집요함이 있었어요. 그래서 고려 곳곳을 가차 없이 짓밟았습니다. 눈에 띄는 건 죄다 불태워버렸어요. 거란의 침략을 받았을 때 불심을 모아 만든 《초조대장경》이 불타고, 아파트 30층 높이였던 황룡사 구층목탑도 잿더미가 되었습니다. 이 과정에서 또 얼마나 많은 사람이 죽었겠습니까.

고려의 백성들은 스스로 싸우기 시작했습니다. 몽골에 맞서 싸운 대표적인 인물이 바로 김윤후입니다. 몽골군이 처인성을 공격했을 때 화살을 쏘아 적장을 죽였지요. 몽골 장수가 고려 백성들과의 싸움에서 목숨을 잃은 거예요. 정말 대단한 성과였습니다. 이후 김윤후는 충주성 전투에서 노비들을 이끌고 승리를 거두기도 했습니다.

충주성 전투를 통해 알 수 있듯 사회에서 차별받던 하층민들 역시 몽골군과 열심히 싸웠습니다. 이들이 나라를 위해 싸운 걸까요? 애국심의 개념을 여기에 적용할 수 있을지, 저는 잘 모르겠습니다. 고려의 백성들은 그저 내 가족과 내 마을을 지키기 위해 싸웠던 것 같아요. 그래서 강화도로 간 고려의 지배층과 본토에 있던 백성들의 저항은 구분해서 접근해야 하지 않을까 싶습니다. 그들의 저항을 하나로 묶기가 참 어렵다는 생각이 들어요. 다만 우리가 기억해야 할 것은 집권층과 백성들 모두가 몽골에 필사적으로 저항하고 있었다는 거지요.

고려의 대항

- 정부 : 강화도 천도 ⟶ 장기전 대비
- 백성 : 본토에서 전투 ⟶ 처인성 전투, 충주성 전투

전쟁이 길어지자 고려인들은 점점 지쳐갑니다. 사람이 궁지에 몰리면 종교에 귀의하게 돼요. 아무리 생각해도 해결책이 없으니 신에게 의지하게 되는 거지요. 그래서 이때 팔만대장경이 만들어집니다. 강화도에서 수많은 사람이 8만여 장의 목판에 부처님의 가르침을 한 글자, 한 글자 새긴 겁니다. 팔만대장경이 완성되기까지 무려 15년이 걸렸어요.

팔만대장경에는 부처님의 힘을 빌려 몽골을 물리치고자 한

고려인들의 간절한 염원이 담겨 있습니다. 다들 이걸 숭고한 신념이라고 말해요. 순수한 애국심과 불심이라고요. 그런데 생각해 보면 몽골군이 나라를 쑥대밭으로 만들고 있는 상황에 목판을 파고 있다는 건 상상하기 어려운 일이지요. 종교를 중심으로 똘똘 뭉쳐보자는 의도도 분명 있었을 테지요. 하지만 저는 아무것도 할 수 없는 상황까지 간 것이 아닐까 하는 생각을 합니다. 결국 고려 내부에서도 몽골과 강화를 맺자는 주장이 슬슬 고개를 들기 시작합니다. 더 이상은 버티기 힘들었던 거지요.

원 간섭기와 공민왕의 개혁

혼란을 넘어 새 시대로

고려 운명을 바꾼 원종의 선택

1231년부터 1259년까지 몽골은 고려에 수차례나 침입했습니다. 그사이 고려 전역은 쑥대밭이 되었고요. 당시 권력을 잡고 있던 최씨 정권은 끝까지 저항해야 한다고 주장했지만, 제23대 왕 고종은 몽골과 강화를 맺자고 합니다. 다행히 몽골이 내건 강화 조건도 점점 완화되었지요. 처음에는 왕이 직접 와서 항복해야 한다고 했지만 이제는 태자가 와도 된다고 한 겁니다. 고종은 자신의 맏아들인 태자를 사절단으로 보냈습니다.

그런데 한 가지 문제가 생겼습니다. 당시 몽골의 황제였던 몽케칸이 병으로 죽는 바람에 황제 자리가 비어버린 것입니다. 황제 후보로 부상한 사람은 두 명이었습니다. 몽케의 바로 아래

동생인 쿠빌라이와 막냇동생인 아리크부카였지요. 고려의 태자는 고민에 빠졌어요. 항복을 하더라도 최대한 좋은 조건으로 해야 하는데 누구를 만나서 협상해야 할지 헷갈리는 거예요. 자기랑 만난 사람이 몽골의 황제가 되지 않는다면 정말 골치 아파지잖아요. 자칫 고려의 운명을 바꿀 수도 있는 선택이었던 거지요.

이때 고려는 다시 한번 '아트 외교'를 펼쳤습니다. 태자가 상대적으로 힘이 약한 후보였던 쿠빌라이를 찾아간 겁니다. 쿠빌라이는 무척 기뻐했습니다. 당시 고려는 고구려를 계승한 나라로 인식되고 있어서 당 태종도 굴복시키지 못한 나라의 태자가 왔다면서 크게 환영했지요. "이건 하늘의 뜻이다!"라며 고려를 마구 칭찬하기도 했습니다.

쿠빌라이가 태자를 반기는 건 당연했습니다. 몽골은 수십 년간 고려의 항복을 받아내지 못하고 있었는데, 고려의 태자가 항복을 하겠다고 자기를 찾아왔으니 쿠빌라이에게는 명분이 하나 더 생긴 거라고 할 수 있어요. 아리크부카가 아닌 자신이 몽골의 차기 황제로 인정받고 있음을 보여줄 근거가 마련된 거지요. 덕분에 고려는 아주 유리한 조건으로 강화를 맺을 수 있었습니다.

고려의 태자가 쿠빌라이에게 요구한 것은 다음과 같습니다. 고려의 풍습을 그대로 인정해줄 것, 개경 환도를 재촉하지 않을 것, 고려에 있는 몽골군을 철수할 것, 고려에 머무는 몽골 관리인을 철수할 것, 사신은 몽골 조정에서만 보낼 것, 전쟁 중 몽골에 항복한 고려인들을 돌려보낼 것. 쿠빌라이는 마지막 사항만 빼고 고려의 요구를 모두 들어줬습니다. 자의로 항복해서 몽골에 살고 있는 고려인들은 돌려보내지 못하지만, 대신 앞으로 받아주지 않겠다고 약속했지요. 이런 이야기가 오가던 중, 연로했던 고종은 결국 사망했습니다. 그러자 쿠빌라이는 아예 태자를 왕으로 책봉해서 고려로 돌려보내요. 그가 바로 제24대 왕 원종입니다.

원종이 쿠빌라이에게 얻어낸 약속의 핵심은 고려의 독립입니다. 몽골에 항복을 하더라도 '고려'라는 이름과 고유한 풍속은 유지하겠다는 거지요. 몽골의 침략을 받은 나라 중 그 어떤 나라도 그렇게 할 수 없었습니다. 원종의 선택은 정말 탁월했어요. 결국 황제가 된 사람은 쿠빌라이였기 때문입니다.

원의 부마국이 된 고려

쿠빌라이는 원을 세운 뒤 남송을 물리쳐 중국 대륙을 통일했습니다. 고려는 비록 항복했지만, 원에 의해 운영되는 세계 질서에 편입되었지요. 원종이 자신의 아들 충렬왕을 쿠빌라이의 막내딸인 제국대장공주와 결혼시켰거든요. 왕의 사위를 부마라 하는데, 그래서 이때부터 고려는 원의 부마국駙馬國이 됐어요. 이후에도 고려의 왕은 원의 공주를 아내로 맞아야 했고, 사위 국가가 된 만큼 원 황실에서 목소리를 낼 수 있었습니다.

최소한의 한국사

몽골에는 쿠릴타이라는 게 있었어요. 쉽게 말하면 정책결정 회의입니다. 중요한 일은 다 여기에서 결정했어요. 당연히 주요 인물들만 참여해야 했지요. 고려의 왕도 황제의 사위였기 때문에 쿠릴타이에 참여했어요. 시간이 흘러 원 황실에서도 세대교체가 이루어졌고, 원 초기의 역사를 잘 모르는 후손들은 의아해했습니다. "대체 고려의 왕이 뭐라고 여기에 자꾸 끼는 거야?" 했겠지요. 그럴 때마다 고려에서는 쿠빌라이와의 약속을 들먹였어요. "세조가 한 약속이야"라고 말하면 아무도 뭐라 하지 못했으니까요. 나라를 세운 시조가 한 약속이니 감히 어길 수 없었던 거예요.

앞서 거란과 싸울 때는 힘과 외교를 모두 보여주었다면 몽골과의 싸움에서 고려가 보여준 것은 그야말로 외교의 기술 그 자체였습니다. 고려는 외교만으로 나라의 깃발을 꺾지 않고 버틸 수 있었어요. 고려의 태자와 쿠빌라이의 만남은 그 사실을 보여주는 정말 드라마틱한 장면이 아닐까 합니다.

원의 부마국이 됨으로써 고려는 고유의 제도와 풍습을 유지할 수 있었지만, 원의 간섭 또한 받아들여야 했습니다. 어쨌거나 항복을 했으니까요. 우선 고려 왕실의 호칭도 달라졌습니다. 원에 충성한다는 의미로 왕의 이름 앞에 '충'을 붙인 거예요. 그래서 원 간섭기에는 왕이 이름이 충렬왕, 충선왕, 충숙왕… 이렇습니다. 이 외에도 '폐하' 대신 '전하', '태자' 대신 '세자'로 바꿔 부르는 등 모든 호칭의 격이 낮아졌어요.

원의 영향은 정치뿐 아니라 문화에까지 뻗어나갔습니다. 대표적인 문화유산은 개성 경천사지 십층석탑이에요. 이 석탑은 다른 탑과는 굉장히 다른 성격을 지니고 있습니다. 일단 우리나라 탑은 짝수 층으로 된 것이 없어요. 3층, 7층, 9층이지요. 10층 탑은 굉장히 이국적입니다. 재질도 그래요. 우리나라에서는 보통 화강암으로 탑을 만들었습니다. 한반도에 화강암이 굉장히 흔했거든요. 그런데 경천사지 십층석탑은 대리석으로 만들었습니다. 원의 영향으로 이런 탑이 만들어졌다는 걸 알 수 있어요.

현재 경천사지 십층석탑은 국립중앙박물관에 있습니다. 대리석은 무른 재질이라 화강암보다 훼손이 잘 돼요. 게다가 밖에 있으면 계속 비를 맞게 되잖아요. 대리석은 비를 맞으면 안 되거든요. 특히 산성비를 맞으면 녹아버립니다. 점점 무너질 수밖에 없어요. 그래서 실내에 가져다놓은 거지요. 탑골공원에 가보면 옛 서울 원각사 터에 원각사지 십층석탑이 있습니다. 이 탑은 조선 전기에 만든 건데, 경천사지 십층석탑과 아주 비슷하게 생겼어요. 경천사지 십층석탑의 영향을 받은 거지요. 원각사지 십층석탑도 대리석으로 만들었기 때문에 보존을 위해 유리관을 덮어두었습니다.

다른 면에서도 원의 영향을 많이 받았습니다. '몽골풍'이라고 해서 변발을 하거나 호복을 입는 사람도 있었습니다. 말 그대로 몽골 스타일이 유행한 거지요. 원 간섭기에 있었던 가장 가슴 아픈 일은 원의 요구로 고려의 여인들을 공녀로 바친 것이었습니다. 공녀란 '공물로 바치는 여자'라는 뜻입니다.

고려시대에는 가정 내에서 여성의 지위가 높았습니다. 자식들에게 재산을 물려줄 때도 아들이든 딸이든 똑같이 나눠줬어요. 그래서 딸도 부모의 제사를 지냈습니다. 이런 부분만큼은 현재를 사는 우리와도 비교가 됩니다. 아직도 제사는 아들이 지내는 거라고 생각하는 분이 많잖아요. 딸이라고 해서 상주를 못 하는 경우도 있고요. 고려시대에는 이런 일에 아들딸을 구분하는 개념 자체가 없었지요. 고려인들의 딸 사랑은 이렇듯 지극했습니다. 그런데 이 귀한 딸이 다른 나라에 끌려간다고 생각해보세요. 얼마나 비통한 일입니까. 당시 고려에서는 딸을 공녀로 빼앗길까 봐 아예 일찍 결혼시키는 경우도 많았습니다. 풍습이 바뀌어버린 거예요.

원으로 간 공녀들은 대부분 귀족들의 집에서 허드렛일을 하며 살았다고 해요. 물론 극소수는 부유한 생활을 하기도 했어요. 그중 한 명이 바로 기황후입니다. 기황후는 몽골 황실의 궁녀로 들어갔다가 제2황후에 책봉되기까지 합니다. 황제의 총애만 받은 것이 아니라 스스로 세력을 키워 어마어마한 권력을 휘둘러서 원 역사에 한 획을 그었지요.

어찌 보면 몽골에서 고려인들이 차지했던 위상이 생각보다 컸겠구나 싶어요. 왕들이 황제의 사위로서 매번 쿠릴타이에 참여했던 일이라든지, 기황후가 권력을 잡았던 일 등을 통해 짐작할 수 있죠.

반원 정책을 펼친 공민왕

백성들은 원에 각종 특산물을 바치고 심지어는 딸까지 공녀로 보내느라 고달픈 삶을 살았지만, 이 시기에 원을 등에 업고 세력을 키운 사람들도 있었습니다. 이들을 권문세족이라고 하지요. 그중에는 원래 힘 있는 가문 출신인 사람도 있었지만, 몽골어를 잘해서 통역관으로 일하거나 왕과 함께 원에서 생활하며 권세를 얻은 경우도 많았습니다.

권문세족은 원에 빌붙어 갖가지 횡포를 부렸습니다. 일부러 원 황실이나 귀족 집안에 딸을 시집보내기도 했어요. 어느 시대에나 그렇지만, 혼란을 틈타 출세하는 자들이 있는 것이지요.

하지만 역사에 영원한 강자는 존재하지 않습니다. 제아무리 번성하는 나라라고 하더라도 그 상태를 계속해서 유지할 수는 없거든요. 14세기 중반, 기세등등했던 원도 점차 기울어지기 시작했습니다. 그러자 이 틈을 이용해 원의 간섭에서 벗어나고자 한 왕이 등장합니다. 바로 공민왕입니다. 이름에서부터 다른 점이 보이지 않나요? 원 간섭기에는 왕의 이름에 '충'자를 넣어야 했지만 공민왕의 이름은 그렇지 않으니까요. 공민왕은 즉위하자마자 반원 자주 정책을 실시합니다.

공민왕은 잃어버린 땅부터 되찾았습니다. 원이 지배하던 철령 이북 땅에 설치되었던 쌍성총관부를 공격해서 땅을 수복하지요. 이건 곧 원을 공격한 것과 같아요. 이와 동시에 대표적인 친원 세력인 기황후의 오빠인 기철을 숙청해 버립니다. 아주 오랜 시간을 준비한 것처럼 모든 일이 한날한시에 일어납니다.

기철은 원에서 승승장구하던 누이동생을 등에 업고 온갖 전횡을 일삼았지요. 기철을 제거하는 것은 원에 도전하는 일이나 마찬가지였습니다. 기황후가 원 황제의 부인이었으니까요. 하지만 공민왕은 개의치 않았습니다.

공민왕의 개혁은 계속 진행됩니다. 정동행성을 폐지하고, 변발이나 호복 같은 몽골풍도 금지해요. 그리고 전민변정도감을 설치했습니다. 전민변정도감은 권문세족이 빼앗은 땅을 원래 주인에게 돌려주고 노비가 된 백성은 양민으로 되돌리기 위한 기구입니다. 노비가 다시 양민으로 돌아가니 세금을 내는 인구가 자연스레 늘었습니다. 고려 초기에 광종이 시행했던 노비안검법과 같은 효과입니다. 국가 재정을 늘리는 한편, 왕권을 강화할 수 있는 정책이었던 거지요.

공민왕의 정책

- 영토 회복(쌍성총관부 폐지)
- 권문세족 견제(전민변정도감 설치)
- 몽골풍 금지

그러나 개혁이란 참 어려운 일입니다. 가장 방해가 되는 것은 역시 기득권 세력의 반발이겠지요. 권문세족의 힘은 여전히 막강했습니다. 엎친 데 덮친 격으로 북쪽에서는 홍건적이, 남쪽에서는 왜구가 쳐들어왔지요. 결국 공민왕이 신하들에게 피살되며 개혁은 중단되었습니다. 하지만 그 과정에서 뿌린 씨앗은 죽지 않았어요.

공민왕이 대거 등용한 신진사대부들은 권문세족이라는 주류를 뒤엎을 만한 세력으로 성장했습니다. 결국 신진사대부들이 새로운 나라 조선을 세우고, 그 시대를 이끄는 주류 세력으로 떠오르게 됩니다.

위화도 회군이 부른 고려의 멸망

홍건적과 왜구의 침입으로 나라가 어지러울 때, 고려에는 두 명의 슈퍼스타가 등장합니다. 바로 최영과 이성계예요. 최영과 이성계는 고려에 쳐들어온 적들을 격퇴하면서 영웅이 되었습니다. 백성들의 존경을 한 몸에 받으며 당시 빠르게 성장한 신흥 무인 세력의 대표 인물들이라고 할 수 있지요.

최영 장군은 "황금 보기를 돌같이 하라"라는 말로 유명합니다. 보수적이고 원칙적인 성격을 엿볼 수 있는 말이지요. 최영은 진짜 군인이었어요. 명령에 살고 명령에 죽는 사람이었습니다. 나라를 지켜야 한다는 생각이 무척 강했어요.

이성계는 활 솜씨가 무척 뛰어나서 신궁이라고 불렸습니다. 전쟁에 나가면 지는 법이 없었어요. 이성계와 최영은 서로를 존경하고 신뢰했지만, 결국에는 다른 길을 걷게 됩니다. 이성계가 신진사대부인 정도전을 만나면서 생각이 달라진 것이 그 이유였습니다.

당시 중국은 원명 교체기였습니다. 권문세족은 계속해서 원과 교류하려 했지만, 정도전과 같은 신진사대부들은 명을 섬겨야 한다고 주장했지요. 공민왕의 뒤를 이은 우왕은 결국 정도전을 귀양 보냈습니다. 정도전은 귀양살이가 끝난 뒤에도 관직을 얻지 못하고 오랜 시간 유랑했어요. 그러다가 이성계를 찾아간 거지요. 이성계의 군대를 본 정도전은 이렇게 말합니다. "이 군대라면 무엇이든 할 수 있겠습니다." 이성계는 이 위험한 말에 답하지 않았습니다.

공민왕의 개혁 과정에서 성장한 신진사대부는 점차 하나의 정치 세력을 구축합니다. 그리고 새로운 시대의 비전이라고 할 수 있는 성리학을 수용했습니다. 성리학은 기본적으로 인간의 심성과 우주의 원리를 연구하는 학문이에요. 좀 더 쉽게 말하자면 군자의 길을 걷기 위한 학문입니다. 끊임없이 자기 자신을 돌아보고 어떻게 살 것인지 결정해야 하는 철학적인 학문이라고 할 수 있어요. 부정부패나 비리와는 맞지 않는 거예요. 그런 것은 군자의 길이 아니니까요.

정도전은 신진사대부 중에서도 성향이 급진적이었어요. '세상이 나를 원하지 않는다면 내가 세상을 바꾸면 된다'고 생각하는 사람이었습니다. 건강한 나라를 세우고 싶은 의지가 있었던 거지요. 그러니까 이성계의 군대로 할 수 있는 일이란 게 무엇을 의미하겠습니까. 그 뜻을 짐작한 이성계는 함부로 답을 할 수 없었던 겁니다.

물론 모든 것은 시간이 흐르면서 변하게 마련입니다. 도덕을 중시하던 사람도 탐욕에 취할 수 있고, 개혁의 사상도 독단적인 사상으로 바뀔 수 있어요. 지금 우리의 눈에는 성리학이 보수적인 학문으로 보일 수 있지만, 고려 말기라는 시점에서 성리학은 분명 개혁의 이론이었습니다. 명확하게 새 세상의 비전을 제시하는 학문이 성리학이었거든요.

두 사람의 만남은 결국 신진사대부와 신흥 무인 세력이 손을 잡는 계기가 됐어요. 아주 결정적인 사건이었지요. 이성계는 고민이 많았을 거예요. 아무리 썩어간다 한들 목숨 걸고 지키던 나라를 뒤엎을 결심을 하기란 쉽지 않으니까요. 하지만 곧 피할 수 없는 선택의 순간이 찾아옵니다.

원에 이어 들어선 명은 고려에 무리한 요구를 해오기 시작했어요. 공민왕이 수복한 철령 이북의 땅을 돌려달라는 것이었습니다. 원래 원의 땅이었으니까 이제 우리가 다스리겠다는 말이었지요. 최영은 절대 그럴 수 없다며 오히려 선수를 쳐서 명을 공격하자고 주장했습니다. 옛 고구려 땅인 요동까지 되찾을 기회라고요. 우왕은 최영의 말을 듣고 이성계에게 요동 정벌을 명했어요.

그러자 이성계는 '사불가론四不可論'을 들어 요동 정벌을 반대했습니다. 사불가론은 요동 정벌에 나설 수 없는 네 가지 이유를 말합니다. '작은 나라는 큰 나라를 쳐서는 안 된다, 여름 무더위에 군사를 동원하는 것은 무리다, 군사들이 요동으로 간 사이 왜구가 침략할 것이다, 장마철이라 활의 아교가 녹고 전염병이 돌기 쉽다'가 그 내용이지요. 하지만 우왕은 끝내 이성계를 보냈습니다.

최영 우왕 VS 이성계

요동 정벌   사불가론

군인은 명령을 따라야 합니다. 이성계도 군사들을 이끌고 떠났어요. 하지만 압록강 하류에 있는 위화도에 이르러 결국 말머리를 돌리고 맙니다. 진군을 멈추고 회군한 겁니다. 요동 정벌은 도저히 불가능하다는 생각이 들었던 것이지요. 이 사건이 '위화도 회군'입니다.

이성계는 왕의 명령을 어겼습니다. 이제 반란군이 되거나 혁명군이 되거나 둘 중 하나인 거예요. 위화도 회군이 곧바로 고려의 멸망으로 이어진 것은 아닙니다. 실권을 장악한 이성계는 공민왕이 하려고 했던 개혁을 단행했습니다. 가장 먼저 한 일은 토지개혁이었습니다. 고려 말, 권문세족들은 어마어마한 땅을 가지고 있었어요. 대부분은 불법으로 취한 땅이었습니다. 공민왕이 전민변정도감을 설치한 이유도 그런 땅을 정상화시키려고 했던 거지요. 하지만 제대로 되지 않았어요. 이성계는 과전법을 시행해서 권문세족의 토지를 몰수해 버립니다. 그러면서 혁명의 종지부를 찍어요.

혁명 1단계가 위화도 회군이라면 2단계는 과전법이에요. 마지막 3단계가 바로 새 나라를 세우고 이성계가 왕위에 오르는 것이었습니다. 이성계는 위화도 회군으로 정치권력을 거머쥐고, 과전법으로 경제권력을 거머쥐었어요. 그 기세를 몰아 새 나라 조선을 세웠습니다.

고려 대표 문화유산

청자상감운학문매병

◆ ◆ ◆

고려청자

고려청자는 고려시대를 대표하는 예술품이다. 고려인들은 뛰어난 도예 기술을 바탕으로 맑고 투명한 비취색을 띤 청자를 만들어냈다. 11세기에는 문양이나 장식이 없는 순청자가 주로 만들어졌고, 12세기 후반부터는 고려에서 독창적으로 개발한 상감 기법을 활용한 상감청자가 많이 만들어졌다. 상감 기법이란 도자기 표면에 여러 무늬를 새기고 그 속에 다른 색의 흙을 채워 색과 모양을 내는 것을 말하는데, 이를 활용한 상감청자가 특히 유명하다. 위의 사진은 국보로 지정되어 있는 '청자상감운학문매병'으로 42개의 원 안팎으로 69마리의 학과 구름이 상감 기법으로 새겨져 있다. 청자를 감상하면 마치 천 마리의 학이 오르내리는 것처럼 보인다 해서 천학매병이라고도 불린다.

◆ ◆ ◆
합천 해인사 대장경판

대장경은 불교경전의 총서를 가리킨다. 해인사 대장경판은 고려시대에 간행되었다고
해서 고려대장경이라고도 하고, 판수가 8만여 개에 달한다고 하여 팔만대장경이라고
도 부른다. 수천만 개의 글자 하나하나가 오탈자 없이 모두 고르고 정밀하다는 점에서
그 보존 가치가 매우 크다. 현존하는 대장경 중에서도 가장 오랜 역사를 지녔고, 내용이
완벽해 세계적인 명성을 얻었다. 2007년 세계기록유산에 등재되었다.

◆ ◆ ◆

영주 부석사 무량수전

고려시대의 건축물은 대개 규모가 작고 단아해서 공포가 기둥머리 바로 위에만 있는 주심포 양식을 주로 사용했다. 부석사 무량수전은 후세의 건물에서 볼 수 있는 장식적인 요소가 적어 주심포 양식의 기본 수법이 가장 잘 드러난 대표적인 건물로 평가받는다. 우리나라에 남아 있는 목조 건물 중 고려 사찰 건축의 구조를 연구하는 데 매우 중요한 건물로 손꼽히며 국보로 지정되었다. 고려 불교 건축의 아름다움과 우수성을 보여준다.

4장

조선시대

조선의 건국

◆

성리학 기반의 유교 국가를 꿈꾸며

정몽주와 이성계, 정도전의 대립

이성계가 실권을 장악하긴 했지만, 군인 출신인 그에게는 새 나라의 비전을 함께 그려갈 브레인이 필요했습니다. 이성계가 신임한 사람은 정도전과 정몽주였지요. 두 사람 모두 고려를 바꿔야 한다고 생각하는 신진사대부였습니다. 하지만 고려를 어떻게 바꿔야 하는가에 대해서는 생각이 달랐습니다.

정도전은 고려를 무너뜨리고 새로운 왕조를 세워 처음부터 다시 시작해야 한다고 주장했습니다. 그러나 정몽주는 성리학을 공부한 학자로서 그것은 불가능하다는 입장이었지요. 신하가 임금을 폐하고 나라를 갈아치우는 것은 말이 안 된다는 거예요. 정몽주는 고려 왕조를 유지하면서 개혁을 단행하자고 주장했습니다. 두 사람의 생각이 이렇듯 다르다 보니 개혁 방향을 두고 신진 사대부는 정도전을 중심으로 한 혁명파와 정몽주를 중심으로 한 온건파로 나뉘게 되었습니다.

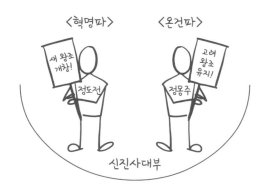

이렇게 온건파와 혁명파가 맞서고 있을 때 위화도 회군을 단행한 이성계는 온건한 개혁이 아닌 혁명으로 기울어진 입장을 내보인 것이나 다름없어요. 정몽주는 권력을 잡은 이성계와 정도전이 혁명을 원한다는 사실을 눈치챘습니다. 그래서 두 사람을 저지하고, 혁명을 막으려는 목적으로 자기 세력을 키우기 위해 굉장히 노력합니다.

정몽주는 이성계가 함부로 군사를 움직여서 무리하게 권력을 찬탈할 사람은 아니라고 생각했습니다. 이성계를 정확히 파악했던 것이죠. 이성계는 말하자면 권력 이양의 과정이 아름답기를 원했습니다. 새로운 나라를 세우고 싶기는 하지만, 쿠데타 같은 방식은 싫은 거예요. 왕의 자리를 칼로 빼앗는 일은 꺼린 것입니다. 사람들이 자신을 왕으로 추대하면 마지못해 받아들이는 형식을 취하고 싶었을 거예요. 정몽주는 이성계의 성격을 알았기 때문에 이를 고정 변수로 두고 계획을 진행해 나갔습니다.

이성계를 두려워하던 고려 제34대 왕 공양왕도 정몽주의 편에 섰습니다. 비록 이성계가 앉힌 허수아비 왕이기는 했지만, 왕씨 성을 가진 왕으로서 고려 왕조가 끝나는 것은 막고 싶었을 테지요. 아무리 힘이 없어도 어쨌든 왕이었기 때문에 정몽주는 공양왕을 앞세워 이성계를 압박했습니다. 이성계가 여전히 신하의 위치에 있다는 점을 이용한 것이지요.

마침 이때 이성계가 낙마 사고를 당해 꼼짝도 못 하게 되었습니다. 공양왕과 정몽주는 이 기회를 놓치지 않았습니다. 이성계 세력을 일망타진하기로 마음먹고 그 주변에 있던 사람들을 탄핵하면서 조금씩 정리하기 시작했어요. 이러니 도리어 이성계가 밀리는 형국이 되었습니다. 공양왕이 가진 힘과 정몽주의 전략이 맞아떨어지면서 시너지 효과가 발생한 거예요. 정몽주는 이성계의 성격을 파악한 상태에서 움직였던 터라 이성계는 계속 당할 수밖에 없었습니다.

사실 정몽주와 이성계는 오래도록 친밀한 사이였습니다. 정몽주는 뛰어난 학자일 뿐 아니라 이성계와 함께 전쟁에 나서기도 했습니다. 그래서 이성계의 성격을 그렇게 잘 알고 있었던 것이지요. 하지만 정몽주에게는 지켜야 할 나라가 있었습니다. 고려를 지키기 위해서는 어쩔 수 없다고 판단했던 거예요. 정몽주는 이성계의 상태를 살피기 위해 병문안을 갔습니다. 적의 소굴로 들어가는 것이나 마찬가지니 무척 위험한 일이었지만 정몽주는 이성계가 자신을 건드리지 않을 거라고 믿었습니다. 이성계는 그런 인물이 아니라고 판단한 거예요.

그런데 정몽주가 놓쳤던 변수가 있었습니다. 바로 이성계의 다섯 번째 아들 이방원이지요. 정몽주는 이성계를 만나고 돌아오는 길에 이방원을 맞닥뜨립니다. 그리고 이들이 서로의 마음을 시조로 읊어 표현했다는 드라마틱한 이야기가 전해집니다. 이것이 〈하여가〉와 〈단심가〉지요. "이런들 어떠하며 저런들 어떠할까" 그러니 함께 새 나라를 세우자는 이방원의 말에 정몽주는 "이 몸이 죽고 죽어 일백 번 고쳐 죽어"도 그럴 수 없다고 답하지요. 결국 이방원은 정몽주를 회유하는 것이 불가능하다고 판단해 부하를 시켜 살해했습니다.

아들이 정몽주를 죽였다는 사실을 알게 된 이성계는 화를 참지 못했습니다. 아버지인 자신을 위한 일이 아니라는 생각에서였습니다. 그도 그럴 것이 진정으로 아버지를 위했다면 이방원은 정몽주를 소리 소문 없이 제거해야 했습니다. 사람들이 누가 정몽주를 죽였는지 짐작은 하더라도 알지는 못하게 말이지요. 하지만 이방원은 그렇게 하지 않았고, 결국 정몽주가 이방원에게 살

최소한의 한국사

해당했다는 사실이 만천하에 드러났습니다. 이성계의 심정이 어땠겠어요? 정몽주는 확실히 부담스러운 인물이었으니 이성계도 누가 그를 제거해주길 은근히 바랐을지 모르지만 이런 식으로 해서는 안 됐습니다.

이 일로 이방원이라는 인물이 급부상하게 됩니다. 혁명파 신진사대부들이 이방원을 주목하기 시작한 것이지요. 이성계 입장에서는 기분이 더 나쁠 수밖에 없었습니다. 주목을 받게 된 건 아들이고, 자기는 그 아들을 조종한 배후의 인물이 되어버린 거예요. 그러니까 얼마나 화가 났겠습니까. 대체 이 녀석은 왜 이런 짓을 저지른 거지, 싶었겠지요.

이성계가 그렸던 그림은 이방원으로 인해 많이 달라졌어요. 정도전도 이성계와 같은 생각이었습니다. 정몽주는 이성계만 보고 있다가 이방원이라는 변수에 당한 것이나 다름없었습니다. 이는 두 사람이 원하던 모양새가 아니었지요. 이성계는 자신의 진정성이 훼손되었다고 느꼈을 테고, 이때부터 이방원은 이성계의 스트레스 요인이 됩니다.

어쨌거나 정몽주가 사라지자 고려의 멸망을 막을 사람은 없었습니다. 신하들은 이성계에게 왕의 상징이라 할 수 있는 도장인 옥새를 받으라고 했지만, 이성계는 문을 걸어 잠근 채 아무도 들어오지 못하게 했습니다. 결국 신하들은 문을 부수고 들어갔고, 신하들의 간곡한 청에 이성계는 어쩔 수 없다는 듯 옥새를 받았습니다. 이성계는 옥새를 받음으로써 조선의 제1대 왕의 자리에 오르게 되었습니다. 새 나라 조선의 역사가 시작된 것이지요.

조선의 설계자, 정도전

1392년 개국한 조선은 한양이 아닌 개경에서 출발했습니다. 한 나라의 수도는 큰 의미를 지니는 곳이니 함부로 옮길 수 없어 우선 고려의 수도였던 개경에서 준비 기간을 가진 것이지요. 이성계는 2년 동안 개경에 머무른 뒤에 새로운 수도인 한양으로 천도를 했습니다.

새로운 나라에 걸맞은 새로운 수도 계획은 정도전의 몫이었습니다. 정도전은 한양 지도를 펼쳐놓고 머릿속으로 그림을 그리기 시작했어요. 그 위에 선을 하나 쭉 그으면 길이 나오고, 점을 하나 딱 찍으면 대문이 들어서는 거예요. 그때 만든 길과 대문을 우리는 아직도 사용하고 있습니다. 종로대로와 서울의 사대문이 모두 그의 설계에서 나온 작품이지요.

정도전은 유교의 나라를 세우려는 의지가 넘쳤던 사람입니다. 그래서 사대문 이름에도 유교에서 가장 중요하게 여기는 '인의예지仁義禮智'를 넣어요. 동쪽은 '인'을 넣어 흥인지문, 서쪽은 '의'를 넣어 돈의문, 남쪽은 '예'를 넣어 숭례문이라 지었습니다. 북쪽만 예외인데, 지혜는 겉으로 드러내는 것이 아니라고 해서

최소한의 한국사

'지' 대신 '맑을 청淸' 자를 썼습니다. 그래서 숙청문이라는 이름이 붙었다가 '편안할 정靖' 자로 바꾸어 숙정문이 된 겁니다. 그렇다면 유교에서 또한 중시하는 '신信'은 어디에 들어갔을까요? 이건 정도전 이후에 만들어졌습니다. 바로 해가 바뀔 때마다 제야의 종을 치는 곳, 보신각입니다. 보신각은 사대문 한가운데에 있지요.

조선의 법궁에 경복궁景福宮이라는 이름을 붙인 것도 정도전이었습니다. '경복'은 큰 복을 누리라는 뜻이고, 중심 건물인 근정전勤政殿의 '근정'은 정치에 부지런히 힘써야 한다는 뜻입니다. 임금은 항상 백성을 위한 정치를 해야 한다는 유교 사상을 조선 왕실을 상징하는 건물에 담은 것이지요.

이것만 봐도 정도전이 바라던 조선이 어떤 나라인지를 한눈에 알 수 있습니다. 마치 통일신라시대에 지어진 불국사가 부처님의 나라를 재현한 것처럼 정도전은 유교의 나라를 만들기 위해 깊은 고민을 하면서 한양을 설계했던 거지요. 한양에 자신의 꿈을 새겨넣은 것이나 마찬가지입니다.

　이성계의 브레인이 되어 조선을 설계한 정도전은 국왕 중심의 정치가 아니라 재상 중심의 정치를 꿈꿨습니다. 국왕은 바꿀 수 없어도 재상은 바꿀 수 있으니까요. 왕은 똑똑할 수도, 멍청할 수도 있습니다. 하지만 똑똑하지 않은 왕이라고 해서 함부로 바꿀 수는 없지요. 왕을 보필하는 재상은 다릅니다. 능력이 부족하면 얼마든지 바꿀 수 있고 그렇기 때문에 훌륭한 인재들이 계속 등용될 수 있었지요. 그래서 정도전은 훌륭한 재상이 있으면 왕이 조금 부족하더라도 나라가 잘 돌아갈 수 있다고 믿었습니다. 정도전에게 가장 이상적인 사회는 재상 중심의 정치가 이루어지는 사회였고, 이러한 정도전의 생각에 이성계도 동의했지요. 그래서 두 사람이 의기투합을 한 것입니다.

　고려시대에 오직 힘만을 앞세워 정변을 일으켜 정권을 장악한 무신들과 달리 조선을 건국한 이성계와 정도전은 힘과 비전을 모두 갖췄습니다. 무신정권은 100년밖에 가지 못했지만 조선은 500년이나 유지될 수 있었던 것도 여기에서 비롯된 차이겠지요. 정도전은 이성계가 위화도 회군을 하기 전부터 새로운 나라를 구상했습니다. 정도전이 설계한 것은 한양이 아닌 조선 왕조 그 자체였습니다.

　재상 중심의 정치를 펴기 위해서 정도전은 여러 일을 했습니다. 조선의 건국이념부터 정치, 경제, 사회, 문화 전반에 대해 기본 방향을 제시한《조선경국전》을 지었고, 전제국가가 당연했던 그 시절에 행정 권력을 견제할 수 있는 체계를 구축하고자 했지요. 하지만 이러한 정도전의 꿈은 이루어지지 못했습니다.

왕자의 난을 일으킨 이방원

조선을 건국했을 때 이성계의 나이는 환갑이 다 되었습니다. 그러니 후계자 정하는 일을 미룰 수 없었지요. 이성계에게는 아들이 여덟 명 있었는데, 조선을 건국하는 데 힘이 되어준 아들들을 제치고 놀랍게도 열 살밖에 안 된 막내아들이 세자로 책봉되었습니다.

정도전 역시 이 결정에 힘을 보탰습니다. 앞으로 재상 중심의 정치를 펼쳐야 하는데, 다른 아들들을 쭉 보니까 만만치가 않거든요. 특히 이방원은 정도전에게 가장 큰 방해물이었습니다. 재상 중심의 정치가 아니라 국왕 중심의 정치를 해야 한다고 믿었던 사람이니까요. 그래서 장성한 아들이 많은데 본처의 장남이 승계 일순위가 되는 적장자 계승 원칙도 무시하고 아무것도 모르는 막내를 후계자로 선택한 것입니다.

이 선택을 받아들일 수 없었던 이방원은 왕자의 난을 일으켰습니다. 조선 개국에 큰 공을 세웠는데, 아버지의 미움만 사고 가장 어린 동생에게 세자 자리까지 빼앗겼으니 참을 수가 없었던

거지요. '조선은 재상의 나라가 아니라 왕의 나라다!'라고 하면서
칼을 뽑아 들었습니다. 이방원은 정도전을 급습해 죽였습니다. 세
자를 포함해 이복동생 두 명도 모두 살해해 버렸지요.

이성계는 충격에 빠졌습니다. 누구든 거침없이 죽이고 빠르
게 권력을 장악해가는 이방원의 모습에 두려움을 느꼈던 것도 같
아요. 만약 이방원이 정몽주를 죽였을 때 이성계가 배후에 있었
다면 당연히 이방원에게 왕위를 물려줬을 거예요. 그런데 이성계
는 그렇게 하지 않았습니다. 이 얘기는 곧, 정몽주를 제거하는 일
이 이성계의 의도가 아니었음을 보여주는 것이기도 해요. 아마
이성계는 이방원이 자신과 논의도 없이 정몽주를 죽였을 때부터
직감했겠지요. '아, 이 녀석은 왕이 되고 싶은 것이로구나. 그러기
위해서는 무슨 짓이든 하겠구나.' 그래서 아들인 이방원을 경계

했을 겁니다.

1차 왕자의 난의 결과로 이성계는 상왕으로 물러나며 살아 있는 아들 중 가장 나이가 많은 이방과에게 왕위를 물려주었습니다. 그가 바로 제2대 왕 정종입니다. 하지만 정종도 3년 후에 이방원에게 왕위를 물려주고 물러났어요. 이미 이방원이 실권을 쥐고 있었거든요. 길고 험난한 과정을 거쳐 드디어 왕이 된 이방원, 조선 제3대 임금인 태종입니다.

이방원이 왕위에 오르는 모습을 보기가 싫었던 이성계는 고향인 함경남도 함흥으로 가버립니다. 이방원에 대한 분노가 그만큼 컸던 거예요. 자기가 존경했던 정몽주도, 자기가 의지했던 정도전도 이방원이 죽였잖아요. 심지어 아들 둘도 이방원에게 잃었습니다. 아버지로서 너무 불행한 일이었지요.

태종 이방원은 아버지의 노여움을 풀고 다시 모셔 오기 위해 몇 번이나 차사를 보냈습니다. 그런데 누구든 한번 가면 돌아오지를 않더래요. 이성계가 활로 쏘아 죽이거나 가둬버린다는 거예요. 여기서 나온 말이 심부름을 가서 오지 않거나 늦게 온 사람을 이르는 '함흥차사'입니다.

태종은 아버지의 인정을 받기 위해서 갖은 노력을 다합니다. 이성계와 무척 가까웠던 승려 무학대사까지 동원하죠. 무학대사가 찾아와 부탁하니 이성계도 거절하지 못한 모양이에요. 결국 이성계는 한양으로 돌아오게 됩니다.

이 과정도 순탄하기만 했던 것은 아니었습니다. 전해 내려오는 이야기에 따르면 태종이 아버지를 맞이하러 나갔는데 이성계가 마중 나온 아들을 향해 화살을 쐈다고 합니다. 아들을 죽일 수 있는 마지막 기회라고 생각한 거예요. 이성계는 백발백중의 명사수였지만, 아무래도 태종은 죽을 목숨이 아니었나 봅니다. 왕의 행차를 위해 세워둔 천막 기둥 뒤로 숨어서 화살을 피한 거예요. 측근인 하륜의 조언을 듣고 천막 기둥을 큰 것으로 세우도록 지시했는데, 덕분에 목숨을 건진 거지요. 그 모습을 본 이성계는 "하늘의 뜻이 너를 택했구나" 하고는 이방원을 왕으로 인정했다고 합니다. 태종이 태조를 맞이하러 나갔다고 이야기되는 곳이 바로 서울 성동구의 살곶이 다리입니다. 화살이 날아와 꽂힌 곳이라는 뜻이지요. 이성계와 이방원의 갈등이 얼마나 심했는지 보여주는 단적인 장면입니다.

최소한의 한국사

조선 전기 태평성대

◆

통치체제 확립과 문화 발전

태종의 왕권 강화

그토록 바라던 왕위에 오른 태종은 왕권 강화에 온 힘을 기울였습니다. 조선이 왕의 나라임을 보여주기 위해서였죠. 가장 먼저 한 일은 사병私兵을 혁파하는 것이었습니다. 사병은 권력을 가진 개인이 사사로운 목적으로 부리는 병사로, 태종이 권력을 장악하는 데 가장 힘이 되어준 존재이기도 했지요. 이성계가 데리고 있었던 친위 부대를 일부 하사받고, 자신도 그런 조직을 만들었기 때문에 태종은 막강한 무력을 가질 수 있었어요. 그러니까 태종은 사병이 왕권에 얼마나 위협이 되는지 누구보다 잘 알고 있었습니다. 자기가 그걸 이용해서 왕위를 찬탈했으니 이제 더 이상은 그런 일이 없어야 하는 거예요. '나는 되지만, 너희는 안

돼!' 하는 마음으로 사병을 전부 빼앗아 버리지요.

그다음으로는 재상들과 논의하지 않겠다는 입장을 보여줍니다. 바로 6조 직계제를 시행한 것이지요. 원래대로라면 왕이 재상들의 합의 기관인 의정부를 거쳐서 명령을 내리거나 보고를 받아야 하는데, 그렇게 하지 않은 겁니다. 무슨 말이냐면 나랏일은 영의정, 좌의정, 우의정 등의 재상들과 먼저 논의한 다음에 재상들이 사인을 해주면 행정 실무 관청인 6조로 내려가는 식이었는데, 태종이 그걸 거부한 것입니다. 왜 재상들하고 이야기를 해야 하느냐는 거예요. 조선은 왕의 나라이니 왕이 명령을 내리면 그냥 하라는 말이지요. 반대로 왕에게 보고를 할 때도 해당 관청에서 직접 하게끔 했습니다. 한마디로 의정부 패싱이라고 할 수 있어요. 왕 중심의 정치가 이루어지도록 체계를 바꾼 것이지요.

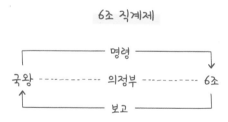

6조 직계제

이렇게 왕권을 강화하는 과정에서 태종은 손에 피를 정말 많이도 묻혔습니다. 왕권에 도전하는 세력은 살려두지 않았어요. 그 사람이 누구든 상관없었습니다. 정몽주를 죽이고 정도전을 죽일

최소한의 한국사

때처럼 목숨을 내걸고 함께 싸웠던 충신이었다 하더라도 왕권에 방해가 된다면 가차 없이 죽였습니다. 그중에는 자기 부인의 형제들인 민씨 세력도 있었습니다. 그 이유도 황당합니다.

《조선왕조실록》을 보면 왕이 아들에게 자기 자리를 물려주겠다는 액션을 자주 보입니다. 이제 그만 왕위를 물려주고 은퇴하겠다는 거예요. 그럼 신하들은 어떻게 해야 할까요? 계속 그 자리를 지켜달라고 해야겠지요. 속마음은 그렇지 않더라도 말려야 돼요. 그런데 태종이 세자에게 선위하겠다고 하니까 민씨 세력들이 웃었대요. 기록에 남아 있기를, 표정이 좋았다고 합니다. 그래서 죽였다고 해요. 이런 일이 있었기 때문에 이후에 태종이 다시 선위를 말하면 다들 적극적으로 말렸어요. 선위의 시옷 자만 꺼내도 세자와 신하들이 그 말을 거두어달라면서 애원했습니다. 사극을 보면 "아니 되옵니다!" 하면서 신하들이 사정을 하잖아요. 태종이 그런 선례를 만든 거예요.

어찌 되었던 권력을 위해서라면 피도 눈물도 없었던 태종으로 인해 조선의 왕권은 안정됐습니다. 하지만 아무리 강한 권력을 가진 태종에게도 마음처럼 되지 않는 일이 하나 있었지요.

적장자 세자를 폐위한 이유

정상적인 절차로 왕위에 오르지 못했던 태종은 그것이 나름의 아킬레스건이었던 것 같습니다. 그래서 자기는 어쩔 수 없었지만, 다음 왕에게는 어떻게든 정상적인 절차로 왕위를 물려줘서 왕실을 안정화하고 싶었겠지요. 그래서 첫 번째 부인의 첫 번째 아들인 적장자 양녕에게 왕위를 물려주려고 여러 모로 노력했습니다.

그런데 양녕이 아빠를 아주 빼다 박은 거예요. 술도, 여자도, 사냥도 좋아했어요. 그러다 보니 사고를 많이 쳤습니다 골치 아픈 아들이었지요. 당연히 평판이 좋지 않았고요. 태종은 어떻게든 아들의 방패가 되어주려 했습니다. 피의 숙청을 벌이는 사람이었지만, 자식 사랑만큼은 남달랐거든요. 그런데 아버지의 노력에도 아들은 나아질 기미가 보이지 않았습니다.

계속 기행을 일삼던 양녕은 궁에 양반의 첩을 데려오기까지 했습니다. 유교의 나라 조선의 세자가 자기 권력을 이용해서 삼강오륜을 어기고 다른 사람의 첩을 빼앗은 거예요. 절대 있을 수 없는 일이었지요. 다른 사람이 그래도 손가락질을 받을 텐데 장차 왕이 될 사람이 그런 짓을 했으니 신하들이 얼마나 숙덕거렸겠어요. 태종 눈치를 보느라 말은 못했지만, 다들 속으로는 '이건 진짜 아니지 않나' 했을 거예요.

태종은 그 사실을 뒤늦게 알았지요. 원래 성격대로라면 노발대발하며 큰 벌을 내려야 하는데, 야단을 치고 근신을 명하는 선에서 마무리합니다. 이렇게 계속 봐주는 아버지에게 양녕이 편지한 통을 올립니다. 그런데 반성의 편지가 아니라 원망의 편지였어요. "전하께서는 수많은 여자를 궁궐에 들이시면서 왜 저는 한 명도 못 들이게 하십니까?"라고 하거든요. 더 기가 막힌 내용은 편지의 마지막에 나옵니다. "제 첩 하나를 내쫓으려다 잃는 것은 많고 얻는 것은 적을 것입니다." 협박이나 다름없는 내용이었지요. 이런 식으로 나오면 나중에 좋지 않을 거란 뜻이잖아요.

양녕의 편지를 받은 태종은 어쩌면 계속 미뤄왔을지 모를 그 결정을 내리고야 말았습니다. 세자를 폐위시키기로 한 것입니다. 어떻게든 지키고자 했던 적장자 계승 원칙을 버린 것이지요. 이 때 태종이 참 많이 울었다고 해요. 왕위를 물려주면 안 된다는 것은 알지만, 아들을 아끼는 마음은 분명 컸던 거예요.

세자 자리는 셋째 아들인 충녕에게 돌아갔습니다. 건강이 염려될 만큼 공부를 열심히 했고, 인성 면에서도 신하들이 항상 칭찬하는 인물이었기 때문입니다. 결과적으로는 무척 잘된 일이지요. 이 충녕이 훗날 조선 전기 태평성대를 연 제4대 왕 세종이 되거든요. 태종이 결단을 내리지 않았다면 사실 세종이라는 위인은 나올 수가 없었지요.

세종이 원하는 정치를 원 없이 펼친 것 또한 어쩌면 태종의 덕인지도 모릅니다. 태종은 왕권에 조금이라도 위협이 될 만한 사람이 있다면 모두 죽여 없앴어요. 외척이든 공신이든 상관하지 않았습니다. 훗날 아들의 앞날에 그 어떤 걸림돌도 없도록 해준 거지요.

물론 태종도 아들 덕을 봤습니다. 너무 많은 사람을 죽인 태종에 대한 평가까지 바꿀 수 있었던 것이 바로 세종의 존재예요. 세종이 없었더라면 태종이 어떤 모습으로 역사에 남았을지 굉장히 궁금합니다.

조선 최고의 성군, 세종

세종은 아버지와 정말 달랐습니다. 세종의 큰형 양녕이 아버지를 닮아 사냥을 좋아한 것과 달리 세종은 사냥은커녕 운동 자체를 즐기지 않았어요. 가만히 앉아 책 읽는 걸 좋아하는 독서광이었지요. 게다가 세종이 특히 좋아한 음식은 고기였습니다. 그중에서도 소고기를 참 좋아했어요. 밥상에 고기가 없으면 밥을 안 먹었을 정도였다고 합니다. 이와 관련한 일화도 있습니다.

당시에는 왕이 죽으면 일정 기간 동안 고기를 먹을 수 없었습니다. 그런데 태종은 떠날 때가 되니 세종이 걱정되었어요. 아들의 식성을 잘 알고 있었으니 자신의 상 중에 아들이 얼마나 힘들까 하는 생각이 든 것이죠. 그래서 미리 유언을 남겼습니다. 자기가 죽더라도 세종이 고기를 먹을 수 있도록 하라고 명한 거예요. 태종의 자식 사랑이 이렇게 끔찍했어요.

두 사람은 정치 스타일도 완전히 달랐습니다. 세종은 조선시대 최고의 소통왕이에요. 재상들과 소통하는 것을 아주 중시했습니다. 왕이 했던 말을 그대로 기록한 실록을 보면 왕이 어떤 말을 자주 했는지 알 수 있어요. 《세종실록》에 정말 많이 나오는 대사가 바로 이것입니다. "경의 의견은 어떠한가?" 세종은 이 말을 거의 습관처럼 반복했습니다.

세종은 자꾸 묻고, 많이 듣는 왕이었어요. 경청하는 스타일이었습니다. 여러 사람과 논의하는 과정을 거친 다음에야 최종 판단을 내리는 거예요. 태종은 자기가 결정하고 밀어붙이는 스타일이었으니까 아버지랑은 정반대인 거지요. 그런 세종에게는 나랏일을 함께 고민하고 소통할 사람들이 필요했습니다. 그래서 의정부 서사제를 시행합니다. 태종은 의정부를 건너뛰는 6조 직계제를 도입했는데, 세종은 의정부에서 대신들과 이야기하겠다는 거예요. 태종 때와 달리 의정부의 권한이 강해졌지요. 그리고 좋은 인재를 등용하기 위해서 집현전도 설치했고요.

의정부 서사제

```
              재가              명령
국왕 ⇌ 의정부 ⇌ 6조
              건의              보고
```

세종은 워낙 업적이 많습니다. 재위 기간 내내 너무나 많은 일을 했거든요. 문화 업적이 널리 알려져 있지만 군사적 업적도 출중합니다. 압록강과 두만강으로 최윤덕과 김종서를 보내 여진족을 몰아내고 4군 6진을 개척했어요. 지금의 한반도 지도는 세종 때 만들어졌다 해도 과언이 아닙니다. 그런가 하면 대마도를 정벌해서 고려 말부터 극성을 부리던 왜구를 몰아내기도 했습니다. 그러니 백성들에게도 평화가 찾아왔지요.

세종의 관심사는 무궁무진했는데, 과학기술 발전에도 많은 힘을 쏟았습니다. 세종 이전까지 우리는 시간에 대한 주권이 없었어요. 중국 역법을 그대로 받아 와서 썼거든요. 중국이랑 우리나라 사이에 시차가 있으니까 이 달력도 당연히 오차가 있었어요. 조선은 농업국가라 농사가 중요한데, 중국 달력을 사용하니 씨를 뿌려야 되는 시점이나 물을 대야 하는 시점 같은 것들이 조금씩 안 맞았지요. 세종은 직접 천문과 수학을 공부하고 학자들과 함께 연구해서 한양을 중심으로 한 역법을 만들어냈습니다. 그게 바로 《칠정산》이에요. 세종 때 비로소 시간에 대한 주권을 찾은 거예요.

사실 지금도 우리는 우리 시간을 쓰지 못하고 있어요. 동경시를 쓰고 있잖아요. 실제로는 분명 30분이라는 시차가 있는데 공식적으로는 일본과 시간이 같거든요. 세종이 이 사실을 안다면 의아하게 생각할 것 같아요. "왜 우리 시간을 안 써?" 하시겠지요. 이제 와서 바꾸려면 불편하기도 하고 천문학적인 비용이 들어가니까 현실적으로 쉽지는 않겠지만, 세종의 관점에서 본다면 옳은 일은 아니겠지요.

　세종은 시간 주권을 찾았을 뿐만 아니라, 그 주권을 백성들에게 나눠주기도 했습니다. 백성들은 시간을 알 수가 없었어요. 환경의 변화를 통해 짐작하기만 했습니다. 해가 지면 집에 돌아갈 시간이고, 해가 뜨면 일어날 시간인 거예요. 세종은 '앙부일구'라는 해시계를 만들어서 종로대로 한복판에 설치했어요. 지나가는 사람 누구나 시간을 볼 수 있도록 만들어놓은 겁니다.

　물시계인 자격루, 측우기, 수표교도 전부 세종의 명으로 만들어진 것입니다. 목적은 하나, 바로 백성들의 더 나은 삶을 위해서였습니다. 세종은 소통의 왕이자 애민의 왕이었어요. 훈민정음도 백성들이 자신의 생각을 마음껏 표현하고 서로 소통할 수 있도록 하기 위해 만들었잖아요. 세종은 처음부터 끝까지 백성들을 아끼는 마음으로 나랏일을 했던 것 같아요. 스스로 어떤 왕이 되어야 할지 끊임없이 고민한, 조선 최고의 성군이라 할 만합니다.

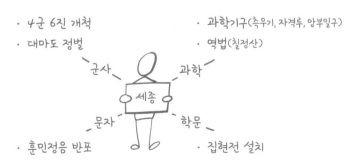

- 4군 6진 개척
- 대마도 정벌
- 과학기구(측우기, 자격루, 앙부일구)
- 역법(칠정산)
- 군사 / 과학
- 세종
- 문자 / 학문
- 훈민정음 반포
- 집현전 설치

한글의 탄생, 훈민정음 창제

하지만 세종의 가장 큰 업적을 말하라 하면 훈민정음의 창제를 꼽을 것입니다. 세종은 많은 인재와 함께하기 위해 집현전을 설치했습니다. 모을 집輯, 현명할 현賢, 전각 전殿. 즉, 똑똑한 사람을 모아놓은 전각이라는 뜻이지요. 집현전은 국왕 자문기관이자 학문 연구 기관이었습니다. 이곳에 모인 조선 최고의 학자들은 학문에 힘쓰며 세종과 함께 나랏일을 의논했고, 그 과정에서 우리 민족의 역작인 한글이 탄생했지요. 훈민정음이 탄생하는 과정은 결코 녹록지 않았어요. 대신들의 반대가 워낙 심해서 다 만든 뒤에도 반포하기까지 몇 년이나 걸렸습니다. 그만큼 저항이 컸다는 거지요.

당시 대제학이었던 최만리가 훈민정음 창제를 반대하며 올린 상소를 보면 이런 내용이 있습니다. "고유의 문자를 만드는 것은 중화사상에 어긋나옵니다. 학문 발전에 도움이 되지 않습니다." 하지만 그의 우려와 달리 훈민정음은 민족 문화를 꽃피우는 원동력이 됐어요. 최만리는 중화주의 세계관에 갇혀 시대 너머를 상상하지 못했던 것이지요. 이런 이야기를 듣다 보면 '지금 나의 시야는 어디에 머물러 있을까' 하는 서늘한 생각이 듭니다.

지금 우리 사회에도 수많은 이슈가 있습니다. 찬성하는 이슈도 있고, 반대하는 이슈도 있겠지요. 그럴 때 한번쯤 100년, 혹은 200년 뒤의 세상은 어떨지 생각해 보면 어떨까요? 나의 시선이

향하고 있는 곳을 점검해 보기 위해서요. 최만리도 나쁜 마음에서 저항한 것은 아니었을 것입니다. 그 역시 그 시대에 최선을 다해서 산 사람일 거예요. 당시 동아시아 세계는 중국을 중심으로 돌아갔어요. 당연히 최만리처럼 생각하는 사람이 많았겠지요. 하지만 어떤가요? 시간이 흐른 뒤에 보면 지금은 옳다고 믿었던 생각이 나중에는 굉장히 편협한 시선이었다는 것을 깨닫게 될 때가 있습니다. 그래서 시선을 점검하는 시간이 필요한 것입니다. '나의 시선은 과연 미래를 향하고 있을까?' 하는 물음을 던져봐야겠지요. 세계에서 가장 우수한 문자로 평가받는 훈민정음이 태어나기 위해 이러한 산고를 겪은 것도 그 당시 양반들이 지닌 시선의 문제였겠지요.

강한 저항에도 세종이 훈민정음을 창제한 이유는 유교의 나라를 완성시키고자 하는 욕구 때문이었습니다. 세종 10년, 진주에 사는 한 남자가 아버지를 죽이는 패륜을 저질렀어요. 많은 사람이 충격을 받았지요. 세종은 백성들에게도 유교 윤리를 가르쳐야겠다고 생각했습니다. 세종의 뜻에 따라 나온 것이《삼강행실도》입니다.《삼강행실도》는 왕과 신하, 부모와 자식, 남편과 아내에게 모범이 될 만한 충신, 효자, 열녀의 이야기를 모아 만든 그림책이에요. 백성들이 이해하기 쉽도록 그림을 넣은 거지요. 하지만 그림과 같이 써 넣은 글은 모두 한자였습니다. 글을 모르는 대부분의 백성은 읽을 수가 없었어요. 이런 안타까움이 세종에게는 훈민정음 창제의 필요성을 깨닫는 계기이자 원동력으로 작용한 것입니다.

세조의 계유정난

세종에 이어 조선의 역사상 처음으로 적장자인 제5대 왕 문종이 왕위에 오릅니다. 문종은 아버지인 세종을 무척 많이 닮았고, 세종의 건강이 악화될 무렵부터 대리청정을 시작해 무려 7년간 아버지 대신 나랏일을 직접 돌보았기 때문에 이미 검증된 왕이었다고 할 수 있지요. 하지만 몸이 약해서 왕위에 오른 지 2년만에 죽고 말았습니다. 문종이 조금만 더 오래 살았다면 세종이 이룩한 태평성대를 지속할 수 있었을 텐데 안타까운 일이지요.

문종의 아들인 단종은 열한 살의 어린 나이로 조선 제6대 왕이 되었습니다. 그런데 단종의 자리를 노리는 이가 있었어요. 세종의 둘째 아들이자 문종의 바로 아래 동생인 수양대군입니다. 수양대군은 태종 이방원을 이을 만한 권력의 화신이에요. 왕이 되고자 하는 야심을 숨기고 있다가 형이 죽자마자 발톱을 드러냈지요. 당시 조선의 왕실에는 단종을 지켜줄 만한 어른이 하나도 없었어요. 할아버지, 할머니, 아버지, 어머니가 모두 죽고 없는 상황이니 단종에게는 왕이 되겠다고 덤비는 삼촌을 이겨낼 힘이 없었습니다.

결국 수양대군은 쿠데타를 일으켜 조카를 쫓아내고 왕위에 오릅니다. 이 일의 출발이 '계유정난癸酉靖難'이에요. 계유년에 일어난 난을 깨끗하게 정리했다는 뜻입니다. 뭔가 이상하지요? 자기들이 난을 일으켜놓고 그걸 정리했다고 하니 말입니다. 계유정난은 역사가 승자의 기록이라는 사실을 여실히 보여주는 말이에요. 계유정난 이후 제7대 왕 세조로 즉위한 수양대군 입장에서 볼 때 계유정난은 자신이 혼란을 정리하고 나라를 편안하게 한 사건이지요.

하지만 수양대군이 왕위에 오르는 과정에서 수많은 사람이 죽었어요. 그 배후에는 한명회라는 인물이 있었습니다. 수양대군의 책략가라고 할 수 있지요. 한명회는 수양대군을 도운 공으로 평생 엄청난 권력을 휘두르며 살았습니다. 수양대군의 오른팔 같은 인물이 하나 더 있었는데 바로 신숙주입니다.

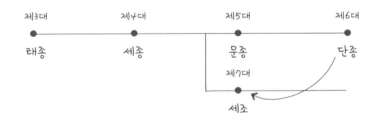

신숙주는 단종의 할아버지 세종이 아끼던 학자였습니다. 집현전에서 늦게까지 책을 읽다가 잠이 들었는데, 그 모습을 본 세

종이 곤룡포를 벗어 덮어주었다는 일화가 유명하지요. 세종은 죽기 전에 신숙주에게 문종을 잘 보필해 달라고 부탁까지 했지만 신숙주는 세조에 의해 유배당한 단종을 처형해야 한다고 주장했습니다. 결국 단종은 왕위를 빼앗긴 지 2년 만에 사약을 마셔야 했습니다. 그때 단종의 나이가 열여섯이었어요.

그런가 하면 단종 복위를 위해 목숨을 바친 사람들도 있습니다. 세조의 신하가 되기를 끝까지 거부하고 목숨을 잃은 여섯 명의 신하가 있는데 이들은 이후 사육신死六臣으로 불리며 충절의 상징으로 남았습니다. 이처럼 계유정난은 배신과 의리, 성공과 비극이 교차하는 한 편의 드라마와도 같았어요. 피로 얼룩진 드라마라고 할 수 있겠지요.

태종만큼 손에 많은 피를 묻히며 왕위에 오른 세조는 태종이 그랬던 것처럼 왕권 강화에 힘썼습니다. 계유정난은 명분이 없는 쿠데타였거든요. 힘으로 신하들을 눌러야 했던 세조는 6조 직계제를 되살렸습니다. 다시 소통에서 불통으로 간 거지요. 그래서 집현전을 없애고, 신하들과 학문을 논하는 자리인 경연도 폐지했습니다.

물론 세조에게 업적이 없는 것은 아닙니다. 세조는 강력한 정치 질서를 세우기 위해 법전을 만들고자 했어요. 새로운 시대를 열려면 법이 필요하거든요. 조선시대의 기본법전인《경국대전》편찬 사업은 세조의 명으로 시작됐습니다. 이것이 훗날 제9

대 왕 성종 때 완성된 것이지요.

조선의 체제를 완성한 성종

조선 발전 과정을 살펴보면 고려와 굉장히 비슷합니다. 고려 건국 초기, 왕건이 함께 나라를 세운 호족들이 있어 힘이 약했던 것처럼 조선도 마찬가지였습니다. 이성계는 정도전 같은 신하들과 함께 조선을 건국했기 때문에 왕권이 미약했습니다. 고려에서는 광종이 피의 숙청을 단행하면서 왕권을 강화했고, 성종이 나타나 태평성대를 일궈냈어요. 조선에서는 태종이 광종과 같은 역할을 했지요. 그런데 그것만으로는 부족했는지 세조가 또 한 번 피바람을 일으킨 다음에야 성종이 등장합니다.

'이룰 성'이 붙은 만큼 성종 역시 업적이 많은데, 세종이라는 엄청난 인물에 가려 티가 안 나는 것 같습니다. 게다가 성종의 아들이 연산군인 탓에 폭군의 아버지라는 이미지가 강해진 것도 하나의 이유겠지요.

성종의 가장 큰 업적은《경국대전》을 완성하고 조선의 시스템을 완벽하게 정비한 것입니다. 성종은 조세징수부터 인재등용 절차, 교육과 국방 등 전 분야의 제도를 완비하며 조선의 전성기를 이끌었습니다.《경국대전》은 나라를 다스리고 사회질서를 유지하는 기준이 됐어요. 이 시대에는《경국대전》외에도 수많은 서적이 편찬됐습니다. 각 분야의 자료들을 집대성한 책이 쏟아져 나오니 자연히 문화가 융성했지요.

성종의 바람은 조선을 유교의 나라로 만드는 것이었습니다. 세조가 집현전을 없애버렸기 때문에 홍문관을 세워서 그 역할을 담당하게끔 하고, 중단됐던 경연도 다시 시작했어요. 성종은 신하들과 유교 경전에 대해 이야기하는 것을 무척 좋아했습니다. 오전에 한 번, 오후에 한 번, 저녁에 한 번. 하루에 세 번이나 진행되는 경연을 꾸준히 잘해냈어요. 세종보다 자주 신하들을 만난 거예요. 비교가 안 되는 횟수입니다. 심지어 '야대'라고 해서 밤중에 신하들을 불러 경연을 하기도 합니다.

물론 일만 했던 건 아니에요. 야대가 끝나면 술자리와 후궁들이 성종을 기다리고 있었지요. 성종은 술과 여색을 굉장히 좋아하는 왕이었습니다. 왕에게 요구되는 덕목 중 하나가 후손을 많이 남기는 것이었으니, 어쩌면 왕의 역할에 충실했던 인물이라고도 할 수 있겠지요.

성종은 세종 이후에 다시 한번 소통의 시대를 만들면서 조선의 문화를 정비한 왕이었습니다. 그렇게 해서 유교의 나라를 지향하는 조선의 기틀이 자리 잡게 되었죠. 성종 때에 이르러서 단일 왕조로 500년을 이어온 조선의 기틀이 완성되었다고 할 수 있습니다.

사림의 성장

유교 정신의 확산과 지방 선비들의 등장

유교 윤리의 확산

유교를 바탕으로 한 조선의 문화는 성종 때부터 시작한다고 해도 과언이 아니에요. 성종은 학문과 정치사상으로만 존재했던 유교 윤리가 백성들의 삶 속에 자리 잡을 수 있도록 갖은 노력을 다했습니다. 그 결과, 오랜 시간 불교와 민간신앙을 믿어온 백성들 사이에도 유교 의식과 윤리 규범이 서서히 퍼지기 시작했어요. 성종의 시도는 성공적이었지만, 여성의 지위가 하락하는 출발점이기도 했습니다.

성리학은 정통과 명분을 따지는 학문이에요. 왕과 신하가 있으면 왕이 정통이고, 양반과 상놈이 있으면 양반이 정통이고, 명과 조선이 있으면 명이 정통이에요. 그러니까 사대를 했던 것이죠. 남자와 여자 중에서는 남자를 정통으로 봐요. 그래서 여자는 태어나면 아버지를 따르고, 결혼하면 남편을 따르고, 남편이 죽으면 아들을 따라야 한다고 생각했습니다. 성리학에서 말하는 올바른 여성의 모습이 그랬어요. 이런 의식을 주입한 사람이 성종입니다.

성종은 연산군의 아버지인데, 연산군이 아주 어렸을 때 연산군의 친모이자 당시 왕비를 폐비시키고 사약까지 내렸습니다. 전하는 이야기에 따르면 폐비 윤씨가 질투심에 사로잡혀 성종과 다투다가 성종의 얼굴에 손톱자국을 냈다고 합니다. 게다가 성종의 어머니인 인수대비는《내훈》이라는 책까지 펴내 부녀자가 지켜야 할 덕목을 강조한 인물이니 당시 분위기가 어땠겠습니까. 결국 폐비가 되었지요.

이뿐만 아니라 어우동 사건을 봐도 성종의 생각이 어땠는지 알 수 있습니다. 어우동 사건은 어우동이라고 불리던 한 여성이 왕족과 양반을 포함한 수많은 남성과 간통을 저질러 사회적으로 물의를 일으킨 일이에요. 당시 사회에서는 엄청난 스캔들이었지요. 성종은 어우동을 강력하게 처벌했습니다. 어우동은 귀양을 갔다가 사형을 당해요. 하지만 사건에 연루된 남성 대부분은 유야무야 다시 조정으로 돌아왔지요. 성종은 과부의 재가를 법으로 금지하기도 했습니다. 정절이 무엇보다 중요하다면서요. 그러니까 여성 억압 기제의 출발은 성종 대라고 보면 돼요.

최소한의 한국사

성리학은 각자의 역할을 나누고, 모두가 그 역할에 맞게 살아야 한다고 말하는 학문입니다 그게 이상적인 사회라고 봤어요. 남자는 남자답게, 여자는 여자답게 살아야 세상의 이치와 조화가 맞다고 본 거지요. 이런 일들은 지금 우리의 눈으로는 이해하기 어렵지만 유교의 나라를 지향했던 성종은 그 목표를 위해 자신의 의무를 다했던 거라고 봐야 하겠습니다. 이러한 성종의 노력으로 유교 국가로서 조선의 체제가 성립되었으니까요.

피바람을 부른 폭군, 연산군

일찍이 정도전이 재상 중심의 정치를 부르짖은 이유, 기억하시나요? 왕이 언제나 똑똑한 인물은 아닐 것이라는 이야기 말입니다. 그의 우려가 실현되는 때가 오고야 말았습니다. 성종의 뒤를 이어 제10대 왕 연산군이 즉위합니다. 잔인하고 기이한 행적으로 조선 최악의 폭군이라는 불명예스러운 수식어를 얻은 인물이지요.

폐비 윤씨가 성종의 사약을 받고 죽으면서 비극은 이미 시작됐다고 봐야 합니다. 연산군은 자신의 어머니가 어떻게 죽었는지 알게 된 뒤로 피의 복수를 감행했어요. 생모를 폐비시키는 일에 관여한 사람들을 모조리 찾아내서 죽였습니다. 그 행동을 문제 삼는 사람이 있으면 그 사람도 죽였어요. 나중에는 아무 이유

없이 멋대로 사람을 죽이기까지 했습니다. 그러니 목숨을 잃을까 두려워 아무도 연산군에게 옳은 말을 하지 못했지요. 이 미쳐버린 연산군 시대를 상징하는 단어가 두 개 있습니다. 하나는 '젓갈'이고, 하나는 '흥청망청'이에요.

연산군은 자신의 어머니의 죽음에 성종의 후궁인 엄씨와 정씨가 연루되어 있다는 말을 듣고 한밤중에 직접 두 사람을 잡아와 마구 때렸습니다. 그리고 그들의 아들들도 불렀어요. 연산군은 그들에게 이렇게 명령합니다. "이 죄인을 쳐라!" 누군지 알려주지도 않고 무조건 때리라는 것이었지요. 한 아들은 자기 앞에 있는 사람이 어머니인 줄도 모른 채 몽둥이를 들어 때렸습니다. 다른 아들은 어머니라는 것을 눈치채고 차마 때리지 못했어요.

그 모습을 지켜보던 연산군은 사람을 시켜서 엄씨와 정씨를 마구 쳐 죽였습니다. 이것만으로도 참혹한데, 그 시신을 갈기갈기 찢은 뒤 소금을 뿌려서 젓갈로 담그라는 명령까지 내렸어요. 전부 《연산군일기》에 기록된 내용입니다. 인간이 어떻게 이럴 수 있나 싶을 만큼 끔찍한 일이지요.

나랏일에 전혀 신경을 쓰지 않았던 연산군은 술과 여자에 빠져 하루가 멀다 하고 잔치를 벌였습니다. 춤과 노래, 용모가 뛰어난 기생들을 뽑아 '흥청'이라 이름 붙이고, 궁 안을 놀이터로 만들어 즐겼지요. 여기에서 나온 말이 바로 흥청망청이에요. 흥청들에게 돈을 물 쓰듯 썼던 연산군은 아예 여자를 뽑아 오는 관직까지 만들었습니다. 아내든 딸이든 마구잡이로 잡아가니 힘없는 백성들은 그저 원망하고 통곡할 뿐이었지요.

연산군의 폭정은 날로 더해갔습니다. 제동을 거는 사람이 아무도 없었으니까요. 결국 연산군은 조선 역사상 최초로 신하들에 의해 폐위되었습니다. 더 이상 이런 임금을 모실 수 없다고 판단한 이들이 중종반정을 일으켜 연산군을 쫓아내고, 성종의 둘째 아들이자 연산군의 이복동생인 중종을 제11대 왕으로 올린 것입니다. 막장으로 치닫던 연산군의 시대는 이렇게 막을 내렸습니다.

정치 세력 사림의 등장

1506년 연산군이 폐위되었으니 지금까지 다룬 내용이 조선 초기 약 100년 역사입니다. 15세기의 모습들이죠. 태조 이성계와 함께 새 왕조를 세운 혁명파 세력들은 조선의 기틀을 다지는 데 큰 역할을 했습니다. 그 공을 인정받아 공신이 되었고요. 그리고 그들의 후손들도 왕의 곁에서 실무를 담당하며 중앙 정치를 이끌어갔습니다.

하지만 어떤 집단이든 시간이 지나고 나면 고인물이 돼요. 정도전을 비롯한 혁명파 사대부들은 새로운 마음가짐으로 조선을 건국했지만, 주류가 된 지배층은 결국 권력을 독점하며 세력 강화에만 몰두했습니다. 개혁을 성공한 지 100년 정도가 되니까 이제 이들이 기득권이 된 것이죠.

이들을 견제하기 위해 새로운 세력이 서서히 모습을 드러내기 시작했습니다. 조선 건국에 참여하지 않은 온건파 사대부들의 후예들이었죠. 온건파 사대부들은 고려가 멸망하자 정치를 포기하고 지방으로 내려가 학문 연구와 후진 양성에 힘썼습니다. 서원을 세워 제사를 지내고 수많은 제자를 키웠지요. 중앙에 진출하지는 못했어도 지방은 꽉 잡고 있었어요. 이들을 '사림士林'이라고 합니다. 16세기부터는 이 사림들이 권력을 장악했습니다.

물론 사림이 손쉽게 권력을 장악한 것은 아니었습니다. 사림이 중앙으로 진출하며 공격을 해오니 기존 세력들은 당연히 사림을 짓밟으려 했겠지요. 그래서 일어난 것이 '사화士禍'입니다. 말그대로 사림이 화를 입었다는 뜻으로 큰 사화가 네 번이나 일어났지요.

연산군 때에 두 번 일어났는데, 그중 하나가 연산군이 자신의 생모인 폐비 윤씨의 죽음과 관련된 사람들을 모조리 찾아내 죽인 사건입니다. 사림이 폐비 윤씨의 죽음과 관계가 있었거든요. 그런데 이때 광기에 휩싸인 연산군이 사림뿐만 아니라 너 나 할것 없이 죽이는 바람에, 결국 중종반정이 일어난 것이죠.

이후 두 번의 사화를 더 거치면서 사림은 굉장히 큰 피해를 입었습니다. 하지만 지역을 기반으로 꾸준히 세력을 다진 덕분에 무너지지 않았고, 선조 대에 이르러 마침내 권력을 잡게 됩니다.

최소한의 한국사

그래서 어찌 보면 조선은 사림의 나라라고 할 수 있습니다. 15세기까지는 혁명파에서 이어져 온 훈구에게 힘이 있었지만, 16세기부터는 사림이 계속해서 나라를 이끌어가거든요. 조선이 멸망할 때까지는 사림이 조선 정치계의 주류를 차지했죠.

그 과정에서 '붕당'이라고 하는 것도 만들어집니다. 붕당은 일종의 정치형태예요. 붕당의 '붕'자는 '벗 붕朋'자로, 서로 뜻이 맞는 사람들끼리 모여서 당을 형성했다는 것입니다. 현대 정치의 정당을 연상하면 됩니다.

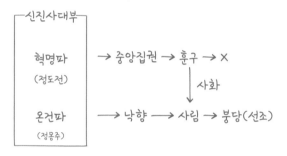

이렇게 사림이 새로이 실권을 잡은 가운데 조선 역사상 가장 큰 국난이 발생합니다. 임진왜란이 일어난 것입니다.

임진왜란과 병자호란

조선 역사의 분기점

임진왜란은 1592년에 일어났습니다. 조선이 건국된 해가 1392년이니까 딱 200년 만의 일입니다. 200년간 조선에는 큰 전쟁이 없었어요. 500년 내내 전쟁이었던 고려에 비하면 큰 복이지요. 외침이 없는 동안 세종과 성종이라는 걸출한 왕도 등장했어요. 계유정난이나 연산군의 폭정 등 시끄러운 일도 많았지만, 전체적으로는 태평성대였다고 볼 수 있지요. 그렇게 평화로운 시대를 뒤흔들어놓은 것이 양란, 즉 임진왜란과 병자호란입니다.

이순신과 선조

임진왜란은 임진년에 왜가 일으킨 난이라는 뜻입니다. 일본은 왜 조선에 쳐들어왔을까요? 당시 일본은 100년 넘게 계속된 전쟁을 끝내고 도요토미 히데요시가 전국을 통일한 상황이었습니다. 일본 열도를 통일한 도요토미 히데요시는 대륙 진출의 꿈을 꾸며 조선에 명을 치러 가야 하니 길을 내달라고 요구합니다. 어이가 없는 일이지요. 명에 사대하는 조선 입장에서는 그럴 이유도 없고, 그렇게 할 수도 없었습니다. 하지만 도요토미 히데요시는 전쟁을 일으켰고, 엄청난 숫자의 왜군이 쳐들어왔습니다. 이로써 1592년부터 1598년까지 2차에 걸쳐 우리나라에 침입한 일본과의 싸움이 시작되었지요.

오랜 시간 전쟁을 겪지 않은 데다 제대로 대비도 하지 않았던 조선은 전쟁 초반에 속수무책으로 당하기만 했습니다. 패배의 연속이었고, 심지어는 병사들을 버리고 도망가는 장수까지 있었어요. 왜군은 단 20일 만에 부산에서 한양까지 왔습니다. 상황이 이렇게 급박하니 명에서도 군대를 파견했습니다. 까딱하면 조선이 망할 것 같았거든요. 그러면 명 입장에서도 무척 골치 아픈 상황이 돼요. 도요토미 히데요시의 최종 목표는 조선이 아닌 명이잖아요. 그렇게 되기 전에 참전을 한 거지요. 그래서 이 임진왜란에서는 관군과 의병, 조명 연합군이 활약을 하게 됩니다.

관군에서 활약했던 대표적인 인물은 수군을 이끈 조선의 명장 이순신 장군일 것입니다. 육지에서와 달리 바다에서는 연일 승전 소식이 들려왔습니다. 철저한 준비와 뛰어난 전술 덕분이었어요. 한산도에서는 후퇴하는 척하면서 적을 유인했다가 반대로 왜군을 포위해버리는 전술을 썼습니다. 이때 선보인 것이 바로 학익진입니다. 학의 날개처럼 배들을 벌려두고 그 안으로 왜선이 들어오면 날개를 접듯이 휘감아 포를 때리는 전술이지요.

임진왜란에서 이순신이 세운 공은 엄청났습니다. 왜군에게 이순신은 공포 그 자체였어요. 일본은 수군을 통해 군량미를 보급했는데 이들이 궤멸하니 육군도 진격할 수가 없었습니다. 적이 주춤하는 사이에 육지에서도 전열을 가다듬어 싸울 수 있었지요.

의병의 활약도 눈부셨습니다. 전국 각지에서 곽재우, 조헌 같은 사람들이 의병을 모집해 싸웠습니다. 의병들은 수적으로 열세일뿐더러 무기마저 제대로 갖추지 못했지만, 자신들이 살고 있는 지형을 잘 알고 있었어요. 그래서 게릴라전을 펼치며 적에게 큰 타격을 입혔지요. 의병은 왜군을 혼란에 빠뜨리는 존재였습니다. 일본에서는 이런 일이 없었거든요. 어느 지역이든 그 지역의 영주를 무너뜨리고 나면 영주를 따르는 백성들 역시 모두 항복하는 게 일반적이었어요. 그런데 조선의 백성들은 그러지 않았지요. 이미 점령된 지역인데도 사람들이 항복하지 않고 싸우러 나오는 거예요. 일본인들에게는 굉장히 당황스러운 일이었을 것입니다.

백성들이 이렇게 나서서 싸우니 육지의 관군도 힘을 내기 시작했습니다. 권율의 행주대첩, 김시민의 진주대첩은 관군의 활약을 상징하는 전투입니다. 이 전투들은 무엇보다 관민이 힘을 합

최소한의 한국사

쳐 싸웠다는 점에서 의미가 깊어요. 왜군은 개성을 거쳐 평양까지 갔지만, 더 이상 북진하지 못했습니다. 조명 연합군이 평양성 전투에서 왜군을 상대로 승리를 거두며 일본의 기세를 꺾어놓았거든요. 행주산성에서도 대패하자 왜군은 결국 휴전을 제안했어요. 곧 다시 쳐들어왔지만, 이순신이 이끈 명량대첩과 노량해전으로 큰 피해만 입고 돌아갔습니다.

한산도대첩의 성과도 탁월하지만, 명량대첩은 정말 기적과도 같은 승리였다고 할 수 있어요. 이순신은 고작 열세 척의 배로 열 배가 넘는 숫자의 왜군을 완전히 박살 냈습니다. 극한의 상황 속에서 지형과 조류를 이용해 대승을 거두었어요. 이순신이기에 가능한 일이었습니다. 그야말로 싸워서 이기는 장수가 아니라 이겨놓고 싸우는 장수라는 생각이 들어요. 전설적인 인물이라고 할 수 있지요.

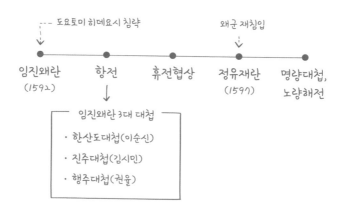

그렇다면 의병과 관군, 조명 연합군이 활약하는 동안 왕은 어디에 있었을까요? 이 시기에 재위하던 제14대 왕 선조는 도망다니기 바빴습니다. 조선 역사상 가장 못난 왕을 두 사람 꼽으라고 한다면 선조와 제16대 왕 인조를 들 수 있는데, 둘 다 재위 중에 전쟁이 일어났다는 공통점이 있습니다. 물론 도망을 간 것은 잘못이 아닙니다. 전쟁에서 왕이 잡히면 아무리 백성들이 열심히 싸워도 전쟁이 끝나버리는 것이니 왕이 피신하는 건 당연한 일입니다. 다만 피신을 하면서도 왕다운 모습을 보여야 하는데, 그러지 못한 게 문제입니다.

왜군이 빠른 속도로 한양을 향해 오자 선조는 아들인 광해군을 왕세자에 책봉한 뒤 조정을 맡기고 급히 떠났어요. 이를 조정을 둘로 나누었다 해서 분조分朝라고 합니다. 선조는 오로지 중국으로 도망치고 싶은 마음뿐이었어요. 명으로 망명을 하려고 해서 신하들이 말릴 정도였습니다. 한 나라의 왕인데 백성을 버리고 다른 나라로 망명을 하겠다니요. 다행히 광해군은 자신의 임무를 더없이 훌륭하게 수행했어요. 선조가 없는 조정을 지키며 전쟁에 지친 백성들과 함께했습니다. 진짜 왕의 모습을 보여준 거예요.

광해군의 활약이 두드러질수록 선조는 불안해졌습니다. 그래서 아들을 미워하게 돼요. 자기와 달리 백성들 사이에서 인기가 너무 좋았으니까요. 광해군도 불안하기는 마찬가지였습니다. 세자에 책봉되기는 했지만 아버지 선조가 힘을 실어주지 않았거든요. 게다가 젊은 중전을 맞이해 아들까지 낳았습니다. 적자인 영창대군의 탄생은 광해군에게 큰 스트레스가 됐어요. 광해군은 후궁의 아들이었기 때문에 정통성이 적장자에게 있었거든요. 그런데 이런 상황들이 정리되지 않은 상황에서 선조가 죽고, 결국 광해군이 왕위에 오르게 됩니다.

대동법과 중립외교의 광해군

광해군은 왕위에 오른 뒤에도 안심하지 못했습니다. '내가 왕위를 계속 이어갈 수 있을까' 하는 불안감에 시달렸던 거예요. 결국 광해군은 왕권을 안정시키기 위해 선조의 적자이자 자신의 이복동생인 영창대군을 증살蒸殺하고 말아요. 방에 가두고 장작불을 엄청나게 때서 죽게 만듭니다. 영창대군의 생모인 인목대비도 유폐시켰습니다.

인목대비는 선조의 계비이므로 광해군에게는 새어머니입니다. 그러니까 광해군은 어머니를 폐위시킨 거예요. 성리학의 나라인 조선에서 불효는 큰 죄입니다. 폐모살제廢母殺弟, 즉 어머니를 폐하고 동생을 죽인 일은 광해군의 아킬레스건이 되어버렸습니다. 이게 광해군의 결정적인 실책이었어요. 정치를 아무리 잘해도 도덕적으로 흠이 있으면 신하들의 공격을 받게 되거든요.

광해군은 실리를 추구하는 왕이었습니다. 그러다 보니 지금으로 본다면 신의 한 수지만, 당시 시점으로 본다면 악수가 될 수 있는 정책들을 시행했죠. 우선 국내에는 대동법을 시행합니다. 조선에도 백성들이 내는 세금으로 조세, 공납, 역이 있었는데 그중 특산물을 바치는 공납에 얽힌 부정부패가 너무도 많았습니다. 그 대안으로 나온 것이 바로 대동법입니다. 특산물은 모양도 다르고 무게도 달라서 정확한 기준이라고 할 만한 게 없으니까 동일한 기준으로 세금을 적용하자는 거예요. 당시에는 쌀이 화폐나 다름없었어요. 그래서 특산물 대신 쌀로 세금을 걷자고 한 거지요.

공납은 집집마다 부과되는 반면 대동법은 땅에다 세금을 물리는 제도였습니다. 땅이 많은 사람들이 불만을 가질 수밖에 없었지요. 대동법이 시범적으로 시행되려 하자 신하들은 백성들이 불편해한다면서 반대했습니다. 사실은 자기들이 싫은 건데 백성 핑계를 댄 거예요. 지금도 정치인들은 "국민들이 불편하기 때문에"라는 말을 많이 합니다. 국민을 방패 삼아 자기들 주장을 밀어붙이는 거라고 할 수 있어요. 그때의 신하들도 계속해서 상소를 올려 반발했습니다.

공납	대동법
호주	지주
특산물	쌀

최소한의 한국사

대동법이 대내적인 문제였다면 대외적인 문제는 후금과의 관계였어요. 임진왜란을 거치면서 명의 세력은 굉장히 약해졌습니다. 대신 여진족이 성장해 후금이라는 나라를 세우면서 명을 압박하기 시작했지요. 명은 조선에 군대를 보내달라고 요청합니다. 임진왜란 때 도와줬으니 이번에는 자기들을 도와달라는 거예요. 광해군은 쉽게 결정을 내리지 못했어요. 판세를 보니까 명은 지는 태양이고 후금이 뜨는 태양이거든요. 만일 명을 돕는다면 나중에 후금에게 할말이 없을 터였습니다.

광해군은 신하들에게 묻습니다. 의리를 지키는 건 좋지만, 그 결과를 생각해 봤느냐고요. 명이 망하면 후금의 침략을 어찌 막을 것이며, 명을 도와 승리를 한다고 한들 그 과정에서 입는 인명 손실이나 물질적 피해는 어떻게 감당할 것이냐고 말입니다. 하지만 신하들의 입장에서 명은 정통이고, 조선은 따라야 할 나라였어요.

결국 고민하던 광해군은 수차례 미루다가 군대를 보냈습니다. 보내긴 했지만 군대를 이끄는 강홍립 장군에게 밀지를 내렸어요. 상황을 봐서 판단을 내리라는 내용이었습니다. 후금에 항복하라는 얘기는 안 해요. 왕이 그런 명령을 내릴 수는 없잖아요. 무슨 판단을 하라는 건지 말하지는 않았지만, 장군은 찰떡같이 알아듣고 후금에 투항했습니다. 조선은 후금을 적대시하지 않으며 어쩔 수 없이 왔다고 말해요. 그러자 후금에서도 이해한다는 식으로 반응했지요.

이 사실이 조정에 알려지자 난리가 났습니다. 광해군이 조선의 영원한 우방인 명을 배신했다면서 말입니다. 성리학에서 가장 중시하는 명분을 저버린 것이었으니까요. 결국 이를 빌미로 인조반정이 일어났고, 광해군은 조선 역사상 두 번째로 신하들에 의해 쫓겨난 왕이 되었습니다.

인조반정의 명분은 불효와 불의였어요. 하지만 신하들이 광해군을 미워한 가장 큰 이유는 아마도 대동법일 겁니다. 자기 재산과 관련된 문제니까요. 그렇게 얘기하면 체면이 안 서니까 외교 문제를 내세운 거지요. 어쨌거나 광해군은 명을 배반하는 행동을 했습니다. 어린 동생을 잔인하게 죽이고 어머니를 쫓아냈다는 도덕적인 결함도 있었고요. 신하들은 그 부분을 물고 늘어져 결국 광해군을 무너뜨린 것입니다.

청에 항복한 병자호란

광해군을 끌어내린 명분이 명을 배반한 것이었으니, 인조반정으로 정권을 잡은 사람들은 명과 친하게 지내고 후금을 배척하는 친명배금親明排金을 외쳤습니다.

후금 입장에서는 불쾌했겠지요. 조선이 자꾸 자기들은 명의 편이라고 하니 명을 치러 가야 하는 후금 입장에서는 신경이 쓰일 수밖에 없었습니다. 자신들이 명으로 치고 들어갔을 때 조선이 쳐들어오면 어떡하나 걱정이 된 거예요. 그러니 후금은 불안요소를 없애기로 했습니다. 조선에 쳐들어온 것입니다. 이것이 바로 오랑캐가 일으킨 난, 호란胡亂입니다.

호란은 '정묘호란'과 '병자호란' 두 차례가 일어났는데 그 과정을 살펴보면 어떻게 집권세력이 이럴 수 있지? 하는 생각이 듭니다. 1627년에 일어난 정묘호란 때 후금은 조선과 협상을 벌인 뒤 강화를 벌이고 돌아갔습니다. 협상 내용 중 하나가 조선의 왕자를 인질로 보내겠다는 것이었어요. 그런데 그 이후 조정에서는 왕자가 아닌 다른 사람을 인질로 보냈습니다. 분명히 발각될 텐데 왜 그랬는지 모르겠어요. 게다가 후금을 계속 얕잡아봤습니다. 사신이 와도 오랑캐라고 우습게 봤어요. 그러면 싸워서 이길 수 있도록 전쟁 준비라도 열심히 해야 하는데, 그렇지도 않았어요.

결국 9년 뒤인 1636년 다시 호란이 일어났으니, 이것이 병자호란입니다. 그사이 더욱 세력을 키운 후금은 나라 이름을 청으로 바꿨습니다. 청 태조의 아들 홍타이지는 직접 군대를 거느리고 압록강을 건넜어요. 인조는 부랴부랴 도망을 가지요. 그런데 이번에는 강화도로 갈 수가 없었어요. 정묘호란 때 인조가 강화도로 피신했던 터라 청이 미리 강화도로 가는 길목을 끊어놓은 거예요. 인조는 급히 방향을 바꿔 남한산성으로 갑니다. 그곳에서 47일간 항전했지요.

병자호란 발발 배경

광해군 → 인조반정 → 정묘호란 → 청의 군신 요구 → 병자호란
중립외교 (친명배금) (1627)   조선 거절   (1636)

　　　　　　　　　　VS 후금　　　　　　　　VS 청

　　남한산성은 한 번도 함락된 적이 없는 곳이에요. 그야말로
난공불락의 천연 요새였습니다. 청 군대도 어떻게 할 수 없을 정
도로 튼튼한 성이었는데, 문제는 식량이었어요. 청은 남한산성을
에워싼 채 인조가 나오기를 기다렸습니다. 성 안으로 식량을 조
달할 수 없게 한 거지요. 식량이 떨어지고 왕실 가족들이 피신한
강화도까지 함락됐다는 소식이 들려오자 결국 인조는 항복을 선
언했습니다.

　　당시 남한산성 근처에 삼전도라는 곳이 있었어요. 삼전도는
서울과 남한산성을 이어주는 나루였습니다. 인조는 이곳에서 청
태종에게 무릎을 꿇고 엎드려 절했습니다. 치욕스러운 이날의 사
건을 삼전도의 굴욕이라고 합니다. 청 황제는 자신들의 승리를
기념하고 널리 알리기 위해 그 자리에 삼전도비를 세웠습니다.
지금도 서울 잠실 석촌호수 근처에 가면 이 삼전도비를 볼 수 있
어요.

　　병자호란의 결과로 조선은 청과 강화 조약을 맺었습니다. 인
조는 그 내용에 따라 첫째 아들인 소현세자, 둘째 아들인 봉림대

군을 비롯해 여러 왕족과 대신의 자제들까지 청에 인질로 보냈습니다. 매년 어마어마한 양의 공물도 보내야 했지요. 포로로 끌려간 백성들의 숫자는 이루 말할 수 없었습니다. 수없이 많은 사람이 가족과 생이별을 했어요. 포로가 된 조선인들은 물건처럼 팔려 각종 노역에 시달리거나 전쟁터에 끌려 나가는 등 고된 시간을 보내야 했습니다.

전쟁이라고 하는 것은 언제나 극심한 피해를 남깁니다. 인조는 명과의 관계를 지키겠다고 국제 정세를 무시하고 청을 도발했어요. 명분도 좋고 의리도 좋지만, 전쟁의 원인을 제공하는 지도자가 과연 유능한 지도자인지 의문이 듭니다. 청과의 화친을 끝까지 반대했던 신하들은 '나라가 망해도 의리는 저버릴 수 없다'고 얘기하기도 했습니다. 이게 무슨 망발인가요? 한 나라를 이끌어가는 이들의 역할은 무척 중요합니다. 두 차례의 호란은 지도자의 덕목, 그리고 정치인의 덕목이란 무엇인지 한번쯤 고민하게 하는 역사인 것 같습니다.

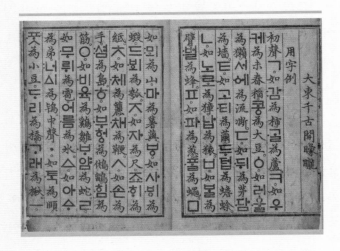

◆ ◆ ◆

훈민정음

세종은 우리 글자 훈민정음의 창제 이유를 다음과 같이 밝히고 있다. "우리나라의 말이 중국말과 달라 한문 글자와는 서로 통하지 않으므로 어리석은 백성이 말하고자 하는 것이 있어도 마침내 제 뜻을 표현하지 못하는 사람이 많다. 내가 이를 딱하게 여기어 새로 스물여덟 글자를 만드니, 사람들로 하여금 쉽게 익혀 날마다 쓰는 데 편하게 하고자 할 따름이다."

그리고 이 문자를 만들게 된 원리와 이론적 근거, 실제 운용 예 등에 대해 상세히 설명한 책 《훈민정음》을 만들도록 했다. 세계 문자사에서 문자를 만들고 그 원리 등을 기록한 설명서가 함께 있는 경우는 《훈민정음》이 유일하다. 위의 사진은 우리가 흔히 《훈민정음》이라고 부르는, 국보이자 유네스코 세계기록유산으로 등재되어 있는 《해례본》이다.

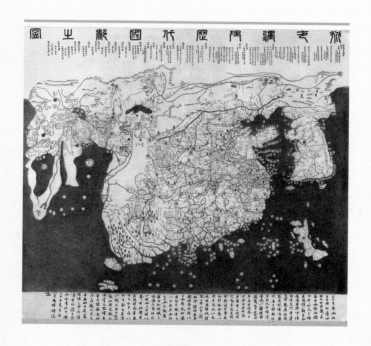

◆ ◆ ◆

혼일강리역대국도지도

1402년에 제작되어 현전하는 동양에서 제일 오래된 세계지도로, 당시로서는 동서양을 막론하고 가장 훌륭한 세계지도였다고 평가된다. 지도의 중심에 중국이 그려져 있고 그 동쪽에 조선이 상대적으로 크게 그려져 있으며 아프리카와 유럽, 일본은 작게 표현되어 있다. 중국을 정통으로 보는 성리학적 세계관을 엿볼 수 있다.

◆ ◆ ◆

서울 원각사지 십층석탑

고려 말에 건립한 개성 경천사지 십층석탑을 모방해 만든 탑으로, 대리석으로 만들어졌다. 높이가 12미터에 이르는 이 탑은 형태가 특이하고 조각 장식이 풍부해 조선시대 석탑의 백미로 꼽힌다. 층층이 기와집의 모양으로 조각했고, 각 층의 면석에 용, 사자, 연꽃, 부처, 보살 등 여러 가지 조각을 새겨 화사하게 장식했다. 이 탑 덕분에 이 일대가 탑이 있는 마을이라는 뜻에서 탑골 또는 탑동으로 불리게 되었고, 탑이 위치한 공원의 이름도 서울 탑골공원이 되었다. 조선시대 석탑으로는 유례를 찾아볼 수 없을 만큼 뛰어난 조각 솜씨를 보여주며 국보로 지정되어 있다.

조선 후기 정치 변동

붕당 정쟁부터 환국까지

　　고려시대가 무신정변을 기점으로 전기와 후기로 나뉘듯이, 조선시대는 임진왜란을 기점으로 전기와 후기로 나뉩니다. 당시 조선은 큰 전쟁을 겪은 탓에 사회가 뿌리째 흔들렸고, 지배층은 나라를 안정시키기 위해 통치 체제를 재정비해야 했습니다. 이러한 과정에서 전개된 정치 형태의 변동이 조선 후기의 큰 줄기를 이룬다고 볼 수 있습니다.

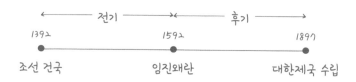

붕당과 예송

앞서 16세기 제14대 왕 선조 대부터는 조선 건국 세력이 아닌 사림이 권력을 잡게 된다고 이야기했는데요, 권력을 장악한 사림이 뜻이 맞는 사람끼리 모여 붕당을 만들어나가면서 붕당정치가 펼쳐졌습니다.

이때 만들어진 붕당이 동인東人과 서인西人입니다. 각 당을 이끄는 수장의 집이 각각 한양의 동쪽과 서쪽에 자리 잡은 터라 그런 이름이 붙었지요. 사림이 둘로 나뉘게 된 결정적인 계기는 인사권 장악을 둘러싼 갈등이었습니다. 인사권이 있어야 자기 사람들을 좋은 자리에 앉혀서 세를 불릴 수 있잖아요. 그러니까 두 세력 모두 인사 권한이 있는 자리를 차지하려 했지요.

조선시대에 인사를 담당하는 직책은 '이조전랑'이었습니다. 이조는 현재로 치면 인사처 같은 곳이고, 전랑은 이조에 속한 관직입니다. 이조전랑은 품계가 그리 높지는 않았지만 어쨌거나 인사권을 쥐고 있는 자리니 이 자리를 두고 싸움이 벌어진 것이었지요. 이조전랑 후보로 지지하는 사람이 서로 다르다 보니 사림은 자연스럽게 동인, 서인으로 갈라졌습니다. 주도권은 주로 서인이 쥐고 있었어요. 서인당의 영수領袖는 우리나라 지폐 오천원 권에 있는 인물인 율곡 이이였고, 동인당의 영수는 천원 권에 있는 인물인 퇴계 이황이었습니다.

뜻이 달라 각자 다른 당을 만들었지만 의외로 붕당정치의 원칙은 '공존'입니다. 한쪽이 권력을 잡았다고 해서 다른 한쪽이 말살되지 않았거든요. 그러던 중 조정에 회오리바람을 몰고 온 사건이 있었으니, 바로 제18대 왕 현종 때 있었던 '예송禮訟'입니다.

예송은 장례 예법의 적용을 두고 벌어진 사건입니다. 이때 논란이 되었던 것은 상복을 입는 기간이었습니다. 상복을 얼마나 입어야 되느냐를 두고 싸운 거예요. 이 문제로 예송이 두 차례나 벌어집니다.

왜 상복을 두고 싸우는지 알려면 현종의 가계도를 살펴봐야 합니다. 우선 현종의 할아버지는 병자호란 때의 왕, 인조입니다. 인조가 청에 항복을 하면서 왕자들이 청에 인질로 끌려갔다고 했었지요? 두 왕자는 청에 끌려갔다가 돌아왔는데 그 후에 첫째 아들 소현세자는 죽고 둘째 아들 봉림대군이 왕위에 올랐습니다. 그가 제17대 왕 효종이자 현종의 아버지이지요.

인조는 왕비가 죽은 뒤 젊은 여인을 새 중전으로 들입니다. 얼마나 젊었는지 효종보다 어려서, 효종은 자신보다 다섯 살이나 어린 새어머니를 맞게 되었습니다. 여기서 문제가 발생했습니다. 효종이 사망했을 때, 그의 새어머니가 살아 있었던 거예요.

1차 예송은 효종의 장례 기간 동안 새어머니가 상복을 얼마나 입어야 하느냐를 두고 벌어진 논쟁이었습니다. 당시 동인은 이미 남인과 북인으로 갈렸다가 남인 세력만 남아 있는 상황이었기 때문에 남인과 서인이 대립하게 되었지요.

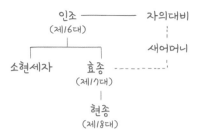

효종은 인조의 둘째아들인데, 예법에 따르면 장남이 아닌 아들이 죽었을 때 어머니는 상복을 1년간 입어야 했습니다. 당시 서인을 대표했던 송시열은 예법대로 1년간 상복을 입어야 한다고 주장했습니다. 하지만 윤휴와 허적을 비롯한 남인들은 다른 주장을 펼쳤어요. 효종은 일반 사대부 집안의 아들이 아니라 국왕이기 때문에 장자로 예우해야 한다는 것이었지요. 그러니까 장남이 죽었을 때의 예법대로 3년간 상복을 입어야 한다는 거예요.

아버지가 돌아가신 마당에 신하들까지 논쟁을 하니 현종은 이 문제를 빨리 해결하고 싶었을 것입니다. 그래서 원리원칙을 따르자는 송시열과 서인들의 주장대로 하게 됩니다. 여기서 끝나면 좋았을 텐데, 이번에는 효종의 아내이자 현종의 어머니가 죽습니다. 문제는 젊은 시어머니가 여전히 살아 있었다는 것입니다.

또다시 논쟁이 일어났습니다. 2차 예송의 시작입니다. 장남의 며느리가 죽었을 경우에 시어머니는 상복을 1년간 입도록 되어 있었어요. 장남의 며느리가 아닌 경우에는 9개월만 입고요. 이번에도 서인과 남인이 대립했습니다. 서인은 효종이 장남이 아니니까 예법대로 하자는 것이었고, 남인은 왕가니까 특별 대우가 필요하다면서 1년간 상복을 입어야 한다는 것이었지요.

이때는 1차 예송으로부터 15년이 흐른 뒤였습니다. 현종의 나이도 서른 살이 넘었고요. 왕이 된 입장에서는 서인들 얘기가 예법에는 왕이나 일반 사대부나 다를 게 없다고 하는 거나 마찬가지로 들렸겠지요. 서인들이 왕한테 존경심도 없는 것처럼 느껴지는 거예요. 그래서 현종은 2차 예송에서는 남인 손을 들어줍니다. 재위 기간 내내 예송에 시달렸던 현종은 2차 예송이 끝나고 얼마 뒤 세상을 떠났습니다.

숙종의 환국정치

현종의 뒤를 이어 현종의 외아들 숙종이 제19대 왕으로 즉위했습니다. 숙종은 미디어에 인현왕후, 장희빈, 숙빈 최씨 등과 엮여 단골로 출연하는 왕이지만, 콘텐츠에서 보여지는 것처럼 여자들에 둘러싸여 우왕좌왕하는 인물은 아니었습니다. 오히려 카리스마 넘치는 왕이었지요. 역대 조선 왕 중에서 가장 강력한 카리스마를 가진 왕을 꼽으라고 하면 대부분은 태종 이방원을 떠올릴 텐데, 제가 보기에는 숙종이야말로 힘이 막강했던 인물입니다.

왜냐하면 태종은 그 자신이 인지했던 것처럼 적장자가 아니었고, 왕이 되기 위해 형제들을 죽였다는 약점이 있었습니다. 하지만 숙종은 적장자였어요. 숙종의 아버지 역시 적장자였습니다. 그러니까 숙종은 적장자의 적장자였던 거예요. 정통성에 손톱만큼의 흠도 없었지요. 성리학적 명분이 너무나 확고했기 때문에 숙종에게는 태종이 갖지 못한 위엄이 있었습니다.

게다가 숙종은 무척 똑똑했습니다. 열세 살에 왕위에 올라 왕실의 어른이 대신 정치를 해주는 수렴청정 없이 바로 정치를 시작할 정도였지요. 열두 살에 왕위에 오른 단종이 삼촌인 수양대군에게 죽임을 당하고, 마찬가지로 열두 살에 왕이 된 제26대 왕 고종이 아버지인 흥선대원군에게 나랏일을 맡겨야 했던 것과 사뭇 다른 모습이지요.

새 왕이 즉위했다는 것은 선왕이 승하했다는 뜻이니, 돌아가신 선왕에 대한 평가서를 작성해야겠지요? 이를 행장行狀이라고 합니다. 아버지의 행장을 작성하기 위해 예송에 관한 기록을 살펴보던 숙종은 상당히 불쾌해졌습니다. 왕을 사대부와 똑같이 취급하는 송시열과 서인들이 너무 괘씸했던 거예요. 숙종은 송시열과 서인들의 잘못을 행장에 적으라고 지시했습니다.

당시 집권 세력은 서인당이었어요. 그리고 서인들의 지도자는 송시열이었습니다. 그러다 보니 누구도 송시열을 건드릴 수 없었습니다. 행장을 짓는 관리도 송시열이 잘못했다는 말을 대놓고 쓰지 못하고 최대한 돌려서 표현했지요. 잘못이 없지 않은 듯

하지만 없지 않을 수 있다, 있다 한들 없다 할 수 있다 이런 식으로 쓴 거예요. 행장을 본 숙종은 마음에 들지 않는다며 화를 냈습니다. 그러고는 아예 자기가 불러주는 대로 글을 받아 적으라고 해요. 그 내용은 당연히 송시열이 잘못했다는 것이었지요.

이때 숙종의 나이가 열네 살이었습니다. 그런데 할아버지뻘에 유학의 거두라고 할 수 있는 송시열을 가차 없이 비난한 거예요. 송시열은 우리나라에서 공자나 맹자처럼 '자' 자를 붙여 불렀던 유일한 사람입니다. '송자'라고 불리던 존재예요. 숙종의 증조할아버지인 인조부터 시작해 네 명의 왕을 모신 관록 있는 관리이기도 했습니다. 그럼에도 송시열이 잘못한 것을 받아 적으라하니, 카리스마 있는 왕의 등장을 예고하는 장면이지요.

신하들이 숙종을 건드릴 수 없었던 것은 단순히 정통성 때문만이 아니었습니다. 숙종의 정치 스타일은 권력을 한쪽으로 몰아주는 것이었습니다. 남인에게 힘을 확 몰아주었다가 전광석화처럼 그 권력을 거둬들여요. 그런 다음, 서인에게 또 힘을 실어주는 식이에요. 이것을 '환국'이라고 합니다. '환換' 자는 바꾼다는 뜻이에요. 환국이라는 건 국면이 확 바뀐다는 거지요.

붕당정치의 키워드가 '공존'이라면 환국정치의 키워드는 '일당전제一黨專制'입니다. 한쪽이 권력을 잡으면 다른 쪽은 폐허가 되었습니다. 여느 날처럼 출근하려고 집을 나왔는데 갑자기 사약을 받을 수도 있는 그런 시기였습니다. 그러니까 신하들은 벌벌 떨

수밖에 없었지요. 계속 왕의 눈치를 봐야 하는 상황이었습니다. 숙종은 이렇게 왕권을 극대화했던 사람입니다.

그래서 숙종 시기에 정말 많은 사람이 죽었습니다. 숙종은 송시열에게도 결국 사약을 내렸어요. 신하들은 살아남기 위해 서로 싸울 수밖에 없었습니다. 네가 살면 내가 죽고, 네가 죽어야 내가 사는 형편이니까요. 왕권은 강화되었지만, 이 시기의 정치 상황은 결코 좋았다고 할 수 없어요. 이를 두고 훗날 무리를 짓고 시기하며 싸우는 당파성이 우리 민족의 특징이라고 일제는 왜곡하기도 했지요.

정통성을 갖춘 왕의 힘

어린 나이에 왕이 된 숙종은 무려 45년간 재위했습니다. 통치 기간이 긴 만큼 굉장히 많은 일을 했어요. 먼저 외교적인 성과를 보자면 국경선 논쟁을 정리했지요. 당시 조선과 청은 국경선을 두고 자주 다퉜습니다. 숙종은 청과의 국경을 정리하기 위해 백두산에 정계비를 세웠습니다.

독도가 조선 땅임을 확실히 한 것도 이때인데, 이건 숙종이 아니라 안용복이라는 어부가 해낸 일입니다. 안용복은 울릉도에 갔다가 일본 어부들을 맞닥뜨렸습니다. 이에 대해 항의하던 중 일본으로 붙잡혀 갔지만 기죽지 않고 울릉도와 독도가 조선 땅이라고 주장했어요. 하지만 일본 어선은 이후에도 종종 울릉도에 와서 조업을 했습니다. 보다 못한 안용복은 스스로 일본에 건너가 조선 관리를 사칭하면서 일본 정부로부터 독도는 일본 영토가 아님을 확인받고 오지요.

그렇게 중대한 역할을 했지만, 조선으로 돌아오자마자 관리 사칭죄로 사형을 선고받지요. 하지만 나라에서 하지 못한 일을 해낸 공이 크다는 의견이 힘을 얻으면서 귀양을 가는 것으로 마무리가 됩니다. 일본이 독도 영유권을 주장하는 지금, 안용복이 없었다면 어쩔 뻔했나 싶어요. 이런 일이 숙종 때 일어났다는 사실을 우리가 기억하면 좋을 것 같습니다.

경제 분야에서 숙종의 가장 큰 업적은 바로 화폐를 유통시킨 일입니다. 이전까지는 우리나라에서 화폐가 실질적으로 유통된 적이 한 번도 없었습니다. 화폐를 만들어내긴 했지만, 가치가 없었어요. 화폐를 신뢰할 수 없으니 사용하지 못한 거예요. 그래서 계속 옷감이나 쌀과 같은 현물로 교환을 하다가 숙종 때 와서야 금속화폐인 상평통보常平通寶가 통용되기 시작했습니다. 자연히 상품화폐 경제가 발달하게 되었지요.

더불어 숙종은 '역사 바로 세우기'에도 힘썼습니다. 세조에게 죽임을 당한 뒤 묘소조차 제대로 남기지 못했던 단종은 노산군으로 불리다가 이때가 되어서야 단종이라는 묘호를 얻었습니다. 단종을 지키려다 죽은 사육신도 복권되었지요. 세조의 후손으로서 세조가 죽인 단종과 사육신을 복권하는 것은 쉽게 할 수 없는 일이었습니다. 그런데 숙종은 이것이 가능했어요. 그만큼 정통성이 있는 왕이었기 때문에 신하들도 함부로 말을 못 한 거예요.

숙종은 인조의 아들 소현세자의 아내까지 복권시켰습니다. 소현세자는 병자호란 이후 청에 볼모로 끌려갔다가 조선으로 돌아와 죽었습니다. 조선에서는 청을 오랑캐라고 멸시했지만, 소현세자가 가서 보니 청은 생각보다 훨씬 발전된 나라였어요. 그곳에서 신기한 서양 문물도 많이 접하게 됩니다. 소현세자는 그런 점을 배우고자 했습니다. 훗날 왕이 되면 조선도 발전시키고자하는 마음으로요. 그런데 인조는 삼전도에서 청 황제한테 무릎을 꿇고 머리를 바닥에 찧으며 절하는 수치를 당했잖아요. 그러니까청의 물건을 보여주면서 좋다고 하는 아들이 곱게 보일 리가 없지요. 화가 난 인조가 소현세자에게 벼루를 던졌다는 이야기가야사에 등장하기도 합니다. 얼마 뒤 소현세자는 갑작스레 죽었는데, 인조가 독살했다는 소문이 있을 만큼 부자의 사이가 좋지 않았습니다.

인조는 소현세자가 죽은 뒤 그의 아내인 세자빈 강씨에게 사약을 내리고 손자들도 모두 귀양을 보냈어요. 그렇게 억울하게죽은 사람들을 숙종이 다시 복권시킨 거예요. 이는 인조가 잘못했다고 인정하는 것이나 마찬가지였어요. 단종은 그렇다고 해도소현세자의 경우는 자기 할아버지 때의 일이니 얼마 되지 않은 일이잖아요. 그럼에도 이런 결정을 내릴 만큼 숙종에게는 대단한 정통성과 힘이 있었습니다. 숙종이 결정하면 그냥 그렇게 해야 되는 거예요. 정치적 의미에서 송시열도 죽인 왕인데 도대체 누가 숙종에게 반대하는 말을 할 수 있겠습니까? 정말 강한 왕권을 쥔 왕이었죠.

　사실 조선은 결코 왕의 나라가 아니었습니다. 신하의 나라라고 할 수 있을 만큼 신권이 강했지요. 그럴 수밖에 없는 것이, 왕을 교육시키는 사람이 바로 신하들이었거든요. 어려서부터 신하들에게 교육을 받으며 성장하기 때문에 왕 역시 신하들의 영향을 받게 돼요. 그러니까 신하들의 입김이 세지는 것이지요. 그런데 숙종 시대는 달랐어요. 그야말로 왕의 나라가 무엇인지 보여주는 유일한 시기가 바로 숙종 때가 아닌가 합니다.

영·정조의 개혁 정치

조선 후기의 르네상스

    붕당정치가 변질되고 숙종의 환국을 겪으면서 많은 사람이 '이건 아니다'라는 생각을 했을 거예요. 권력을 위해서 서로 죽고, 죽이는 일은 정치가 아니라는 반성을 했겠죠. 이런 반성을 거쳐 새롭게 등장한 정치형태가 바로 '탕평蕩平'입니다. 탕평은 어느 한 쪽에 치우치지 않고 공평하다는 뜻입니다. 정치도 그렇게 하겠다는 거지요.

    역사는 정반합의 과정으로 흘러간다고 하죠? 조선 후기의 정치형태도 그랬어요. 붕당이 '정'이라면, 환국이 '반'이었죠. 그리고 나온 탕평이 '합'입니다. 숙종 이후에 나타난 탕평정치를 이끌었던 인물이 바로 제21대 왕 영조와 제22대 왕 정조입니다.

최소한의 한국사

조선 후기 정치형태의 전개

붕당 $\longrightarrow$ 환국 $\longrightarrow$ 탕평

(선조)　　(숙종)　　(영·정조)

영조의 탕평정치

영조는 조선 왕 중에서 가장 장수한 인물입니다. 무려 82세까지 살았는데, 당시 평균 수명을 고려하면 지금의 100세가 넘는 나이지요. 재위 기간도 가장 길어서 50년이 넘게 나라를 다스렸습니다. 영조의 장수 비결은 식단이었어요. 세종과 다르게 아주 소식했거든요. 인삼도 많이 먹었다고 합니다. 고추장도 무척 좋아해서 이때 순창 고추장이 유명해졌지요. 본가가 순창인 신하가 있었는데, 영조가 그를 탐탁지 않게 여기면서도 그 집에서 만든 고추장 때문에 가까이했다는 얘기가 있을 정도입니다.

오랜 기간 동안 왕위에 있던 영조의 정치 기조는 확실했습니다. 더 이상 환국정치는 하지 않겠다는 것이었지요. 한쪽에 권력을 몰아주는 일은 없을 것이며 당파에 상관없이 각 지역과 붕당의 인재들을 고루 등용하겠다고 선언했습니다. 탕평정치를 하겠다고 다짐하면서 조선의 국립대학 격인 성균관 앞에 탕평비를 세우기도 했습니다. 탕평비에는 이렇게 적었습니다. "두루 사귀고 편향되지 않는 것은 군자의 공정한 마음이요, 편향되고 두루 사귀지 않는 것은 소인의 사사로운 생각이다." 성균관 유생들에게

정치란 이러해야 한다고 알린 것이지요.

영조의 탕평책을 상징하는 궁중요리가 탕평채입니다. 탕평채는 지금 우리가 먹는 잡채랑 비슷한데, 당면 대신 길게 썬 청포묵이 들어간 거라고 생각하면 됩니다. 색깔이 다양한 여러 재료를 골고루 버무려 먹는 거예요. 현대의 정치에서 정당이 고유색을 갖는 것과 비슷하게 당시의 당파들도 색깔이 있었습니다. 그래서 네 당파를 일컬어 사색당파四色黨派라고 했지요. 여러 색의 채소를 섞어 먹는 요리를 만들 만큼 탕평정치에 대한 영조의 의지가 강했다는 것을 알 수 있습니다.

당시에는 서인에서 갈라져 나온 노론과 소론, 동인에서 갈라져 나온 남인과 북인까지 네 당파가 있었습니다. 하지만 영조의 탕평책 덕분에 이전과 같은 극단적인 대립은 없었습니다. 게다가 영조는 오랫동안 통치를 했기 때문에 나중에 가서는 아버지에 이어 2대째 영조를 모시는 신하가 늘어났습니다. 왕은 그대로인데 신하들은 세대교체가 되는 거예요. 영조는 신하들이 무슨 얘기를 할 때마다 "내가 네 아비를 잘 아는데"라는 말을 많이 했다고 합니다. 그러면 신하들이 무슨 말을 하겠어요. 꼼짝할 수 없겠지요.

왕권 강화와 민생 안정을 위해 노력한 영조의 업적 중 가장 큰 것을 말하라 하면 균역법을 실시한 것입니다. 임진왜란 이후에 백성들은 군역 대신 군포 두 필을 바쳤는데, 영조가 백성들의 부담을 줄여주려고 이를 한 필로 줄인 것입니다. 또한 형벌 제도를 개혁해서 가혹한 형벌을 없애고, 연산군이 폐지했던 신문고 제도를 부활시켰습니다. 신문고는 백성들을 위한 고발 기구예요. 대궐 밖에 커다란 북을 달아두고 억울한 일이 생기면 이 북을 쳐서 알리도록 한 것이지요.

영조는 학문도 무척 좋아해서 많은 서적을 편찬하고 직접 책을 쓰기도 했습니다. 무척 모범생이었죠. 조선의 르네상스는 영조 때 싹을 틔웠다고 할 수 있습니다. 이것이 훗날 정조 통치기에 꽃을 피우게 되지요.

뒤주에 갇혀 죽은 사도세자

하지만 이런 영조에게도 두 가지 약점이 있었습니다. 하나는 출신이었습니다. 영조의 어머니는 궁중에서 잔심부름을 하는 무수리 출신으로, 그 신분이 미천했어요. 궁녀들의 시중을 드는 종이었으니 궐 안에서 가장 밑바닥에 있는 사람이었지요. 영조는 출신 문제로 평생을 괴로워했습니다.

또 한 가지는 경종 독살설이었어요. 영조는 아버지 숙종의 뒤를 이어 바로 왕위에 오른 게 아니었습니다. 숙종의 뒤를 이어 왕위에 오른 조선 제20대 왕 경종은 숙종과 장희빈의 아들로 영조의 이복형입니다.

숙종은 한때 총애했던 장희빈에게 자결을 명했고, 그 아들인 경종도 미워했습니다. 그러다 보니 숙종 말년에 후계 문제로 신하들 사이에 논쟁이 벌어졌지요. 소론과 노론에서 각각 미는 사람이 달랐거든요. 소론은 경종이 적장자니까 왕위에 올라야 한다고 주장했고, 반면 노론은 경종의 생모가 폐출되었다는 이유로 반대했습니다. 결국 소론의 주장이 받아들여져 경종이 먼저 왕위에 올랐습니다. 그런데 몸이 약했던 경종이 하필이면 영조가 올린 감과 간장게장을 먹고 탈이 나, 얼마 안 있어 죽게 되었습니다. 실은 이미 병이 깊은 상황이었지만, 이 일로 인해 영조는 자신이 왕위에 오르기 위해 후사가 없는 경종을 독살했다는 의혹을 받게 되었지요.

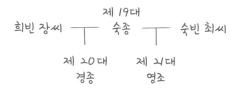

콤플렉스 때문인지 영조는 누구보다 열심히 공부했습니다. 신하들에게 빈틈을 보이지 않기 위한 노력이었겠지요. 하지만 자식 농사는 뜻대로 되지 않았습니다. 첫아들은 일찍 세상을 떠났고, 그로부터 7년 후 아들 사도세자가 태어났습니다. 영조가 마흔이 넘어서 얻은 아들이었으니 얼마나 예뻤을까요. 사도세자도 어릴 때 굉장히 똑똑했습니다. 영조의 자랑이었지요. 영조는 아들에게 기대를 품고 집중적으로 조기교육을 시켰습니다. 그런데 부작용이 발생하고 말았지요. 사실 사도세자는 학자 스타일이 아니라 예체능 스타일이었거든요. 그런 애를 앉혀놓고 공부만 시키니까 오히려 공부에 흥미를 잃게 됐지요. 초기에는 잘 따라오던 아들이 영 시원치 않은 것 같으니 영조는 크게 실망했습니다. 실망감은 곧 미움으로 변했지요.

사도세자에게도 고충이 있었습니다. 영조 재위 기간이 워낙 길다 보니 조선 역사상 가장 오래 세자 자리에 있었던 사람도 그의 아들인 사도세자였습니다. 세자로 지내는 시간은 쉽게 말해서 인턴 기간 같은 것입니다. 왕이 되기 위해 인턴 과정을 밟는 거니까 그만큼 스트레스도 크지요. 자기한테 왕이 될 자질이 있다는 사실을 주위에 계속 증명해야 하니까요. 게다가 영조는 사사건건 아들의 일에 간섭했습니다. 신하들 앞에서도 사도세자를 심하게 문책하고 심지어 사도세자의 얘기를 듣고 나면 부정을 탔다면서 귀를 물에 씻기까지 해요.

매일 숨 막히는 시간을 보내던 사도세자는 점점 이상해집니다. 여러 가지 증세를 보였는데, 그중 하나가 의대증衣帶症이었어요. 의대증은 옷을 입지 못하는 병입니다. 옷을 입으면 자꾸 몸이 조이는 듯한 느낌을 받는 거예요. 심하게 예민해진 사도세자는 계속해서 다른 옷을 가져오라고 명령하는가 하면, 자신에게 옷을 입혀주는 궁인을 죽이기까지 했습니다. 아들에 대한 아버지의 집요한 미움이 아들을 미치게 만들어버렸다고 할 수 있어요.

영조는 결국 아들을 뒤주에 가둬 죽게 했습니다. 조선의 역사에 이런 비극이 또 있을까 싶을 만큼 가슴 아픈 일이에요. 아무리 밉다고 한들 어떻게 아들을 죽일 수 있느냐는 말입니다. 그런데 사도세자의 죽음에 얽혀 있는 세력이 있습니다. 바로 숙종 이후 후계자 문제가 대두되었을 때 영조를 밀었던 노론입니다. 그러다 보니 영조 역시 노론의 눈치를 아예 안 볼 수는 없었겠지요. 이 노론이 사도세자의 행실을 지적하고 나선 것입니다. 아들을 문제 삼는 상소가 계속 올라오고 실제로 아들이 이해할 수 없는 행동을 보이니 영조도 스트레스였겠지요.

결국 영조는 한 나라의 왕으로서 결단을 내린 것입니다. 점점 군주로서 적합하지 않은 모습을 보이는 아들을 막을 수 있는 사람은 자신뿐이라고 생각했겠지요. 아버지이기에 앞서 왕이었던 영조가 나라의 미래를 위해 내린 슬픈 선택이었습니다.

아버지 대신 즉위한 정조

뒤주에서 비참한 최후를 맞이한 아버지를 대신해 사도세자의 아들이자 영조의 손자인 정조가 후계자의 자리에 올랐습니다. 영조는 영특한 정조를 후계자로 삼기 위해 일찍 세상을 떠난 첫째 아들의 양자로 입적시켰어요. 사도세자는 죄인이고, 죄인의 아들은 왕이 될 수 없으니 혈통 세탁을 한 것이지요. 정조는 아버지와 달리 할아버지의 기대를 저버리지 않고 열심히 제왕 수업을 받았습니다. 그리고 영조가 죽은 뒤 왕위에 올랐습니다.

어린 시절 정조는 아버지에게 일어난 비극을 직접 목격했어요. 그것만으로도 큰 불행인데, 성장하는 내내 마음 편한 적이 없었습니다. 정조가 왕이 되는 것을 막으려는 사람이 많았기 때문입니다. 사도세자의 죽음에 관여했던 노론은 사도세자의 아들이 왕위에 오르는 것을 원하지 않았습니다. '세손은 복수의 칼날을 갈고 있을 것이다', '세손이 즉위하면 그 칼끝이 우리를 향할 것이다' 이렇게 생각했어요. 이미 선례가 있잖아요. 연산군은 생모인 폐비 윤씨가 어떻게 죽었는지 알게 된 순간 폭주했어요. 그러니까 정조를 바라보는 신하들의 심정은 참으로 복잡했겠지요.

정조는 활을 아주 잘 쏘았습니다. 조선시대에 활 솜씨가 가장 뛰어난 사람을 꼽는다면 태조 이성계와 정조라고 할 수 있어요. 태조만큼 잘 알려져 있지는 않지만, 정조 역시 백발백중의 실력을 자랑했습니다. 백발백중이면 인간적이지 않다면서 마지막 한 발은 일부러 안 맞히는 여유까지 부렸던 사람이 정조예요.

하지만 태조와 달리 정조에게 활쏘기는 취미가 아니라 생존 대책이었습니다. 정조는 늘 신변의 위협을 느꼈어요. 재위 초반에는 정조를 죽이기 위해 궁 안에 자객이 침입하기도 했습니다. 자객들은 밤중에 지붕을 타고 들어왔어요. 조선 역사상 처음 있는 일이었습니다. 암살 시도에 가담한 이들 중에는 외부 세력과 결탁한 환관들도 있었어요. 가장 가까이 있는 사람들마저 이러니 정조는 한시도 방심할 수가 없었습니다. 잠도 제대로 못 잤어요.

그렇지만 정조는 복수에 시간을 쓰지 않습니다. 처음부터 그랬어요. 왕이 된 정조가 가장 먼저 한 말은 이것이었습니다. "나는 사도세자의 아들이다." 할아버지가 애써 세탁한 혈통을 본인 입으로 바로잡은 것입니다. 왕이 즉위식에서 무슨 이야기를 할까, 어떤 비전을 제시할까 궁금해하며 귀를 기울이고 있던 신하들은 깜짝 놀랐겠지요. 노론들은 소름이 쫙 돋았을 것입니다. 또다시 피바람이 불겠구나, 하면서 불안에 떨었을 겁니다.

하지만 정조는 연산군과 달랐습니다. 자신이 사도세자의 아들임을 밝혀 아버지의 명예를 회복시키는 일도 중요했지만, 그것과 정치를 연관시키지는 않았어요. 사적인 감정과 공적인 활동을 철저하게 분리했습니다. 정조도 사람이기 때문에 그렇게 하기가 결코 쉽지 않았을 거예요. 그럼에도 그 두 가지를 구분하려고 끊임없이 노력했습니다. 자신과 대척점에 서 있는 노론이랑 한판 승부를 벌여야 하는데, 노론이어도 사람이 똑똑하다 싶으면 등용했거든요. 할아버지의 탕평정치를 이어갔지만, 이런 점에서 정조는 스타일이 조금 달랐습니다.

영조의 탕평은 물리적으로 구색을 맞추는 것이었습니다. 양쪽에 똑같이 지분을 나눠주는 식이었지요. 하지만 정조는 능력

있는 사람이다 싶으면 당에 상관없이 등용했습니다. 지난번에 노론 사람을 썼으니까 이번에는 소론 사람을 써야지 하는 식이 아니었다는 말입니다. 훌륭한 리더의 모습이지요.

정조 자신의 뛰어난 능력, 그리고 편견 없이 등용한 인재들 덕분에 조선은 영조 대에 이어 경제적으로나 문화적으로나 크게 번성하게 됩니다. 정조 시기가 조선 후기의 최전성기라고 평가받는 이유입니다.

실력을 중시하는 똑똑한 왕

조선 전기에 세종이 있다면 조선 후기에는 정조가 있다고 말할 수 있습니다. 두 사람은 공통점도 많은데 우선 무척 일을 많이 했다는 점을 들 수 있겠지요. 특히 정조는 일을 무척 좋아하는 워커홀릭이었습니다. 똑똑한 데다 부지런해서 밤새 책을 읽거나 업무를 보곤 했다고 전해집니다. 정조가 특히 좋아했던 일은 문서를 보는 것이었어요. 문서를 살펴보는 게 일상이었다고 합니다.

정조가 또 좋아했던 일은 신하들과 토론하는 것이었습니다. 왕과 신하가 대화를 많이 나누는 것은 분명 좋은 일이에요. 그런데 정조 같은 경우는 시도 때도 없이 그랬어요. 한번 토론을 시작하면 이야기가 줄줄 이어지며 밤을 새기 일쑤였습니다. 그만큼 일하는 것과 일 얘기하는 것을 즐겼고, 그 과정에서 많은 업적을 남겼습니다.

정조 하면 가장 먼저 떠오르는 게 바로 규장각이에요. 세종이 인재를 뽑기 위해 집현전을 설치했다면 정조는 인재를 길러내기 위해 규장각을 설치했습니다. 규장각은 왕실 도서관이자 학문 연구기관이었어요. 정조는 초계문신 제도를 만들어서 젊고 유능한 관리를 뽑은 다음 규장각으로 보냈습니다. 거기에서 재교육을 받게 한 것이지요.

초계문신 제도란 과거에 급제한 사람들 중 37세 이하의 문신들을 뽑아 규장각에서 다시 교육하는 제도입니다. 조선의 과거 시험은 굉장히 어려웠어요. 3년에 한 번만 볼 수 있는 시험인데 최종 합격자가 33명밖에 안 됐습니다. 전국 1등부터 33등까지만 통과하는 거예요. 게다가 가문의 명예를 걸고 보는 시험이니 다들 얼마나 공부를 열심히 했겠어요. 그렇게 공부를 많이 하고 과거에 급제한 선비들을 규장각에서 또 공부시킨 거예요. 재능 있는 인재들을 실전형 인재로 만들기 위한 방법이었던 거지요. 정조는 규장각 선비들을 직접 가르치기도 했습니다.

정조는 아주 빡빡한 스타일이었어요. 초계문신에게도 방학이 있을 것 아닙니까? 휴가를 간다고 인사를 하러 가면 정조가 이런 말을 해요. "그런가? 내가 요즘 이런 일을 하나 구상 중인데 마침 휴가를 간다니까 쉬면서 이 일에 대해 한번 생각해보게." 휴가 가는 신하한테 일거리를 주는 거지요. 이게 끝이 아닙니다. 휴가가 절반 정도 지났을 때쯤 또 편지를 보내요. "휴가 잘 보내고 있나? 그런데 내가 전에 얘기한 일에 대해 생각은 해보았고? 떠오른 게 있으면 나한테 좀 보내주게." 이러는 거예요. 정말 훌륭한 왕이지만, 상사로 만났으면 좋아하기 힘든 인물이었겠죠.

정조가 이렇게 키운 초계문신 중 대표적인 인물이 바로 정약용입니다. 정약용은 훗날 정조가 죽은 뒤에 유배를 가게 되는데, 그곳에서 정조랑 똑같은 스타일로 제자들을 가르쳤다고 해요. 그도 그럴 것이, 정약용은 규장각 우등생이었어요. 규장각에서 과제를 낼 때마다 아주 혁신적인 답을 제시해서 정조를 흡족하게 했다고 합니다. 실제로 정약용은 정조의 여러 개혁 정책에 함께했습니다. 그중 하나가 수원 화성 건설이었죠.

정약용은 정조의 명에 따라 수원 화성을 설계했어요. 화성 건축을 위해 거중기도 발명했습니다. 수원 화성은 정조가 아버지의 명예를 회복하는 과정에서 지은 것입니다. 사도세자의 묘가 너무 초라해서 마음이 아팠던 정조는 무덤을 수원으로 옮기고 화성을 쌓았습니다. 그곳을 최고의 도시로 만들고 싶은 의지가 있었던 것 같아요. 또 새로운 상업도시를 조성해 백성들을 이주시키려 했습니다. 말 그대로 신도시 프로젝트였던 거지요. 실제로 수원 화성은 다른 성곽과 많이 다릅니다. 곳곳에 적의 침입을 대비한 방어 시설과 군사훈련 시설이 있고, 동시에 전국의 상인들을 모아 편하게 상행위를 할 수 있는 상업적 기능도 갖추고 있지요.

정조는 상업 활동도 굉장히 장려했습니다. 독점 세력은 용납하지 않았어요. 당시 종로에서는 나라에서 허가받은 시전 상인만이 장사를 할 수 있었습니다. 일종의 독점권이 있었던 것이지요. 이를 금난전권禁亂廛權이라 했습니다. 관청의 허가를 받지 않고 물건을 파는 가게를 난전이라 하는데, 이 난전을 금지하는 권리가 금난전권이에요. 시전 상인들은 난전 상인들이 자기랑 비슷한 품목을 판다 싶으면 때려서 쫓아냈습니다. 정조는 이 금난전권을 없애버렸어요. 나라에 필요한 물품을 공급하는 육의전을 제외하면 아무도 난전을 막을 수 없었지요. 누구든 마음껏 장사를 할 수 있게 된 거예요. 이걸 신해통공辛亥通共이라고 합니다.

정조의 또 다른 업적이라면 서적 편찬을 들 수 있습니다. 정조가 실용적인 학문을 장려한 덕분에 수많은 실학 서적이 쏟아져 나왔어요. 정조 역시 굉장히 많은 책을 정리했습니다. 이순신이 남긴 일기에 '난중일기'라는 제목을 승인한 사람도 정조입니다. 정조는 이순신을 정말 좋아했어요. 이순신의 모든 기록을 모아 전집을 만들 정도였지요.

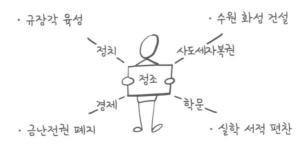

· 규장각 육성   · 수원 화성 건설

정치   사도세자복권

정조

경제   학문

· 금난전권 폐지   · 실학 서적 편찬

정조의 업적을 보다 보면 이 사람이 얼마나 똑똑했는지 느낌이 옵니다. 태종이 신하들을 카리스마로 압도하고, 숙종은 정통성으로 압도했다면 정조는 논리로 압도했습니다. 자기 얘기에 항상 근거를 댔어요. 기억력도 좋아서 "논어에 나와 있다"라고 하는 정도가 아니라 "논어 몇 쪽 몇 번째 줄에 있다"라고 얘기할 정도였어요. 토론이 끝난 뒤에 신하들이 논어를 펼쳐보면 정조가 말한 위치에 정확히 그 구절이 있었다고 해요.

정조는 무엇이든 자기가 해야 하는 성격이었습니다. 신하들을 가르칠 때는 문제도 직접 내고 채점도 직접 했어요. 그러니까 밤새워 일을 했던 것이겠지요. 물론 정조가 있을 때는 모든 업무가 잘 돌아가니 문제가 없지요. 하지만 정조가 없다면 어떨까요? 그 공백을 누가 채울 수 있겠습니까. 그런데 우려하던 그 일이 실제로 벌어졌습니다. 정조가 갑자기 죽은 거예요. 정조에 이어 열한 살밖에 안 된 순조가 제23대 왕으로 왕위에 올랐습니다. 어린 왕이 즉위하자 여기저기서 권력을 탐하는 무리가 나타났습니다. 그렇게 조선은 쇠락의 길로 들어섰지요.

조선의 쇠락

◆

세도정치와 피폐한 민생

세도가문의 득세

세도정치란 극소수의 외척 가문이 권력을 독점하고 나랏일을 마음대로 하는 정치 형태를 말합니다. 정조 사후에 순조, 헌종, 철종에 이르기까지 60여 년간 세도정치가 이어졌습니다. 왕실과 혼인관계를 맺은 안동 김씨, 풍양 조씨 같은 가문이 국정을 좌지우지했지요.

조선 후기 정치 형태 변화

붕당 ⟶ 환국 ⟶ 탕평 ⟶ 세도
(선조)　　(숙종)　　(영·정조)　(순조, 헌종, 철종)

순조의 손자인 제24대 왕 헌종은 고작 여덟 살에 왕이 됐어요. 조선 왕 중 가장 어린 나이에 즉위한 인물이지요. 안 그래도 왕권이 추락한 상황에 어린아이가 왕위에 올랐으니 무슨 힘이 있었겠습니까.

영조와 정조 재위기에 신하들은 왕에게 꼼짝하지 못했습니다. 그 시절은 조선 후기의 르네상스로 불리지만, 신하들 입장에서는 암흑기였을지도 몰라요. 권력의 맛을 본 세도 가문들은 또다시 강한 왕을 만나고 싶지 않았을 것입니다. 그래서 아예 허수아비 왕을 데려다 앉혔어요. 헌종이 20대 초반의 나이에 자식도 없이 죽자, 강화도에서 농사를 지으며 살고 있던 철종을 제25대 왕으로 세운 것입니다.

철종은 왕족이었지만 그의 할아버지가 역모사건에 휘말리면서 가족이 모두 유배되었습니다. 그러니 제대로 된 교육도 받지 못한 채 자랐어요. 신하들이 마음대로 휘두르기 딱 좋은 조건 아니겠습니까? 그야말로 자신들이 하고 싶은 대로 하기 위해 올려놓은 왕이었던 것이지요.

삼정의 문란

세도 가문의 악행은 일일이 나열하기 어려울 정도입니다. 이들은 수단과 방법을 가리지 않고 돈을 긁어모았습니다. 대표적인 돈벌이 수단이 '매관매직'이었습니다. 관직을 파는 거예요. 큰돈을 내고 관직을 산 관리들은 자기가 쓴 돈을 충당하기 위해 백성들을 수탈했습니다. 세금을 명목으로 탈탈 털어갔지요. 이 과정에서 조선의 세금 체계가 완전히 붕괴됩니다.

조선 후기의 세금 제도로는 '삼정'이라고 하는 전정, 군정, 환곡이 있었습니다. 전정은 토지에 물리는 세금이고, 군정은 '군포'를 말합니다. 당시 16세에서 60세 사이의 남성은 국가에 노동력을 제공해야 했어요. 노동력을 제공하는 대신 옷감인 베를 납부하기도 했는데, 이게 군포입니다. 환곡은 일종의 백성 구제책이었습니다. 먹을 것이 없는 봄에 곡식을 빌려주고 추수철인 가을에 이자를 쳐서 갚게 하는 제도였지요. 그 이자로 국고를 충당했던 거예요.

부패한 관리들이 이 제도들을 제대로 운영할 리 없었겠지요. 가장 문제가 많았던 것은 군정입니다. 세금을 조금이라도 더 걷기 위해 60세가 넘은 노인은 물론, 16세는커녕 갓 태어난 아기한테도 세금을 매긴 거예요. 심지어는 죽은 사람한테도 매겼어요. 그러니까 군포를 한 필만 내면 되는 남성이 아들 몫, 연로한 아버지 몫, 돌아가신 할아버지 몫까지 네 필을 내야 하는 상황에 처하게 되는 겁니다. 견디다 못해 도망치는 사람이 생기면 이웃에게 그만큼의 세금을 더 물렸습니다. 이러니 백성들이 얼마나 억울했겠습니까. 오죽하면 정약용의《목민심서》에 이게 다 아이를 낳

최소한의 한국사

은 죄라고 한탄하며 낫으로 자신의 성기를 자른 사람의 이야기가 기록되기도 했습니다. 사는 게 얼마나 고됐을지 상상하기 어려울 정도지요. 자기 배만 불리는 세도정치 아래에서 조선은 차츰차츰 기울어가고 있었습니다.

농민들의 봉기

사회가 혼란에 빠지면 사람들은 새로운 생각, 새로운 세상을 꿈꾸게 됩니다. 기존의 성리학과 달리 평등을 강조하는 천주교와 동학이 일반 백성들 사이에 퍼진 것도 이때입니다. 그러다 보니 백성들의 의식도 달라지기 시작했습니다. 다 같은 사람인데 신분으로 차별을 받는 게 불공평하다는 생각을 하게 되었지요.

뭔가 잘못됐다는 생각이 드는 와중에 지배층의 횡포가 더해가니 백성들도 더 이상 참을 수가 없었습니다. "도저히 못 살겠다!" 하면서 전국에서 농민 봉기가 일어났습니다. 대표적인 것이 평안도 지역에서 일어난 홍경래의 봉기, 그리고 경상도 지역에서 시작된 임술 농민 봉기입니다.

평안도는 예로부터 차별을 많이 받은 지역이에요. 평안도 출신은 과거에 급제해도 출세하기가 어려웠습니다. 중국 무역의 통로라는 지리적 특성 때문에 상공업이 발달했지만, 그럴수록 극심한 수탈에 시달려야 했지요. 지역 차별과 사회적 모순, 백성들의 비참한 생활에 분개한 홍경래는 몰락 양반과 상인들, 농민들을 끌어모아 봉기했습니다.

조정에서는 전국 곳곳에서 일어난 봉기를 겨우 수습했어요. 왕이 되기 전까지 평민으로 살았던 철종은 문제의 심각성을 인식하고 삼정의 문란을 바로잡으려 했지요. 탐관오리를 잡아들이기 위해 암행어사를 파견하기도 했으나 이미 부정부패가 만연한 터라 큰 효과는 볼 수 없었습니다. 철종의 개혁 의지는 세도 가문의 반대에 부딪쳐 번번이 좌절됐어요. 힘없는 왕의 한계였습니다.

조선 후기 대표 문화유산

인왕제색도

◆ ◆ ◆
진경산수화

조선 전기에 일어난 병자호란 이후, 결국 명은 청에 의해 멸망했다. 그러나 명 멸망 이후에도 조선에는 성리학 사상이 여전히 강하게 남아 있어, 우리가 중국의 법통을 이었다는 소중화사상이 일어났다. 조선이 중화를 계승한 유일한 존재라는 생각은 우리가 세상의 중심이라는 생각으로 이어졌고, 소중화사상은 결국 조선의 민족적 자존심과 문화적 자긍심을 고취시키는 역할을 했다. 그래서 이때부터 그림에 우리의 자연과 우리네 사람들이 등장하기 시작했다.

조선 후기에 유행한 진경산수화는 실제 경치를 직접 보고 그린 산수화로, 중국의 산수화를 모방해서 그린 이전까지의 산수화와 차별된다. 대표적인 화가는 정선이다. 위의 그림은 정선의 대표작인 〈인왕제색도〉로 진경산수화를 대표하는 걸작으로 평가된다. 비온 뒤의 인왕산의 모습을 정선이 직접 보고 그렸으며 우리나라의 산수가 잘 표현되어 있다. 정선의 400여 점의 작품 가운데 가장 크기가 크며, 국보로 지정되어 있다.

◆ ◆ ◆

풍속화

진경산수화가 조선의 자연을 담았다면 풍속화는 조선인들의 생활상을 담았다. 김홍도, 신윤복 등이 풍속화를 그린 대표적인 화원이다. 그중에서도 김홍도는 서민의 일상생활을 소탈하고 익살스럽게 표현해 냈다. 위의 그림은 보물로 지정된 김홍도의 풍속화첩 《단원 풍속도첩》의 그림들로 이 화첩에는 〈씨름〉, 〈무용〉, 〈서당〉 등 풍속도를 말할 때 바로 연상될 만큼 대표적인 작품들이 실려 있다. 조선인들의 평범한 일상이지만 화가가 따뜻한 시선으로 예리하게 포착한 순간들이 당시의 사회 분위기를 잘 전한다.

◆ ◆ ◆

대동여지도

조선 후기에는 상업이 발달했다. 숙종 때 상평통보가 통용된 것도 상업의 발달이 그 배경이었다. 이처럼 전국으로 물자 교류와 인적 교류가 활발해지자 지도의 필요성이 대두되었다.

《대동여지도》는 지리학자 김정호가 우리나라 전체를 22개의 목판으로 나누고, 각각의 부분도를 병풍식으로 접어 한 권의 책으로 엮은 지도다. 각 첩은 접을 수 있어 휴대가 편리했다. 첩 한 면의 남북 길이가 30센티미터이므로 22첩을 모두 연결하면 세로 약 6.6미터, 가로 4미터에 이르는 초대형 조선 전도가 된다. 보물로 지정되어 있다.

5장

근대

조선의 개항

◆

쏟아지는 열강의 개항 요구와 조선 내부의 혼란

우리나라의 전근대사를 네 시기로 구분하는 것처럼, 근현대사는 세 시기로 구분할 수 있습니다. 1876년 개항부터 1910년까지의 개항기, 국권피탈 이후부터 1945년까지의 일제강점기, 광복부터 지금에 이르는 현대가 그것입니다.

근현대사 시대 구분

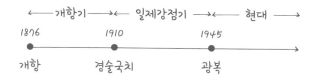

우리나라 반만년 역사 중 근현대사는 150년이 채 안 되는 시간이니 전근대사에 비해 짧지만, 그 시간에 몰아친 소용돌이는 대단했습니다. 한복을 입고 성리학을 내세우던 조선에서 서양식 의복을 입고 자유민주주의를 지향하는 현대에 이르기까지 단숨에 세상이 변했지요. 그 변화의 시작에는 조선의 문호가 개방되는 개항이 있었습니다.

흥선대원군의 등장

철종이 후사 없이 죽자 세도 가문은 또다시 허수아비 왕을 앉히려 했습니다. 하지만 똑똑하다 싶은 왕족은 이미 모함을 당해 귀양을 가거나 죽임을 당한 상황이었지요. 흥선대원군도 왕족이었지만 일부러 어리석은 사람처럼 행동해 목숨을 부지했습니다. 덕분에 그의 아들 고종이 제26대 왕으로 즉위하게 되었습니다. 당시 고종은 열두 살로 정사를 돌보기엔 어린 나이였기 때문에 아버지인 흥선대원군이 대신 정치를 맡았지요. 이것을 '섭정'이라 합니다.

고종이 왕위에 오른 19세기 조선은 극심한 혼란기였습니다. 안으로는 세도 가문의 횡포에 백성들의 고통이 극에 달했고, 밖으로는 서양 세력이 위협을 가하며 개항을 요구하고 있었지요. 분명 변화가 필요한 시점이었습니다. 섭정을 맡은 흥선대원군은 말 그대로 대대적인 개혁을 단행했습니다. 흥선대원군의 개혁은 세 가지 키워드로 설명할 수 있습니다. 왕권 강화와 민생 안정, 그리고 통상 수교 거부입니다.

왕권 강화는 흥선대원군의 최우선 목표였습니다. 세도 가문들이 나라를 좌지우지하고 있으니 이들을 몰아내고 아들에게 힘을 실어주는 것이 무엇보다 절실했지요. 그래서 흥선대원군은 가장 먼저 비변사를 폐지했습니다.

비변사는 본래 군사 업무를 논의하던 임시 기구였는데, 임진왜란 이후 점점 권한이 강해지면서 나랏일을 결정하는 최고 기구가 됐습니다. 이 비변사를 세도 가문이 장악하고 권력을 휘둘렀기 때문에 흥선대원군이 없애버린 것입니다. 세도 가문의 아지트를 정리한 셈이지요.

그다음에 한 일은 임진왜란 때 불탄 경복궁을 중건하는 것이었습니다. 추락한 왕실의 권위를 다시 세우기 위한 작업이었지요. 현재 우리가 보고 있는 경복궁은 이때 중건한 것입니다. 물론 필요한 일이었지만 이 과정에서 흥선대원군은 실수를 저지르고 말았어요. 궁을 다시 짓는 대공사이니 만큼 경복궁 중건에는 많은 돈이 필요했습니다. 그런데 왕실에 돈이 없다는 것이 문제였습니다. 이를 해결하기 위해 흥선대원군은 고액 화폐 당백전當百錢을 찍어냈습니다.

당백전의 가치는 상평통보의 100배에 달했습니다. 지금 우리가 5만 원권을 많이 쓰고 있는데, 갑자기 나라에서 500만 원권을 만들어 유통시킨다고 생각해 보세요. 결과는 불을 보듯 뻔합니다. 인플레이션이 온 것이지요. 화폐 가치가 떨어지고 물가가 폭등하면서 백성들의 생활이 무척 어려워졌습니다.

사실 민생 안정은 왕권 강화 다음으로 흥선대원군이 신경을 썼던 부분입니다. 경복궁 중건 사업을 무리하게 진행하면서 백성들의 원성을 사기는 했지만, 흥선대원군은 삼정의 문란으로 피폐해진 백성들의 삶 또한 살피려 했습니다. 대표적인 것이 바로 호포제입니다. '호'는 집을 의미하는 글자로, 호포제는 집집마다 세금으로 군포를 내라는 제도지요.

중요한 것은 이 '집집마다'에 양반집도 들어가게 되었다는 사실입니다. 이전까지 양반들은 군역을 지지 않았어요. 쉽게 말해 일반 백성들만 군대에 가야 했습니다. 군대에 가는 대신 군포를 내기도 했는데, 양반들은 군역을 지지 않았기 때문에 군포를 낼 필요도 없었습니다. 그런데 흥선대원군이 양반들도 군역을 지게끔 한 거예요.

양반들은 이에 크게 반발했습니다. 군대를 가지 않는 것은 조선 양반의 특권이었거든요. 양반들 입장에서 군대는 상놈들이나 가는 것이었습니다. 그런데 자기들이 그런 취급을 받게 되니 참을 수가 없었겠지요. 하지만 흥선대원군은 물러서지 않았고, 결국 호포제가 시행됐습니다. 기존의 질서를 흔드는 대단한 개혁이었지요.

조선의 3대 개혁가를 꼽으라고 하면 전기에는 중종 대의 조광조, 중기에는 대동법을 완성한 김육, 그리고 후기에는 흥선대원군을 들 수 있습니다. 흥선대원군은 침몰하고 있는 조선을 어떻게든 다시 세워놓으려고 했던 사람입니다. 그야말로 암울했던 조선의 마지막 불꽃이라 불릴 만하지요.

통상 수교 거부 정책

통상 수교 거부는 흥선대원군을 이야기할 때 빼놓을 수 없는 키워드입니다. 19세기에 세계는 제국주의라는 네트워크로 연결되어 있었어요. 흥선대원군은 서세동점西勢東漸, 즉 서양 세력이 동쪽으로 밀려 들어오는 상황에서 나라의 문을 굳게 걸어 잠갔습니다. 그래야 나라가 안정될 거라고 믿었던 것이지요. 하지만 외세는 이미 조선에 손을 뻗치고 있었습니다. 서양에서 온 배들은 툭하면 통상을 요구했고, 해안에서 행패를 부리기도 했어요. 국내에서는 프랑스인 선교사들이 천주교를 전파하고 있었지요.

흥선대원군은 천주교 신자를 잡아들여 처형하라고 명했습니다. 병인년에 일어난 박해, 병인박해가 시작된 거예요. 천주교 신자 수천 명이 죽었고, 그중에는 프랑스 선교사 아홉 명도 포함되어 있었습니다. 이 사실을 알게 된 프랑스가 강화도를 침략하면서 같은 해인 1866년 병인양요가 발발했지요.

프랑스군은 강력한 무기로 순식간에 강화도를 점령했습니다. 그들이 요구한 건 두 가지였습니다. 프랑스인들을 죽인 책임자를 처벌할 것과 통상조약을 체결할 것이었지요. 하지만 조선은 요구를 받아들이는 대신 끝까지 싸웠습니다. 그 기세에 프랑스군도 결국 철수할 수밖에 없었지요.

그런데 철수하는 프랑스군은 그냥 떠나지 않았습니다. 왕실 도서와 고문서를 보관하던 강화도 외규장각에서 물건을 약탈한 뒤 불을 지른 겁니다. 도둑맞은 보물들은 프랑스의 박물관이나 도서관에 전시됐지요. 대표적으로 조선 왕실의 행사 보고서, 외규장각 의궤가 있습니다. 현재는 장기 임대 방식으로 반환되었지요.

이뿐만 아니라 같은 해에 미국의 상선 제너럴셔먼호가 대동강으로 들어와 통상을 요구한 사건도 있습니다. 이들은 평안 감사가 통상 요구를 거절하자 평양까지 쳐들어와 민가를 약탈하고 죄 없는 사람들을 죽였습니다. 이에 화가 난 평양 군민들이 배를 불태워 버렸고요. 이것이 제너럴셔먼호 사건인데 이를 빌미 삼아 1871년에 미국이 쳐들어왔습니다. 이것이 신미양요지요.

당시 미국은 남북전쟁을 끝내고 인디언을 몰아내며 서부 개척을 이어가던 중이었습니다. 전쟁에 능할 수밖에 없었지요. 병인양요에 이어 신미양요까지 벌어지면서 조선에서는 정말 많은 사

람이 죽었습니다. 우리가 할 수 있는 일은 하나뿐이었어요. 똘똘
뭉쳐서 저항하는 것이었지요. 신미양요에 참전했던 미군 장교가
조선군에 대해 "그들은 항복을 몰랐다. 무기를 잃으면 돌과 흙을
집어 던졌다"라고 표현했을 정도입니다. 그렇게 필사적으로 싸워
서 프랑스도, 미국도 쫓아냈어요. 이후 흥선대원군은 서양 세력과
통상 수교를 하지 않겠다는 뜻을 널리 알리기 위해 전국 각지에
외국과의 수교는 곧 매국이라는 내용의 척화비를 세웠습니다.

흥선대원군의 통상 수교 거부

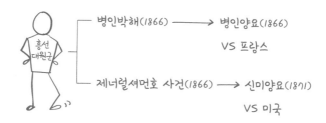

안으로는 왕권 강화와 민생 안정을 도모하고, 밖으로는 통상
수교 거부를 밀고나간 것이 10년간 이어진 흥선대원군의 개혁 내
용입니다. 공과 과가 분명히 있지요. 흥선대원군은 개혁에 최선을
다했지만, 미래지향적인 국가를 바라기보다는 과거 왕조의 영광
을 꿈꿨습니다. 이것이 흥선대원군의 한계였습니다.

고종 친정과 강화도조약

흥선대원군이 권력을 잡은 지 10년이 된 1873년, 고종은 스물두 살이 되었습니다. 신하들은 고종에게 이제 직접 정치를 해야 한다고 상소를 올렸어요. 아들이 다 자랐으니 흥선대원군도 더 이상 섭정을 이어갈 명분이 없었습니다. 그렇게 흥선대원군이 물러나면서 고종이 직접 정치를 펼치는 '친정'이 시작됐습니다. 하지만 이번에도 제대로 된 친정은 아니었습니다.

고종의 정치는 세 시기로 구분할 수 있습니다. 첫 번째 아버지 흥선대원군과 함께했던 시기, 두 번째 부인 명성황후와 함께했던 시기, 마지막 세 번째가 홀로 통치를 했던 대한제국 시기입니다. 어릴 때는 아버지가 국정을 좌지우지했고, 친정을 시작한 뒤에는 부인을 중심으로 한 민씨 세력이 권력을 장악하게 되었지요.

민씨 세력은 흥선대원군과 노선이 달랐습니다. 외국과 수교가 필요하다는 쪽이었어요. 조정에서도 걸어 잠갔던 문을 열어야 한다는 통상론자의 주장이 힘을 얻기 시작했습니다. 이러한 상황에서 일본군이 군함인 운요호를 몰고 강화도에 침입한 일이 발생했습니다. 미국의 강압에 못 이겨 화친조약을 맺은 일본은 자신들이 당했던 방법 그대로 조선을 위협했습니다. 바닷가에서 대포를 쏘며 수교를 맺자고 한 거지요. 멋대로 해안가를 측량하기도 했습니다. 조선이 대항하자 공격을 퍼붓고 온갖 만행을 저지른 뒤에 돌아갔습니다.

그런데 그다음이 문제였습니다. 일본이 운요호 사건을 두고 트집을 잡기 시작한 것입니다. 관청을 불태우고 사람을 죽인 건 자기들인데, 조선군이 먼저 공격을 한 탓에 일어난 일이라고 우기더니 막무가내로 개항을 요구한 것이지요. 고종과 민씨 정권은 결국 일본의 요구를 받아들였습니다. 이에 따라 1876년 조선과 일본 사이에 강화도조약이 체결되었습니다.

강화도조약과 개항

 운요호 사건(1875) → 강화도조약 체결(1876) → 개항

강화도조약은 조선에 불리하고 일본에 유리한 불평등조약이었습니다. 이 조약에는 일본인이 자유롭게 조선의 해안을 측량할 수 있으며, 조선의 항구에서 죄를 지은 일본인은 일본 관리가 심판한다는 조항도 있었습니다. 일본인이 조선에서 죄를 지어도 조선의 법으로 다스릴 수가 없게 된 것이지요. 조선은 이렇게 일본에 해안측량권과 치외법권을 허용하고 말았습니다. 강화도조약 이후 다른 나라들 역시 일본과 같은 조건으로 조선과 조약을 맺고자 했습니다. 그러니 조선은 계속해서 불평등조약을 맺을 수밖에 없었지요. 첫 테이프를 잘못 끊은 셈입니다.

그럼에도 강화도조약 체결의 역사적 의의를 찾자면 우선 강

화도조약은 우리나라가 외국과 맺은 최초의 근대적 조약입니다. 이 조약으로 말미암아 조선이란 나라가 국제사회에 등장하는 한편, 자본주의 세계에 발을 담그게 되었어요. 현재 우리 시대의 첫 번째 페이지가 바로 이때부터 쓰이기 시작했다고 할 수 있습니다.

임오군란

강화도조약이 체결되어 개항開港, 즉 항구를 열어 외국과의 교역이 시작되었습니다. 이 과정에서 정부와 정책 추진 방향이 같았던 개화파가 득세하게 되었죠. 조선 정부는 이들과 개화 정책을 추진해 나갔습니다.

그 일환으로 신식 군대를 만들었습니다. 병인양요와 신미양요, 운요호 사건을 차례로 겪으면서 외국의 무기들이 얼마나 뛰어난지 알게 됐기 때문입니다. 그렇게 만들어진 신식 군대가 특별한 기술을 배우는 군대라는 뜻의 별기군別技軍입니다. 이들에게는 신식 무기가 지급되었고, 훈련은 일본인 교관이 맡았습니다.

별기군이 생기자 구식 군대는 찬밥 신세가 되었습니다. 신식 군대가 생겼으니 규모를 줄여버려 원래 5군영이었던 것이 2영으로 축소되었지요. 직업군인 중 절반 이상이 하루아침에 정리 해고를 당한 것이었습니다. 남은 사람들 또한 형편없는 대우를 받았습니다. 무기는 물론이고 군복도 제때 지급되지 않았지요. 월급은 무려 1년이 넘도록 밀렸습니다. 밀린 월급의 일부는 쌀로 지급됐는데, 그것마저도 쌀이 반, 쌀겨와 모래가 반이었어요. 그렇게 오래 기다렸는데 그중 절반은 먹을 수 없는 것이니 군인들이 얼마나 화가 났겠습니까.

이런 것이 개혁의 양면성입니다. 개혁으로 형편이 나아지는 사람도 있고, 동시에 필연적으로 피해를 보는 사람도 생깁니다. 이 당시 개혁의 피해자는 빈민들, 서민들이었습니다. 조선 정부는 그 점을 미처 헤아리지 못하고 개혁을 추진했지요.

결국 일자리를 잃거나 월급을 제대로 받지 못해 먹고살기 힘들어진 군인들은 개화에 반발하며 1882년 임오군란을 일으켰습니다. 임오년에 군인들이 일으킨 난이라는 뜻이지요. 개화 정책에 피해를 입고 불만을 품은 백성들도 동참했습니다.

이들의 타깃은 개화 정책을 주도한 민씨 세력의 정점인 명성황후, 그리고 조선이 신식 군대를 창설하는 데 개입한 일본 공사관이었습니다. 구식 군대는 일본 공사관을 습격하고 별기군 훈련을 맡은 일본인 교관도 살해했어요. 또 다른 타깃이었던 명성황후가 한양을 떠나 충북 장호원으로 도피했을 만큼 상황은 긴박하게 흘러갔습니다.

스스로 난을 수습할 힘이 없었던 민씨 세력은 청에 도움을 요청했습니다. 조선에 온 청 군대는 흥선대원군을 납치하고 동대문 일대에 포를 깔았습니다. 임오군란을 일으킨 군인들이 주로 살았던 동네가 왕십리, 이태원 쪽이어서 동대문 일대에 포를 걸면 모두 사정거리 안에 들어왔거든요.

청의 공격으로 동대문 일대는 쑥대밭이 되었습니다. 임오군란은 진압됐지만, 이때 조선은 첫 번째 단추를 잘못 끼웠어요. 외세를 끌어들여 국내 문제를 해결하고 정권을 유지하려 했기 때문입니다. 외교에는 공짜가 존재하지 않습니다. 반드시 영수증이 청구되지요. 혈맹이나 우방 같은 말도 외교적 수사에 불과해요. 오로지 국익만이 외교를 움직입니다. 청 역시 조선을 선의로 도운 게 아니었습니다.

청이 내민 계산서는 '조청상민수륙무역장정'이었습니다. 이 조약의 핵심은 청 상인들이 조선 내륙까지 들어와서 장사할 수 있도록 허락한다는 것이었습니다. 일본과 체결한 강화도조약이 불평등조약이긴 했지만, 개항장인 부산과 원산, 인천에서만 무역이 가능했습니다. 그런데 조청상민수륙무역장정은 다릅니다. 청의 상인들이 조선에 들어와 먹고살 수 있는 길을 열어준 거예요.

일본에서도 요구 사항을 내놓았어요. 공사관은 치외법권 지역인데 조선인들이 들어와서 일본인을 공격하고 죽였으니 피해를 보상하라는 것이었어요. 압박에 못 이긴 조선은 일본과 제물포조약을 체결했습니다. 제물포조약에 따라 일본은 조선에 군대를 주둔시켰지요. 조선에서 일본인을 지켜주지 못하니까 자기들이 직접 지키겠다는 명분이었습니다. 결과적으로 청과 일본, 두 나라의 군대가 조선에 들어오게 되었습니다. 정말 황당한 일이 벌어진 것이지요.

임오군란 결과

- 청 진압 ⟶ 내정간섭↑, 청 상인 내륙 진출
- 일본 피해 보상 ⟶ 일본군 주둔 허용

위로부터의 개혁, 갑신정변

청이 와서 내정을 간섭하고, 나라 안에 일본 군대가 주둔하는 모습을 보며 분개한 청년들이 있었습니다. '이것이 과연 우리가 바라던 개화인가' 의문을 가진 것이지요. 명문가에서 태어나 엘리트로 자란 그들은 더욱 급진적인 개화를 원했습니다. 빠르게 세상을 변화시키기 위해서 일본처럼 서양의 기술뿐 아니라 사상과 제도까지 받아들여야 한다고 주장했어요. 일본은 메이지유신으로 짧은 시간 안에 환골탈태했습니다. 조선도 그렇게 바뀌어야 한다는 것이었지요. 그래서 그들은 임오군란 2년 뒤인 1884년에 들고 일어섭니다. 위로부터의 개혁, 갑신정변이 발생한 것이지요.

갑신정변은 우리나라 최초의 우체국인 우정총국 개국 연회에서 일어났습니다. 김옥균을 비롯한 급진개화파는 근처에 불을 질러 연회장을 혼란에 빠뜨린 뒤, 명성황후의 조카 민영익을 공격했습니다. 그런 다음 창덕궁으로 가서 청이 난을 일으켰다고 속여 고종과 명성황후를 경운궁으로 피신시켰지요. 왕을 사로잡은 이들은 개화당 정부를 수립하고 개혁 정강을 발표했습니다.

개혁 정강의 핵심 내용 중 하나는 신분제 폐지였습니다. 정말 놀라운 일이지요. 신분제의 가장 꼭대기에 있는 사람들이 자신의 기득권을 내려놓고 새로운 세상을 제시한 거잖아요. 100여 년 전의 청년 세대가 좀 더 나은 미래를 꿈꿨다는 사실을 생각하면 가슴이 뭉클해집니다. 우리나라 근대사 중 무척 값진 장면이지요.

그러나 급진개화파의 꿈은 이뤄지지 않았습니다. 이상한 낌새를 알아챈 정부가 또다시 청에 도움을 요청한 거예요. 임오군란 때 잘못 끼운 첫 번째 단추의 결과입니다. 한번 길이 나면 계속 그 길로 가게 되는 법이거든요. 이미 조선에 들어와 있던 청 군대는 곧바로 창덕궁으로 들어갔습니다. 그러자 일본군 역시 출동했습니다. 급진개화파가 일본의 군사적 지원을 약속받았기 때문입니다. 결국 창덕궁에서 청과 일본 군대가 부딪치게 되었고, 총격전이 벌어졌습니다. 소수였던 일본군이 약속을 어기고 철수하면서 상황은 금세 종료됐습니다. 이로써 갑신정변은 3일 천하로 끝이 났지요.

사실 청과 일본은 충돌을 원하지 않았어요. 작은 싸움이 자칫 전면전으로 번질 수도 있으니까요. 한반도에 두 나라의 군대가 계속 주둔하고 있다가는 위험할 수 있다는 사실을, 양쪽 모두 알고 있었습니다. 그래서 갑신정변 직후에 청과 일본은 양군 모두 한반도에서 철수하고, 언제든 군대를 파견하게 되면 상대국에 통보하기로 약속한 텐진조약을 체결합니다. 그리고 한반도에서 철수했지요. 이로써 위로부터의 개혁 운동이 끝이 났습니다.

아래로부터의 개혁, 동학농민혁명

갑신정변이 실패하고 10년이 지난 1894년, 이번에는 아래로부터의 개혁 운동이 시작되었습니다. 동학농민혁명이 일어난 것입니다. 당시 농민들은 불만이 많을 수밖에 없었어요. 개항 이후 살기가 더욱 어려워졌기 때문입니다.

강화도조약으로 나라의 문이 열리자 근대 문물이 쏟아져 들어왔습니다. 1880년대에는 최초의 근대식 병원인 광혜원이 생겼고, 최초의 우체국인 우정총국이 들어섰어요. 전기가 들어오면서 야간 업무도 가능해졌습니다. 그런데 이런 일들을 무슨 돈으로 하겠습니까. 당연히 세금이지요. 세금 부담은 증가하는데 농민들의 생활이 더 나아진 것도 아니었어요. 농민들 입장에서는 개항이라는 게 삶에 별로 와닿지 않고, 오히려 힘들기만 한 거예요.

나라가 돌아가는 형편도 불만이었습니다. 외세의 내정 간섭이 심했으니까요. 임오군란과 갑신정변은 청 군대가 진압했고, 일본 군대까지 사사건건 개입을 하니 백성들 눈에는 나라가 나라답지 않게 보였을 것입니다. 결국 농민들의 분노가 극에 달해 봉기가 일어났지요.

동학농민혁명은 전북 정읍에 있는 고부에서 시작됐습니다. 고부 군수 조병갑이 온갖 학정을 저지르자 견디다 못한 군민들이 들고일어난 거지요. 녹두장군 전봉준은 이들을 이끌고 관아를 습격해 창고에 쌓여 있던 곡식과 재물을 마을 사람들에게 나누어주고, 아전들은 처벌하고, 억울한 죄수들은 풀어줬습니다.

고부뿐만이 아니라 조선 전체의 변화를 바란 동학농민군은 한양으로 진격하기 위해 먼저 전주성을 차지했습니다. 제대로 된 무기도 없어서 죽창을 들고 싸운 농민군에게 훈련을 받은 관군들이 당한 것이지요. 그것이 그 시절 정규군의 현실이었습니다. 전주는 전라도에서 가장 중요한 도시 중 하나였어요. 전라도라는 이름도 '전주'와 '나주'를 합친 거잖아요. 우리나라 곡창지대의 중심이라고 할 수 있는 전라도 일부가 동학농민군의 손에 들어갔으니, 가히 충격적이었지요.

이쯤 되면 정부에서도 농민들이 왜 이렇게 화가 났는지 들어볼 법도 한데 정부는 직접 해결할 생각을 하지 않고 습관처럼 외세를 끌어들입니다. 임오군란이 일어났을 때도, 갑신정변이 일어났을 때도 그랬던 것처럼 또 청 군대를 부른 것입니다.

그런데 이번에는 '원 플러스 원'이었습니다. 텐진 조약 때문에 청 군대가 들어오니까 일본 군대도 들어온 것이지요. 청 군대는 충남 아산으로, 일본 군대는 인천으로 들어왔습니다. 동학농민군이 전라도에 있으니 진압하려면 전라도 가까이로 들어와야 할 텐데, 일본은 왜 엉뚱한 곳으로 들어왔을까요?

사실 이때 일본은 다른 목적을 가지고 있었습니다. 조선이라는 나라를 통해 국제 사회에서 자신들의 영향력을 강화하려 했는데, 갑신정변 때 청에 의해 어쩔 수 없이 물러났거든요. 조선을 어떻게 해보려면 언젠가 한번은 청과 싸워야 한다는 것이 일본의 판단이었어요. 애초부터 딴생각이었던 것이지요.

상황이 이렇게 되자 조선 정부는 자칫 하다가는 청과 일본이 조선 땅에서 싸울 수도 있겠다 싶어, 그제야 동학농민군과 화약 和約을 맺습니다. 동학농민군도 자신들 때문에 외세가 조선 땅에 들어오자 해산하겠다고 합니다. 그 대신 자체적인 개혁을 하기로 하고 폐정 개혁을 단행했지요. 개혁안의 주요 내용은 신분제 폐지였어요. 노비 문서를 불태우고 천인의 대우를 개선할 것을 주장했습니다. 신분제 폐지는 갑신정변을 일으킨 급진개화파도 주장했던 바입니다. 그러니까 이건 시대의 과제였던 거예요. 수천 년간 내려왔던 신분제로부터의 해방이 바로 개화기에 꼭 이루어야 할 일이었던 것입니다.

동학농민군과 화약을 맺은 정부는 청과 일본에 철수하라고 요구했습니다. 하지만 일본은 철수는커녕 한양으로 가서 경복궁을 점령해 버립니다. 왕과 왕비를 사로잡은 것이지요. 이들은 고종을 협박해 '청이 조선을 괴롭히고 있으니 일본이 도와달라'는 내용의 문서를 승인하게끔 합니다. 청과 전쟁을 해야 하는데 명분이 없으니까 명분을 직접 만들려는 목적이었지요. 결국 일본은 청일전쟁을 일으켰습니다.

그러자 동학농민군이 일본군을 몰아내기 위해 다시 일어났습니다. 동학농민군과 일본군은 공주 우금치에서 맞붙었지만 농민군에게 모든 면에서 불리한 전투였어요. 농기구와 죽창만으로 일본의 현대화된 무기와 총을 이겨낼 수는 없었습니다. 너무나 많은 농민이 죽었고, 전봉준을 비롯한 동학 지도자는 모두 처형됐습니다.

동학농민혁명의 전개

전봉준 고부 봉기 → 전주성 점령 → 전주 화약 → 폐정 개혁

↑

청 출병

∞

일 파병 → 경복궁 점령

⇓

농민군 2차 봉기 → 우금치전투

위로부터의 개혁인 갑신정변이 그랬듯이 아래로부터의 개혁인 동학농민혁명도 결국 실패하고 말았습니다. 하지만 그들의 시도 덕분에 사람들이 꿈꾸는 세상이 더욱 가까이 다가왔습니다.

일제의 국권 침탈과 저항

◆

좌절된 근대국가 수립의 꿈

갑오개혁

1894년은 무척 혼란스러운 해였습니다. 동학농민혁명에 이어 청일전쟁과 갑오개혁이 일어났거든요. 갑오개혁은 경복궁을 점령한 일본이 강요한 개혁이었습니다. 조선을 자신들의 틀에 강제로 맞추기 위한 조치였지요. 하지만 당시 일본은 청일전쟁 중이었기 때문에 조선에 신경을 쓸 여력이 없었습니다. 그 결과 조선의 개화파 관료들이 개혁을 주도하게 되었습니다.

갑오개혁이 실시되면서 드디어 신분제가 사라졌습니다. 갑신정변과 동학농민혁명에서 주장한 신분제 폐지가 결국 이뤄진 것입니다. 신분제 폐지가 선포된 곳은 경복궁의 수정전이었습니다. 수정전은 근정전에서 경회루로 가는 길목에 있는데, 세종 때는 집현전으로 쓰였던 건물이에요. 훈민정음이 창제된 곳이기도 하니 여러모로 역사적인 장소라고 할 수 있지요. 이외에도 과거제 폐지, 과부의 재가 허용 등 갑오개혁의 개혁 정강은 무척 혁신적이었어요. 일본의 압력에서 시작되긴 했지만, 동학농민군이 요구했던 개혁안도 많이 반영되었습니다.

해가 바뀌며 10개월 남짓 이어진 청일전쟁은 일본의 승리로 끝이 났습니다. 일본은 조선에 더 적극적으로 개입하기 시작했어요. 청과 가까웠던 민씨 세력은 이 상황을 타개하기 위해 이번에는 강대국인 러시아를 끌어들이려 했습니다. 점점 영향력을 넓히는 일본을 러시아를 통해 견제하려는 목적이었습니다.

이러한 움직임을 눈치챈 일본은 민씨 세력을 제거하기로 마음먹고 명성황후 암살을 계획했어요. 한 나라의 왕비를 자신들의 계획에 방해가 된다는 이유로 시해하려 든 것입니다. 결국 명성황후는 경복궁에 침입한 일본 수비대의 손에 무참히 살해당했습니다. 이 사건을 1895년인 을미년에 일어났다고 해서 을미사변이라고 부릅니다.

을미사변 이후 일본은 더욱 강력하게 개혁을 추진했습니다. 이때 시행된 것이 을미개혁인데, 조선에서는 이때부터 태양력을 쓰게 되었고 단발령도 도입됐습니다. 일본의 목적은 조선의 모든 시스템을 자기들과 비슷하게 만드는 것이었어요. 그 과정에서 기존의 문화 같은 것은 전혀 고려하지 않았습니다. 굉장히 폭력적인 방식이었지요.

갑오개혁(1894) → 청일전쟁 → 을미사변(1895) → 을미개혁
일본(승)

고종의 대한제국 선포

명성황후가 시해된 뒤, 고종은 신변에 위협을 느꼈습니다. 다른 장소도 아니고 궁에까지 쳐들어와서 왕비를 시해했으니 얼마나 무서웠겠습니까. 자기도 그렇게 당할 수 있다는 생각이 드니까 불안감을 떨치기 힘들었을 거예요. 아버지의 그늘, 그리고 부인의 그늘에 가려 늘 2인자로 살았던 고종은 처음으로 자신만의 결정을 내립니다. 정치인 고종의 등장이라고 할 수 있지요.

고종의 첫 번째 선택은 아관파천俄館播遷이었습니다. 당시에는 러시아를 아라사라고 불렀기에 '아관'은 러시아 공사관을 뜻합니다. '파천'은 임금이 도성을 떠나 피란하는 일을 말하니 고종이 경복궁을 떠나 러시아 공사관으로 피신한 사건이 바로 아관파천입니다.

고종이 러시아 공사관으로 가면서 한반도에 대한 러시아의 영향력은 순식간에 커졌습니다. 이전까지는 일본의 영향력이 절대적이었는데 아관파천으로 인해 팽팽한 세력 균형이 이뤄진 거예요. 러시아도, 일본도 서로를 견제하다 보니까 함부로 움직일

수가 없었습니다. 어쩌면 아관파천은 정치인 고종이 둔 '한 수'였는지 모릅니다.

1897년 지금의 덕수궁인 경운궁으로 돌아온 고종은 대한제국을 선포했습니다. '제국' 즉, 황제의 나라를 선포한 것이지요. 왕의 나라였던 조선이 드디어 황제의 나라가 된 거예요. 환구단에서 황제 즉위식도 거행하고 연호를 광무로 정했습니다. 그래서 고종이 독자적으로 추진한 개혁을 광무개혁이라고 하지요.

광무개혁의 원칙은 옛것을 근본으로 새것을 받아들인다는 것이었습니다. 고종은 상공업을 일으키기 위해 각종 회사를 설립하고 기술학교를 세웠습니다. 거리에는 전차가 다니기 시작했고, 경인선도 개통이 됐어요. 전화기도 들어왔습니다. 고종이 전화기를 사용해서 신하들에게 명령을 내리기도 했어요. 당시 사람들에게는 천지가 개벽하는 일이었지요. 세상이 빠르게 변하면서 사람들의 의식도 조금씩 변하기 시작했습니다.

어떻게 보면 이 시기에 고종에게는 나라의 운명을 바꿔놓을 기회가 있었습니다. 아관파천으로 러시아 공사관에 가 있을 때, 서재필과 같은 개화 지식인들이 주축이 된 독립협회가 설립됐기 때문입니다. 독립협회는 자주 독립을 위한 활동을 이어나갔습니다. 우리나라 최초의 근대적 민중 대회인 만민공동회를 개최한 것도 같은 취지였습니다. 만민공동회는 말 그대로 모든 백성이 참여할 수 있는 집회였어요. 나이와 신분에 상관없이 수많은 사

최소한의 한국사

람이 모여 러시아의 내정 간섭과 이권 침탈을 규탄했습니다. 고종의 아관파천으로 입김이 세진 러시아가 광산 채굴권과 산림 채벌권을 비롯해 각종 이권을 빼앗아 갔기 때문입니다. 외교에는 영수증이 청구된다고 했잖아요. 러시아 또한 아무런 대가 없이 고종을 도와줄 리가 없었지요.

만민공동회의 힘은 상상 이상이었습니다. 러시아는 절영도라는 섬을 자신들의 석탄 공급 기지로 쓰려고 했지만, 만민공동회의 거센 반대로 인해 포기하고 말았어요. 고종이 이런 백성들을 믿고 함께했다면 어땠을까 하는 생각이 듭니다. 하지만 독립협회의 활동이 활발해질수록 고종은 불편해졌지요. 급진적인 개혁 방안을 황권에 대한 도전으로 받아들인 거예요. 결국 고종은 독립협회를 해산하고, 백성들의 집회를 금지했습니다.

독립협회는 그렇게 사라졌습니다. 고종은 마지막 남은 카드조차 불태워버린 거예요. 나라보다 자신의 권력을 지키는 일이 먼저였기 때문에요. 참으로 안타깝습니다. 역사에 만약이라는 것은 없다지만, 정부와 백성이 한마음 한뜻으로 굳건하게 나라를 지켰다면 우리의 운명이 조금은 달라지지 않았을까요?

개항 이후의 전개

강화도조약 → 임오군란 → 갑신정변 → 동학농민혁명 →

갑오·을미개혁 → 아관파천 → 대한제국 선포

국권 침탈, 경술국치

고종은 광무개혁으로 대한제국을 새롭게 일으켜 보려 했지만 돌발 상황이 발생하고 말았습니다. 한반도에서 세력 균형을 유지하고 있던 러시아와 일본 사이에 전쟁이 벌어진 것입니다. 러일전쟁의 승자는 일본이었어요. 이제 일본은 거칠 것이 없었습니다. 청일전쟁으로 청을 몰아내고, 러일전쟁으로 러시아를 몰아냈으니 한반도에는 자기들만 남은 거지요.

한국에 대한 독점 지배권을 획득한 일본은 우리나라의 외교권을 박탈합니다. 1905년, 이토 히로부미는 일본 정부의 대표자인 통감을 파견하고 대한제국의 외교권을 일본이 가져가겠다는 내용의 을사늑약을 체결할 것을 고종에게 강요했습니다. 고종이 결정을 미루고 다음 날부터 이토 히로부미를 피하자 이토 히로부미는 대신들을 압박해 을사늑약에 도장을 찍게 합니다. 이때 이완용을 비롯해 조약 체결에 앞장선 다섯 명의 대신을 을사오적이라 부릅니다. 역사에 부끄러운 기록을 남긴 인물들이지요.

을사늑약은 대한제국의 통치권자인 고종이 서명을 하지 않았기 때문에 무효였습니다. 고종의 위임장도 받지 않은 대신들과 강제로 체결한 거잖아요. 고종은 을사늑약의 부당함을 세계에 알리기 위해 만국평화회의가 열리는 네덜란드 헤이그에 특사를 파견했습니다. 하지만 일본의 방해로 별다른 성과를 거두지 못했어요. 국제 사회는 굉장히 냉혹했습니다. 열강들이 말하는 평화는 열강들 사이의 평화였지요. 정작 제국주의에 짓밟힌 나라들은 아무런 힘이 없었습니다.

일본은 헤이그 특사 파견을 빌미로 고종을 퇴위시켰습니다. 외교권이 없는 나라가 일본의 허락 없이 외교 행위를 했다는 이유였어요. 이런 어처구니없는 일이 벌어질 수 있기 때문에 외교권을 빼앗겼다는 건 주권을 빼앗긴 거나 마찬가지예요. 국가가 대외적인 활동을 할 수 없게 된 것입니다. 1907년, 고종의 아들인 순종을 황위에 앉힌 일본은 정미 7조약을 체결했습니다. 이 조약의 핵심 내용은 대한제국의 군대 해산입니다. 외교권을 강탈하고, 이제 군대마저 해산시킨 거지요.

손발이 묶인 대한제국은 1910년 8월 29일, 결국 국권을 상실했어요. 우리는 8월 15일 광복절만 기억하고 있지만, 일제강점기의 시작이었던 8월 29일도 함께 기억해야 하지 않을까 하는 생각이 듭니다. 이날 대한제국은 한국강제병합조약으로 일본 제국에 병합되고 말았습니다. 일본은 자신들의 행위를 정당화하기 위해 '한일병합' 등의 표현을 사용했으나 우리는 무력에 의해 강제로 당한 일이기 때문에 맞는 말이라고 할 수 없지요. 그래서 경술국치庚戌國恥라고 합니다. 경술년에 일어난 국가적 치욕이라는 뜻이에요.

대한제국은 1905년 을사늑약으로 일본에 외교권을 빼앗기고, 1907년 정미7조약으로 군대를 해산했습니다. 일본에 의해 모든 권리를 빼앗긴 대한제국은 1910년 경술국치로 주권까지 잃고 말았죠. 국권 상실이라는 초유의 사태 앞에서 권리를 빼앗긴 황제 고종이 할 수 있는 일은 많지 않았습니다.

국권 침탈 과정

1904 | 1905 | 1907 | 1910
러일전쟁 일본 (승) | 을사늑약 | 정미 7조약 | 경술국치

국권 침탈에 대한 저항

대한제국의 백성들은 황제와 달랐습니다. 침몰해 가는 나라를 어떻게든 되살리려고 노력했어요. 앞서 살펴본 조약들이 체결되는 동안 여러 저항이 있었습니다. 우선 러일전쟁에서 일본이 승리하자 전국적으로 애국계몽운동이 일어났습니다. 애국계몽운동은 실력을 키워야 국권을 회복할 수 있다는 사상을 바탕으로 하고 있습니다. 안창호가 주도한 신민회 활동이 대표적이었지요. 신민회는 전국 곳곳에 학교를 세워 인재를 양성하는 한편, 민족자본의 필요성을 느껴 각종 회사를 설립하기도 했습니다. 이들은 허약한 왕조 체제 대신 시민이 중심이 되는 공화정을 주장했습니다. 하지만 이런 방식만으로 국권을 회복할 수 없음을 깨닫고 결

국 만주에 독립운동 기지를 건설하기에 이릅니다. 그곳에서 독립군을 키워냈지요.

대구에서는 1907년에 국채보상운동이 일어났습니다. 일본의 강요로 인해 정부가 빚을 졌다는 사실을 알게 된 백성들이 나라의 빚을 갚자며 나선 거예요. 국채보상운동은 곧 전국으로 확산됐습니다. 빚 때문에 나라가 망하게 할 수는 없다는 일념으로 남자들은 담배를 끊고, 여자들은 비녀와 가락지를 내놓았습니다. 나라를 지키고자 하는 백성들의 마음이 얼마나 간절했는지 알 만합니다. 1997년에 외환 위기가 닥쳤을 때도 국민들이 금 모으기 운동을 했잖아요. 당시 이 금 모으기 운동을 제2의 국채보상운동이라고 얘기할 정도로 각계각층의 사람들이 힘을 모았지요.

총을 들고 싸운 사람들도 있습니다. 1905년 을사늑약이 체결됐을 때는 을사의병이, 1907년 정미 7조약이 체결됐을 때는 정미의병이 일어났어요. 정미 7조약으로 군대가 해산되자 군인들도 의병에 합류했습니다. 전국 13도의 의병장들은 연합부대를 만들어 한성으로 진격을 시도했습니다. 서울 진공 작전이 실패한 뒤에도 끝까지 항일 투쟁을 이어갔지요.

20세기 초 대한제국을 배경으로 항일의병들의 모습을 담은 드라마가 〈미스터 션샤인〉입니다. 드라마를 보면 영국인 종군기자가 의병들을 인터뷰하는 장면이 나와요. 기자는 의병들에게 일본을 이길 수 있다고 생각하는지 묻습니다. 의병들은 이렇게 답

해요. 우리는 용감하지만 무기가 너무 부족하다고, 이렇게 싸우다 죽을 것을 알고 있다고 말입니다. 하지만 일본의 노예가 되어서 사느니 자유민으로 싸우다 죽겠다고 하지요. 실제로도 나이도 직업도 모두 다른 의병들이 목숨을 내놓고 일본에 맞서 끝까지 싸웠습니다.

일제 침략에 앞장선 자들을 처단하기 위한 의열 투쟁도 이 시기에 일어났어요. 을사늑약과 정미 7조약의 중심에 있었던 이토 히로부미를 1909년에 안중근이 하얼빈 기차역에서 사살했습니다. 그리고 대한제국 만세를 외쳤지요. 재판장에서 사형을 언도받은 순간에도 안중근의 당당하고 꼿꼿한 태도에는 변함이 없었습니다.

국권 침탈에 대한 저항

- 애국계몽운동 : 신민회(안창호), 국채보상운동
- 의병 운동 : 을사의병, 정미의병
- 의열 투쟁 : 이토 히로부미 암살(안중근)

고종은 비록 신변 보호를 위해 비겁한 모습을 보였지만, 그 시대를 살고 있던 수많은 사람은 무너지는 나라를 지켜내겠다는 각오로 자신의 청춘과 재산, 그리고 목숨을 바쳤어요. 이것이 개화기의 역사입니다.

1910년대 일제강점기

◆

무단통치를 끝낸 3·1운동

일제의 무단통치

경술국치 이후 일제는 식민지를 다스릴 총독을 파견하고 조선총독부를 설치했습니다. 1920년대에 들어서 남산에 있던 조선총독부 건물이 경복궁 앞뜰에 들어섰는데 이는 일부러 경복궁을 가로막기 위한 일이었습니다. 이 때문에 주변 전각은 허물어졌고, 광화문도 자리를 옮겨야 했지요.

대한제국의 국권을 빼앗으며 강점을 시작한 일본은 첫 번째 정책으로 무단통치를 펼칩니다. 무단통치는 쉽게 말해 강압적으로 군림하며 무력과 폭력으로 탄압하는 정치를 펼치는 형태를 말해요. 1910년대의 일제는 우리 민족의 저항을 막기 위해 총과 칼을 앞세웠습니다. 그래서 무단통치의 핵심 키워드는 '헌병'입니다. 원래 헌병은 군사경찰이에요. 그런데 일제는 헌병에게 민간인을 상대하는 일반 경찰 업무까지 담당하게 했습니다. 군인이 아닌 일반 국민들에게도 경찰 역할을 하게 한 겁니다. 그래서 무단 통치를 헌병 경찰 통치라고 하기도 합니다.

곳곳에 깔린 헌병들에게는 즉결 처분권이 있었습니다. 법 절차 없이 사람들을 처벌할 수 있었던 거예요. 주로 가한 처벌은 태형이었습니다. 사람을 때리는 태형은 전근대적인 형벌이라 해서 갑오개혁 때 폐지되었지만, 일제는 한국인에게만 태형을 적용했어요. 명백한 차별이었지요. 헌병들은 마음에 들지 않거나 조금이라도 기분을 거슬리게 하는 사람이 있으면 막무가내로 때리고 잡아 가뒀습니다. 그러니 사람들이 얼마나 공포에 떨었겠어요.

경제 정책 중 일제가 가장 먼저 시행한 것은 토지 조사 사업이었습니다. 토지 소유 관계를 명확히 하고 세금을 공정하게 부과한다는 명목이었지만, 진짜 목적은 토지 약탈이었어요. 식민지가 생겼으니 땅부터 확인하려 든 것이지요. 토지 주인은 자신이 소유한 토지의 종류와 주소, 면적을 신고해야만 소유권을 인정받을 수 있었습니다. 그런데 그 절차가 너무 까다롭고 복잡했어요. 한글로 쓰여 있어도 무슨 말인지 알 수 없을 지경인데 당시 농민들에게 한글도 아닌 한자로 된 신고서를 작성하라고 하니 오죽 답답했을까요. 신고 기간도 무척 짧았습니다. 신고가 되지 않은 땅은 주인 없는 땅으로 간주해 모두 조선총독부의 소유가 되었어요.

그다음으로 회사령을 시행했습니다. 회사를 세울 때 조선총독부의 허가를 받으라는 법이었어요. 지금은 회사를 세울 때 신고만 하면 되는데, 당시에는 허가를 받으라고 한 것입니다. 이는 일제의 마음에 안 들면 허가를 안 해주겠다는 뜻이기도 했지요. 민족 자본이 성장할 수 있는 길은 이렇게 막혀버렸습니다.

그 뒤에도 일제는 산림령과 어업령, 광업령을 내리며 한반도의 산림과 어장, 자원을 마음대로 이용했습니다. 일제의 수탈이 가속화될수록 국민들의 삶은 어려워졌어요. 정치적으로나 경제적으로나 참 춥고 서러운 시기였습니다.

항일 비밀결사 조직

이번에는 이 시기 항일 단체들의 활동을 알아보겠습니다. 1910년대 일제의 식민지 정책이 무단통치 체제로 결정됨에 따라 헌병들이 전국 곳곳에 깔렸습니다. 그러니 항일단체들이 공개적으로 활동하기 어려운 상황이 되었습니다. 그래서 국내에서는 비밀결사 형태로 움직일 수밖에 없었습니다. 대표적인 조직이 바로 신민회였습니다. 대한제국 말기에 설립된 신민회는 일제강점기에도 활동했습니다.

그런데 1910년 말, 무관학교 설립 자금을 모집하던 안명근이 밀고를 당했고, 항일 활동을 예의주시하던 일제가 이 일을 빌미로 애국지사들을 일망타진하기 위해 관련 인사들에게 총독 암살 기도 혐의를 씌우려 했습니다. 이를 안악사건이라 합니다. 일제는 총독 암살의 배후를 색출하겠다면서 전국적으로 600여 명을 체포했습니다. 대부분이 신민회 회원이었습니다. 상당수는 증거 불충분으로 풀려났지만, 그중 105명은 유죄판결을 받았습니다. 이걸 105인 사건이라고 해요. 그러니까 일제는 신민회를 탄압하기 위해 총독 암살 미수 사건을 날조한 거예요. 결국 1911년 105인 사건으로 신민회는 해체되고 말았습니다.

남쪽 지방에서 활동하는 비밀결사 조직도 많았습니다. 전라도 지역에는 임병찬이 이끌던 독립의군부가 있었고, 경상도 지역에는 박상진이 이끌던 대한광복회가 있었어요. 박상진이라는 인물은 이력이 특이한데 1910년 판사 시험에 합격한 사람입니다. 당시 일본은 한국의 엘리트를 앞세워 나라를 통치하려 했어요. 그러니 직업이 판사라면 분명 잘 먹고 잘 살 수 있었을 겁니다. 실제로 그런 길을 택한 사람도 많았고요. 하지만 박상진은 미련 없이 사표를 낸 뒤 "내가 앉을 자리는 판사의 자리가 아니라 이제 피고의 자리다"라는 믿음 아래 독립운동을 시작합니다. 그로부터 10년이 흐른 뒤에 자신이 했던 말처럼 일본인 판사의 앞에 서서 사형을 선고받게 되었지요. 판사로 편하게 살 수 있었던 박상진은 자신의 청춘을 의열 투쟁으로 불태웠습니다. 그가 왜 그런 선택을 했는지, 할 수밖에 없었는지를 생각해 보면 현대를 사는 우리에게도 많은 시사점을 주지요.

독립운동 기지 건설

국내에 비밀결사 조직이 있었다면 국외에서는 독립운동 기지 건설 운동이 일어났습니다. 현재 러시아 블라디보스토크가 있는 연해주, 북간도, 서간도 이렇게 세 지역으로 나눌 수 있어요.

연해주 지역에서 활동한 대표적인 인물이 최재형입니다. 당시 이 지역에 살고 있던 한국인들 사이에서 최재형은 '페치카'로 불렸습니다. 페치카는 러시아에서 쓰는 벽난로인데, 최재형이 그만큼 한국인들을 따뜻하게 해줬다는 뜻입니다. 어린 시절 최재형은 아버지를 따라 러시아에 갔다가 배고픔을 못 이겨 가출하고 맙니다. 그때가 겨우 열한 살이었어요. 최재형은 추위와 굶주림을 이기지 못하고 길에서 쓰러졌지만, 어느 러시아 선장 부부에게 발견되면서 살 수 있었습니다. 그 부부는 어린 최재형을 잘 보살펴 주었어요. 최재형은 그 부부를 따라 세계를 돌아다니며 무역을 배웠고, 큰돈을 벌었습니다. 그 돈으로 블라디보스토크에 있는 한국인들을 도왔던 거지요.

엄밀히 따지면 최재형은 조국으로부터 받은 것이 없었습니다. 가난한 소작농의 아들로 태어나 항상 배고픔에 떨어야 했어요. 그럼에도 조국을 위해 자신이 번 돈을 전부 써버렸습니다. 한국인 마을에 회사를 차려 사람들을 고용하고, 학교를 수십 개 세 웠습니다. 블라디보스토크 한인들은 최재형 덕분에 굶주림을 면할 수 있었어요. 직업이 생겼고, 자식들을 교육시킬 수도 있었지요. 그러니까 얼마나 고마웠겠어요. 연해주 지역에 사는 한국인들의 집에 가면 최재형의 사진이 걸려 있을 정도였습니다.

안중근을 후원한 사람도 최재형이에요. 우리는 안중근 의사만 기억하지만, 그 활동 자금이 다 어디서 나왔겠습니까. 누군가는 총을 사주고, 체류 비용을 내주고, 변호사 비용을 지불해야 했지요. 그 '누군가'가 바로 최재형인 겁니다. 그러니 일본이 가만두지 않았겠지요. 연해주 지역에 간 일본군은 독립운동 기지를 박살냈습니다. 그때 최재형도 살해당하고 말았어요. 그곳에 살고 있던 한국인들은 훗날 스탈린에 의해 강제 이주를 당하게 되지요. 연해주는 여러모로 아픔이 있는 지역입니다.

연해주 지역에 최재형이 있었다면 북간도 지역에는 김약연이 있었어요. 김약연은 대한제국 시기부터 1910년대까지 독립운동 기지를 만들면서 특히 교육에 굉장히 많은 관심을 가졌던 인물입니다. 김약연이 세운 학교의 이름이 명동학교인데 밝을 명明, 동녘 동東 자를 써서 '동쪽을 밝히다'라는 뜻이지요. 즉, 명동학교는 일본의 식민지로 전락해 어두워진 우리나라를 밝힐 인재들을 양성하는 곳이었어요. 그게 명동학교의 교육 목표였습니다.

명동학교에서는 학생들에게 말하기와 글쓰기를 집중적으로

가르쳤습니다. 글을 쓸 때는 문장에 반드시 '독립'이라는 단어가 들어가야 했어요. 어떤 주제든, 심지어 안부를 묻는 편지에도 "많은 사람이 독립을 원하고 있는 이때에 너는 잘 지냈니?"라는 식으로 써야 했습니다. 독립이라는 교육 목표가 확실하다 보니까 일제가 이 학교를 굉장히 많이 괴롭혔어요. 결국 명동학교는 1,000명 정도의 졸업생만 배출하고 문을 닫아야 했습니다.

그런데 얼마 되지 않는 그 졸업생들의 활약이 정말 대단했습니다. 영화 〈아리랑〉으로 우리 민족의 눈물샘을 자극했던 나운규 감독도 명동학교 졸업생이에요. 지금 우리에게 널리 알려진 아리랑에는 "나를 버리고 가시는 임은 10리도 못 가서 발병이 난다"라는 가사가 있지만, 이는 민요 아리랑의 가사가 아닙니다. 실은 그게 영화 〈아리랑〉의 주제곡입니다. 나운규가 아리랑을 사람들이 듣기 좋게 편곡해서 영화에 넣은 거예요. 눈물을 흘리면서 영화를 본 사람들이 영화에서 흘러나오는 아리랑을 따라 부르기 시작했고, 그것이 지금까지 이어진 겁니다.

통일 운동가 문익환, 우리가 사랑하는 시인 윤동주도 모두 명동학교 졸업생입니다. 윤동주의 시를 보면 유난히 자기 반성과 부끄러움이 많잖아요. 명동학교에서 철저한 교육을 받았기 때문에 역사와 민족 앞에 적극적으로 나서지 못하는 자신에 대해 고민하고 번뇌했던 것 같아요. 윤동주가 자괴감을 느낀다고 할 만큼 재주가 뛰어났던 시인 송몽규 역시 명동학교 출신이에요. 정말 대단하지요. 교육이란 것이 왜 중요한지 알 수 있는 대목입니다.

이번에는 서간도 지역으로 가보겠습니다. 서간도 지역에서 활약한 인물은 이회영 집안의 여섯 형제입니다. 이들은 모두 엄청난 부자였어요. 그중에서도 둘째인 이석영의 재산은 어마어마했습니다. 그런데 이 여섯 형제는 자신들이 가진 땅을 전부 팔고, 가보로 내려오는 책까지 싹 처분한 다음 압록강을 건넜습니다. 그렇게 서간도에 와서 신흥강습소를 세웠지요. 그야말로 노블레스 오블리주의 표본이라고 할 수 있습니다.

독립군을 배출하기 위한 교육기관이었던 신흥강습소는 나중에 신흥무관학교로 발전합니다. 일제의 감시가 심해지고 재정도 열악해지면서 결국 폐교되지만, 신흥무관학교는 1920년대 항일 무장투쟁의 서곡을 울리게 되었지요.

3·1운동

1919년에 일어난 3·1운동의 씨앗은 이미 준비되어 있었습니다. 일제의 무단통치가 이어졌지만, 우리 민족은 국내에서 비밀결사조직을 만들고, 국외에 독립운동 기지를 세우며 나라를 되찾기 위한 노력과 시도를 멈추지 않았어요. 3·1운동은 1910년대에 있었던 독립운동의 정점이자 1920년대에 벌어질 독립운동의 신호탄이었습니다.

1919년 2월 8일, 도쿄에 있었던 한국 유학생들은 2·8독립선언을 했습니다. 일본의 수도 한복판에서 한국의 독립을 요구하는 일대 사건이 벌어진 거예요. 당시 국제사회는 제1차 세계대전이 끝나고 미국의 대통령 윌슨이 발표한 민족자결주의의 바람에 들떠 있었습니다. 민족자결주의는 모든 민족이 다른 민족의 간섭 없이 스스로 자신들의 운명을 결정할 권리가 있다는 주장이었습니다. 하지만 이 민족자결주의는 안타깝게도 패전국의 식민지에만 적용이 됐어요. 일본은 제1차 세계대전의 승전국이었기 때문에 우리나라에는 해당되지 않는 이야기였지요. 그래도 학생들은 희망을 놓지 않으려 했습니다. 2·8독립선언 역시 이런 배경 속에서 나온 거예요. 일본의 심장이라고 할 수 있는 곳에서 독립을 외쳤으니 정말 고무적인 일이었습니다.

2·8독립선언 이후 국내에서도 독립 선언을 준비하자는 바람이 일어났습니다. 그런데 이즈음 고종이 사망했는데, 그 이유가 일제에 의한 독살이라는 소문이 퍼졌습니다. 사람들은 동요하고 분노했습니다. 그래서 각 종교계 인사를 중심으로 한 민족 대표

들과 학생들이 국장 기간을 기회로 삼아 만세 시위를 하기로 의견을 모았습니다.

초기에 시위는 상여가 나가는 3월 3일로 예정되었습니다. 그런데 임금의 관이 나오는 날 만세를 외치는 것은 부적절하다고해서 3월 2일로 날짜를 바꿨습니다. 문제는 3월 2일이 일요일이었다는 것입니다. 만세 시위를 기획한 민족 대표 33인이 대부분 종교인이었거든요. 천도교 신자도 있고 불교 신자도 있었는데, 기독교계 인사들이 일요일은 피하기를 원해서 결국 3월 1일로 날짜를 정한 거지요. 서로 배려해 가며 독립운동을 함께했던 겁니다. 지금은 오히려 종교적 배타주의 때문에 갈등이 생기기도 하잖아요. 지금과 비교해 보면 그때는 굉장히 포용력이 있었지요.

1919년 3월 1일 토요일, 민족 대표들은 서울의 태화관에 모여 독립선언서를 낭독한 뒤 자수했습니다. 그사이 탑골공원에 모인 학생들과 시민들이 독립선언서를 받아 낭독하면서 3·1운동이 시작되었지요. 말 그대로 온 겨레의 민족 항쟁이었어요. 그때 인구가 2000만 명이었는데 200만 명이 모였으니까 한 집에서 한 명 꼴로 참여했다고 해도 과언이 아닙니다.

3·1운동은 엄청난 기세로 전개됐습니다. 도시뿐 아니라 농촌에까지 빠르게 퍼지며 전국 방방곡곡에서 만세 함성이 들렸어요. 이화학당의 학생으로 만세 시위에 참여했던 유관순은 학교가 문을 닫자 고향인 천안으로 내려가 사람들을 아우내 장터로 모으

최소한의 한국사

고 태극기를 나눠주었습니다. 형무소에 갇혀서도 만세를 불렀어요. 모진 고문으로 열아홉이라는 어린 나이에 숨을 거둘 때까지 만세 시위를 멈추지 않았습니다. 일본의 무자비한 진압에도 사그라들지 않았던 우리 민족의 열망을 상징하는 인물이라고 할 수 있지요.

하지만 거족적이고 전국적인 항쟁이었던 3·1운동은 안타깝게도 조직화되지 못했고, 일제의 가혹한 탄압으로 좌절됩니다. 이 일을 계기로 민족 지도자들은 독립운동을 이끌어갈 지도부가 필요하다는 사실을 깨닫게 되었습니다. 그 결과 대한민국 임시정부가 세워졌지요.

3·1운동이 역사적으로 의미 있는 이유는 두 가지입니다. 먼저 첫 번째는 민국民國의 시대를 불러왔다는 점이에요. 이전까지 우리나라는 왕국이었고, 또 제국이었잖아요. 왕과 황제의 나라였다는 말입니다. 그런데 드디어 민民의 나라가 된 겁니다. 3·1운동 이전에 살고 있었던 사람들은 왕과 황제의 보호를 받으면서 충성을 다해야 하는 '백성'들이었습니다. 이들이 광장으로 뛰쳐나와 자신들의 자유를 찾기 위해 목소리를 내면서 '시민'이 되었어요. 그래서 우리의 반만년 역사를 두 시기로 나눈다면 3·1운동을 기점으로 삼을 수 있을 듯해요. 그만큼 역사적으로 한 획을 그은 사건이지요.

3·1운동을 계기로 대한민국 임시정부가 들어서면서 '대한민

국'이라는 이름도 탄생했습니다. 1919년 4월 11일은 대한민국 임시정부 수립일이자 대한민국이라는 이름의 생일이기도 해요. 이날은 우리나라가 더 이상 황제의 나라가 아닌 국민의 나라임을 알린 날입니다. 현재 우리가 살고 있는 나라의 이름이 이때 생긴 것이지요. 이 또한 3·1운동이 지닌 큰 의미라고 할 수 있습니다.

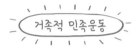

3·1 운동의 의의

거족적 민족운동

· 제국 → 민국
· 대한민국 임시정부 결성

최소한의 한국사

1920년대 일제강점기

◆

민족 분열 정책에 맞선 무장투쟁

일제의 '문화통치'

3·1운동이 일어난 뒤, 일제의 통치 방식에 변화가 생겼습니다. 헌병 경찰을 앞세워 총칼로 억누르면 말을 잘 들을 거라고 생각했는데, 전혀 그렇지 않다는 사실을 알게 된 거지요. 그래서 소위 '문화통치'라는 것이 등장하게 됩니다. '소위'라는 말을 꼭 붙여야 하는 이유는 '문화통치'라는 건 그들의 주장이라는 점을 확실히 해야 하기 때문입니다.

일제가 1920년대에 전개한 소위 '문화통치'는 쉽게 얘기해서 우리 민족의 문화를 존중해주겠다는 거예요. 한결 부드러운 방식으로 식민 지배를 하겠다는 뜻을 밝힌 일제는 헌병 경찰을 일반 경찰로 전환했습니다. 태형 제도도 폐지했어요. 상황이 더 나아진 것처럼 보이지만, 실은 그렇지 않았습니다. 경찰의 수는 오히려 늘어났고, 이는 곧 감시 체제를 더욱 강화한다는 의미였으니까요. 조선 총독 역시 1910년대에는 군인 출신만 가능한 자리였으나, 1920년대에 들어서는 민간인 출신도 총독이 될 수 있게끔 바뀌었습니다. 물론 이후에도 민간인 출신 총독은 없었습니다. 그런 항목만 넣었던 것이지요.

소위 '문화통치'의 허울 아래 언론과 출판, 집회와 결사의 자유가 일부 허용됐습니다. 읽고 싶은 것은 읽고, 이야기하고 싶은 것은 이야기하게 해주겠다는 거예요. 한국인이 운영하는 신문사가 들어서면서《조선일보》,《동아일보》와 같은 신문이 발간됐지요. 이때 발간된 신문을 보면 글자들이 죄다 까만 네모로 덮여 있어요. 일제가 검열을 통해 자신들에게 불리한 기사를 전부 삭제한 흔적입니다. 이걸 벽돌신문이라고 해요.

겉으로는 지배 방식이 완화된 것처럼 보였지만, 일제의 탄압은 더욱 교묘하고 집요해졌습니다. 일제는 친일 단체를 만들어 지원하거나 친일 세력을 양성하는 등 우리 민족을 분열시키는 데 열을 올렸어요. '문화통치'란 그저 일제의 기만이었던 것입니다.

경제정책도 마찬가지였습니다. 일제는 쌀 생산량을 늘린다는 목표로 산미 증식 계획을 시행했어요. 그래서 품종을 개량하고, 종자를 개발하고, 땅을 개간했습니다. 덕분에 쌀 생산량이 늘기는 했어요. 문제는 늘어난 생산량보다 일제가 수탈해가는 양이

훨씬 많았다는 점입니다. 당시 일본은 자본주의가 발달하면서 농민 대부분이 노동자로 전향한 상황이었습니다. 농사를 지을 사람이 줄어들면 당연히 쌀이 부족해지잖아요. 그걸 한국에서 공급받으려고 한 겁니다. 우리 농민들 입장에서는 먹을 수 있는 쌀이 늘기는커녕 줄어든 거지요.

쌀이 부족해진 만큼 쌀값도 올랐습니다. 게다가 일제는 품종 개량이나 종자 개발 비용까지 농민들에게 전가해 버렸어요. 결국 농민들의 삶은 이전보다 더욱 어려워졌습니다.

국외 항일 무장투쟁

1920년대는 국외에서 항일 무장투쟁이 본격화된 시기예요. 1910년대부터 독립운동기지를 건설하고 독립군을 양성하며 준비한 덕분이었습니다. 홍범도와 김좌진이 주도했던 봉오동 전투와 청산리 전투가 대표적입니다.

독립군 부대가 만주와 연해주에서 세력을 키우며 일본군과 전투를 벌이자, 일제는 두만강을 건너와 독립군을 공격했습니다. 홍범도가 지휘한 대한독립군은 두만강에서 약 40리(약 15킬로미터) 떨어진 봉오동에서 일본군을 격파했습니다. 이것이 봉오동 전투입니다. 이 전투에서 패한 일제는 또다시 만주의 독립군 부대를 공격했지만 이번에는 김좌진이 지휘한 북로군정서와 홍범도의 대한독립군이 연합해 청산리 일대에서 엿새 동안 벌어진 수차례의 전투를 모두 승리로 이끌었습니다. 청산리 전투는 독립군 역사상 가장 큰 성과를 거둔 싸움이에요.

두 전투가 전쟁으로 독립을 쟁취하려는 무장투쟁의 시작을 알렸다면 만주에서 조직된 의열단은 소규모 폭력 투쟁으로 독립을 이루려는 의열 투쟁을 전개합니다. 의열 투쟁의 효시라 할 수 있는 대한광복회 박상진의 정신을 이어받은 조직이지요. 의열단을 주도한 사람은 김원봉이에요. 당시 김원봉에게 걸렸던 현상금은 무려 100만 원에 이른다고 합니다. 일제강점기에 붙은 현상금 중 가장 큰 금액이에요. 의열단의 목표는 간단했습니다. 일본의 고위 관리를 암살하고 식민 통치 기관을 폭파하는 것이었습니다.

상하이에 들어선 대한민국 임시정부도 활동을 시작했습니다. 그러나 조국을 되찾아야 한다는 공통의 목표와는 달리 내부에서는 갈등이 끊이지 않았습니다. 이승만이 국제연맹에 한국을 대리 통치해 달라고 청원하면서 엄청난 저항이 일어났고, 민족주의와 사회주의 진영 간의 대립도 심해졌지요. 양 진영은 각각 활동하다가 1920년대 후반이 되어서야 손을 잡게 됩니다.

국내의 다양한 저항운동

일제가 무단통치를 버리고 소위 '문화통치'를 표방하면서 국내에서도 다양한 방식의 민족운동이 펼쳐졌습니다. 우선 만세운동은 3·1운동에 이어 1920년대에도 계속됐습니다. 1926년에는 6·10만세운동이 일어났어요. 3·1운동이 고종의 죽음을 계기로 일어났다면, 6·10만세운동은 순종의 죽음을 계기로 일어났습니다. 3·1운동을 경험한 일제가 철저히 감시한 탓에 6·10만세운동 계획은 사전에 발각되었지만 학생들은 일제의 감시를 뚫고 장례 행렬을 따라가며 만세 시위를 벌였지요.

1929년에는 나주와 광주를 오가는 통학열차 안에서 한국인 학생들과 일본인 학생들 사이에 싸움이 벌어졌습니다. 일본 경찰은 일방적으로 일본인 학생들 편을 들고 한국인 학생들을 구타했어요. 이 사건에 분노한 학생들은 대규모 시위를 일으켰습니다. 이것이 광주학생항일운동입니다. 광주학생항일운동은 금세 전국으로 퍼져서 3·1운동 이후 국내에서 일어난 가장 큰 규모의 항일운동으로 발전했지요.

민족주의 진영에서는 실력양성운동의 정신을 이어 물산장려운동을 펼쳤습니다. 일본 상품들이 밀려 들어오면서 농업뿐 아니라 조선의 산업도 큰 타격을 입게 되자, 이 상황을 타개하기 위해 국산품을 애용하자고 주장했던 거예요. 사회주의 진영에서는 농민들의 소작쟁의와 노동자들의 노동쟁의를 주도했습니다. 두 진영은 독립운동에 대한 생각이 달라 서로 다른 방식으로 저항운동을 펼쳤습니다. 그러자 우리 내부에서 분열하지 말고 하나로 뭉쳐 일제에 저항해야 한다는 목소리가 나왔습니다. 두 세력을 하나로 통합해 낸 것이 바로 신간회입니다. 국내외 독립운동의 모든 세력을 규합해 통일된 정당을 조직하자는 민족 유일당 운동이 일어나면서 독립운동 역사상 가장 큰 규모의 조직인 신간회가 탄생하게 된 거지요.

어린이운동과 형평운동도 짚고 넘어가야 합니다. 어린이날이 이 시기에 만들어졌거든요. 어린이날을 만든 소파 방정환은 독립운동가이자 천도교인이었습니다. 천도교 교리가 '사람은 하늘이다'라는 인내천 사상이잖아요. 그러니 어린이도 똑같이 존중해야 한다는 생각으로 어린이 운동에 헌신했던 겁니다.

형평운동을 펼친 사람들은 소를 잡고 돼지를 잡았던 백정들이었습니다. 백정들이 고기의 무게를 잴 때 사용하는 저울대를 '형(衡)'이라고 했어요. '형평'은 저울을 평평하게 만들자는 뜻이었지요. 갑오개혁으로 신분제가 폐지됐지만, 백정들은 여전히 차별을 받고 있었거든요. 법으로 제도를 없앤다고 해도 사회적 관습은 한순간에 사라지지 않아요. 법보다 더 오래가는 게 문화이기 때문입니다. 백정들은 '왜 우리가 여전히 천민 취급을 받아야 하느냐', '왜 우리 아이들은 놀림을 받아야 하느냐'고 외쳤습니다. 신분 해방 운동이었던 형평운동은 민족 해방 운동으로 발전하기도 했어요. 1920년대에 일어난 중요한 사건 중 하나로 기억해야 합니다.

1930년대 이후 일제강점기

◆

민족말살정책 속 대한민국 임시정부의 활동

일제의 민족말살정책

1929년, 세계는 경제 대공황의 늪에 빠졌습니다. 공황이라는 건 생산과 소비의 균형이 깨질 때 벌어지는 일입니다. 1920년대는 호황기였어요. 경제는 점점 좋아졌지만, 노동자들의 임금은 오르지 않았지요. 물건은 많은데 정작 노동자들은 물건을 살 돈이 없었던 것입니다. 물건이 팔리지 않으니 자본가들은 적자를 면하기 위해 노동자들을 해고했고, 가난해진 노동자들은 더욱더 물건을 살 수 없게 되었습니다.

이 악순환에서 벗어나기 위해 미국은 대규모 토목공사를 시행해 사람들이 일을 하고 돈을 벌 수 있게끔 했습니다. 유럽 국가들은 식민지가 많으니까 그곳을 원료 공급처 겸 판매 시장으로 활용했고요.

일본은 기간산업을 할 여력도 없었고, 식민지가 많은 것도 아니었습니다. 그래서 그들이 선택한 방법은 전쟁이었습니다. 1931년에는 만주사변, 1937년에는 중일전쟁, 1941년에는 태평양전쟁을 일으켰어요. 중국과 미국까지 점점 전선을 넓힌 거예요. 큰 나라들과 전쟁을 벌이니 군인도 물자도 부족했지요. 일본은 '식민지 조선'을 이용해 이 문제를 해결합니다. 한국에 있는 사람과 물자를 죄다 끌어간 것입니다.

그런데 한국 사람이 일본 천황을 위해 목숨 바쳐 싸울 리가 없지요. 그러니까 한국인의 머리에 '나는 일본 신민이다'라는 의식을 집어넣으려고 했습니다. 이를 위해 1930년대에는 민족말살 정책이 펼쳐졌지요.

한국인들은 모두 황국신민서사를 외워야 했습니다. 아이들도 "우리들은 대일본제국의 신민입니다" 하면서 천황에게 충성을 바치겠다는 글을 암송했어요. 일제는 세뇌에 이어 그걸 실천하게 만들었습니다. 사이렌이 울리면 일본 천황이 있는 동쪽을 향해 절을 하도록 한 거예요. 이것이 궁성요배입니다.

학교에서는 일본 역사를 가르쳤고, 일본어 사용을 강요했습니다. 우리의 말과 글마저 쓸 수 없게 된 것입니다. 창씨개명이라고 해서 이름도 일본식으로 바꿔야 했습니다. 창씨개명을 거부하는 사람은 자식을 학교에 보낼 수 없었고, 제대로 먹고살기도 힘들 만큼 탄압을 받았고요. 황국신민화 정책의 목표는 확실했습니다. 한국인을 철저히 일본인으로 만들어 전쟁에 효율적으로 동원하는 것이었습니다.

1938년에는 국가총동원법을 만들었습니다. 국가총동원법은 인적 자원과 물적 자원을 통제하고 동원할 권리를 국가에 부여한 법입니다. 쉽게 말해 국가가 마음대로 국민을 통제하고 동원하겠다는 거예요. 정말 무시무시한 일입니다. 그 과정에서 인권은 유린당할 수밖에 없거든요. 국가라는 거대한 조직을 내세우면 개인은 지워지기 마련입니다. 전투기에 폭탄을 싣고 적의 군함에 돌진해 자살 공격을 하는 가미카제도 이런 시스템 안에서 가능했던 거예요.

청년과 어린 학생들은 강제로 전쟁터로 보내졌고, 남자들은 일본과 중국 등으로 끌려가 광산이나 공장에서 가혹한 노동 착취를 당해야 했습니다. 소녀들은 취업을 시켜주겠다고 속이거나 강제로 끌고 가 군수공장에서 일하게 하거나 성노예로 삼았습니다. 일본은 일본군 '위안부'가 존재했다는 사실을 부정하지만 수많은 피해자와 목격자의 증언이 있는 한 진실을 숨길 수는 없을 것입니다. 상위법으로 국가총동원법이 존재했던 전시 상황에서 이렇게 수많은 한국인이 피와 눈물을 흘려야만 했습니다.

한반도에는 군수물자를 생산하는 공장들이 들어섰습니다. 일제는 우리나라를 병참기지로 삼았고, 전쟁의 막바지에 이르자 무기를 만들기 위해 금속회수령을 내려 가정집에 있는 놋그릇까지 모조리 쓸어 갔습니다. 자기들도 전쟁이 버거워진 거지요. 이 시기에 일제는 그야말로 마지막 발악을 했다고 할 수 있습니다.

민족문화 수호운동과 대한민국 임시정부

일제의 민족말살정책에 맞서 국내에서는 민족문화 수호운동이 펼쳐졌습니다. 1920년대에 창설된 조선어연구회는 1932년 조선어학회로 이름을 바꾸고 일제가 어떻게든 없애려 했던 한글을 연구했어요. 표준어를 제정하고, 한글 맞춤법 통일안을 마련하기도 했습니다. 조선어학회는 사전 편찬을 준비하며 어떻게든 우리말을 지키려고 노력했지만, 1942년 조선어학회 사건이 터져버렸습니다. 일제가 한국말로 대화하는 여고생을 잡아들여 '누가 이걸 가르쳤느냐'고 취조한 끝에, 조선어학회와의 연결고리를 찾아내 회원들을 검거한 거예요. 이 사건으로 조선어학회는 흩어지고 말았습니다.

국외에서의 항일운동은 1931년에 일어난 만주사변을 계기로 조금 달라졌습니다. 일제의 만주 침략에 분노한 중국인들이 한국과 손을 잡은 거예요. 일제가 만주에 만주국이라는 괴뢰국을 세우면서 일부 독립군들은 활동 지역을 중국 본토로 옮기기도 했습니다.

1920년대에 위기를 겪었던 대한민국 임시정부는 김구가 만든 한인애국단이라는 조직을 통해 살아 있음을 증명했어요. 한인애국단에 몸담은 청년들은 의열 투쟁을 했는데, 대표적인 인물로 이봉창과 윤봉길을 들 수 있습니다.

이봉창은 원래 일본인이 되려고 노력했던 사람입니다. 일본어 공부도 열심히 하고 창씨개명이 시행되기도 전에 일본식 이름이 있을 정도였습니다. 그래서 스스로 일본인과 비슷하다고 생각하며 일본으로 건너갔는데, 그곳에서 차별을 실감합니다. 아무리 일본인처럼 보이려고 해도 어쩔 수 없는 한국인이었던 거예요.

이봉창은 상하이에 있는 대한민국 임시정부에 와서 일본 천황을 죽이겠다는 의지를 표현합니다. "인생의 목적이 쾌락이라면 지난 31년 동안 육신의 쾌락은 대강 맛보았습니다. 이제는 영원한 쾌락을 꿈꾸며 우리 독립 사업에 헌신할 목적으로 상하이로 왔습니다." 그리고 일본 도쿄로 가서 1932년 1월 8일 일본 천황이 탄 마차를 향해 수류탄을 던집니다. 폭탄이 제대로 터지지 않는 바람에 거사에는 실패했지만, 일본인들에게 엄청난 충격을 주었지요.

같은 해 4월 29일, 윤봉길은 상하이 홍커우 공원에 폭탄을 던졌습니다. 거사를 앞두고 윤봉길이 자신의 아들들에게 남긴 편지가 있는데, "강보에 싸인 두 아들에게"라는 말로 시작해요. 그렇게 어린 아들들이 있는 젊은 나이였던 거예요. 윤봉길은 그 편지에 아비가 죽으면 아비의 무덤에 와서 술 한 잔을 따라달라고 씁니다.

윤봉길의 거사는 성공적이었습니다. 일본군 장성 일곱 명이 사상을 입었고, 전 세계의 이목이 집중됐어요. 중국 총통이었던 장개석은 중국의 100만 대군도 하지 못한 일을 한국 용사 한 명이 해냈다며 대한민국 임시정부를 전폭적으로 지지하기 시작했습니다. 이로 인해 임시정부가 다시 활기를 띠게 되었지요.

다만 상하이에서의 활동은 조금 어려워졌습니다. 윤봉길 의사의 의거가 벌어진 곳이 상하이였으니 일제도 예의주시한 것이지요. 상하이는 프랑스의 치외법권이 적용되는 조계지였어요. 그런데 자꾸 의열 투쟁이 벌어지니까 프랑스도 부담스러웠던 거예요. 자칫 일본과의 전면전이 일어날 수도 있으니까요. 결국 대한민국 임시정부도 자리를 옮겨야 했어요.

무려 8년 동안 항저우, 전장, 창사 등의 도시를 거쳐 마침내 1940년 9월에 정착한 곳은 충칭이었습니다. 그곳에서 대한민국 임시정부는 대한민국을 재건하기 위해 많은 노력을 합니다. 정부 여당이라고 할 수 있는 한국독립당을 결성하고, 산하 부대인 한국광복군을 창설해 대일 선전포고를 했어요. 연합군과 관계를 맺으며 영국의 요청으로 인도 미얀마 전선에 투입되기도 했지요. 또한 미국 전략첩보국OSS과 연합해 국내 진공 작전을 계획했습니다. 충칭 시절의 대한민국 임시정부는 김구를 중심으로 일제가 패망하는 순간을 준비하며 대한민국의 미래를 그렸습니다.

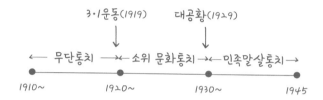

시기별 일제 통치 정책

3·1운동(1919)   대공황(1929)

← 무단통치 → ← 소위 문화통치 → ← 민족말살통치 →

1910~   1920~   1930~   1945

───── 6장 ─────

현대

광복과 분단

---◆---

해방 이후 둘로 나뉜 한반도

8·15 광복과 38선

1939년에 발발한 제2차 세계대전은 1945년 8월 15일 일본이 연합국에 항복하며 끝이 났습니다. 우리 민족은 그토록 바라던 광복을 맞이하게 되었지요. 너무나 기쁜 상황인데, 이 기쁨은 오래가지 못했습니다. 광복과 함께 분단이 찾아왔으니까요. 1945년 8월 15일의 키워드는 '광복', '분단', '점령군'이라 해도 과언이 아닙니다.

일본이 항복하기 이전으로 잠깐 돌아가 보죠. 얄타회담에서 대일전對日戰에 참전하기로 결정한 소련은 만주 지역으로 진격했습니다. 그리고 단번에 압록강을 건너 한반도로 왔어요. 미국은 굉장히 당황했지요. 만주에 있는 관동군이나 일본군들과 싸우다 보면 시간이 많이 걸릴 거라고 생각했는데, 소련이 너무 빨리 밀고 내려온 거예요. 자칫하다가는 소련이 한반도 전역을 점령할지도 모른다고 생각한 미국은 소련에 한반도를 38선을 기준으로 둘로 나누어, 북쪽은 소련이 남쪽은 미국이 점령할 것을 제안했습니다. 해방도 되기 전에 분단이 시작된 것이지요.

앞서 이야기한 대로 대한민국 임시정부 산하에는 한국광복군이 있었어요. 한국광복군은 국내 진공 작전까지 세웠습니다. 그 작전대로 총을 들고 싸워서 한반도에 진주했어야 하는데, 일본이 갑작스럽게 항복 선언을 하는 바람에 그렇게 하지 못했지요. 미처 손을 쓸 틈도 없이 미국과 소련이 들어왔습니다. 우리나라를 해방시키러 들어온 게 아니라, 당시 일본 땅이었던 한반도를 점령하러 온 거예요. 그러니까 이들의 성격은 해방군이 아닌 점령군이 될 수밖에 없었습니다.

미국은 미군정 외에 모든 행정조직을 인정하지 않았습니다. 대한민국 임시정부도 부정했어요. 심지어 김구의 입국조차 막았습니다. 임시정부 주석인 김구와 부주석 김규식은 몇 개월이 지난 뒤에야 개인 자격으로 들어올 수밖에 없었어요. 참 쓸쓸한 일이지요.

대한민국 임시정부는 많은 일을 했어요. 1943년 열렸던 카이로회담에서 미국과 영국, 중국의 대표들이 우리나라의 독립을 약속했던 것도 임시정부의 외교 활동 덕분이었습니다. 독립 약속이 명문화된 나라는 우리나라뿐이었어요. 하지만 갑작스러운 해방 과정에서 일제강점기 동안 독립운동의 중심 역할을 수행한 대한민국 임시정부의 입지는 사라졌습니다. 비극적이게도 한반도의 질서는 우리의 손을 떠나 미국과 소련이라는 강대국의 손으로 넘어가 버렸지요.

모스크바 3국 외상 회의의 여파

1945년 12월에 열린 모스크바 3국 외상 회의로 한반도의 운명이 결정되었습니다. 이 회의의 주요 내용은 다음과 같아요. 첫째는 '한반도에 임시정부를 한 번 더 수립하겠다', 둘째는 '신탁통치 기간을 갖겠다', 마지막으로 '이 문제를 논의하기 위해 미·소 공동위원회를 열겠다'는 것입니다. 한국인이 운영하는 임시정부를 수립하되 자기들이 일정 기간 대신 통치하겠다는 거예요.

국내에는 신탁통치 소식이 먼저 전해졌어요. 그러자 좌우할 것 없이 모든 인사가 반대했지요. 이제껏 일본의 통치를 받았는데 또다시 다른 나라의 통치를 받아야 한다니 누가 좋아하겠습니까.

그런데 임시정부 수립이 가능하다는 얘기까지 전해지자 사회주의 진영이 찬성으로 돌아섰습니다. 모스크바 3국 외상 회의를 총체적으로 지지하겠다는 입장을 밝힌 거예요. 이들은 임시정부가 수립되고 제대로 일만 한다면 신탁통치 기간을 줄일 수 있을 거라고 판단했어요. 민족주의 진영의 입장은 달랐습니다. 신탁통치는 또 하나의 식민 지배이며 있을 수 없는 일이라는 거였죠.

모스크바 3국 외상 회의 결과

광복 (1945) → 모스크바 3국 외상 회의 → 결정 지지: 사회주의(좌) / 결정 반대: 민족주의(우) ⇒ 좌우 대립 심화

좌우 대립이 심화된 이때, 덕수궁 석조전에서 미·소 공동위원회가 열렸습니다. 그런데 임시정부 구성에 참여할 단체에 대해 미국과 소련의 입장이 갈렸어요. 미국에서는 어떤 단체든 들어올 수 있게 해야 한다고 주장한 반면, 소련에서는 모스크바 3국 외상 회의를 지지한 단체만 들어올 수 있어야 한다고 주장했습니다. 서로의 이해관계가 충돌한 거예요. 미국은 우익 인사들이 오길 바라고, 소련은 좌익 인사들만 오길 원한 거니까요. 양측은 결국 합의를 하지 못하고 다시 회의를 열기로 했습니다.

세계 냉전의 출발이 1947년에 발표된 트루먼독트린이라고 하지만, 저는 미·소 공동위원회에서 이미 씨앗이 싹트고 있었던 것이 아닐까 싶습니다. 미국과 소련이 이권을 놓고 부딪치던 이때부터 냉전시대는 이미 시작된 거나 다름없었지요.

최소한의 한국사

정치인 이승만은 미·소 공동위원회를 지켜보면서 미국과 소련이 합의에 이르지 못할 거라는 판단을 내렸습니다. 두 나라가 대립하는 이상, 한반도에서 하나의 정부가 나오기는 어렵겠다고 생각한 거예요. 그래서 1946년 6월 정읍에 간 이승만은 남한만이라도 빨리 정부를 세워 소련을 몰아내자는 내용의 정읍 발언을 합니다. 이 발언으로 많은 사람이 충격을 받았어요. 남한에만 정부가 생긴다면 한반도가 분단될 수도 있다는 얘기거든요. 좌우 대립은 있어도 우리나라가 분단될 거라고는 생각하지 못했는데, 위기의식이 생긴 거지요.

그래서 중도 좌파 여운형과 중도 우파 김규식은 좌우합작운동을 전개했습니다. 무슨 일이 있어도 분단은 막아야 한다는 생각이었어요. 좌우합작운동을 이끈 사람들은 미·소 공동위원회 재개와 친일파 처단, 임시정부 수립을 주장했어요. 하지만 좌익 진영을 이끌었던 박헌영과 우익 진영을 이끌었던 김구, 이승만은 이 운동에 참여하지 않았습니다. 여운형까지 암살을 당하면서 좌우합작운동은 실패로 돌아가고 말았어요.

트루먼독트린이 나오면서 냉전은 격화됐습니다. 2차 미·소 공동위원회가 열렸지만, 미국과 소련의 대립은 이전보다 더 심해져 이번에는 휴회가 아니라 결렬되고 맙니다. 결국 미국은 한반도 문제를 유엔으로 넘겨버렸습니다.

대한민국 정부 수립

유엔은 인구 비례에 따른 총선거를 권고하며 한국에 유엔한국임시위원단을 파견했습니다. 하지만 소련은 받아들이지 않았어요. 북측 인구가 적으니까 인구 비례에 의한 총선거를 하면 남측이 주도한 정부가 세워질 거라 주장했지요. 그래서 유엔한국임시위원단의 입북을 거부합니다. 이 문제는 다시 유엔 소총회로 넘어갔어요. 유엔에서는 선거가 가능한 지역만이라도 총선거를 하라고 권했습니다. 그 결과 1948년 5월 10일에 총선거를 시행하기로 결정되었지요.

5·10총선거에는 분명한 명암이 있습니다. 한반도 최초의 보통선거라는 점은 아주 큰 의의입니다. 5·10총선거는 비밀선거였고, 남녀노소 할 것 없이 누구나 한 표씩 던질 수 있는 평등선거였습니다. 세계사 측면에서도 의미가 있는 것이 인류 역사상 처음 선거가 실시됐을 때는 소수의 귀족에게만 투표권이 있었습니다. 그러다가 자본가 남성, 노동자 남성이 투표를 할 수 있게 됐어요. 여성이 투표권을 행사한 역사는 아주 짧습니다. 프랑스만 해도 1944년이 되어서야 여성의 참정권이 인정되었어요. 기나긴 투쟁으로 거머쥔 투표권입니다. 우리나라는 그런 과정 없이 처음부터 모두가 참여할 수 있는 선거를 치렀습니다.

하지만 5·10총선거는 남한에서만 실시됐습니다. 이 말은 곧 남한만의 정부가 들어선다는 뜻이었어요. 북한에서도 정부를 구성하겠다고 나설 수 있게 된 거지요. 한마디로 남북 분단의 단초가 된 것입니다.

이런 이유로 수많은 사람이 5·10총선거의 실시를 반대했습니다. 김구는 "38선을 베고 쓰러질지언정 단독정부를 세우는 데는 협력하지 아니하겠다"라는 내용의 〈삼천만 동포에 읍고함〉이라는 연설문을 발표했습니다. 이후 남북협상을 제안한 김구는 김규식과 함께 김일성을 만나러 가기도 했어요. 남한의 단독 선거를 어떻게든 막으려고 했지만, 성과를 거두지는 못했습니다.

제주도에서는 제주4·3사건이 벌어졌습니다. 좌익 세력인 남로당과 일부 주민들이 5·10총선거와 단독정부 수립에 반발하며 무장봉기를 일으켰는데, 미군정이 무차별 진압을 한 거예요. 제주도에 투입된 군인과 경찰들은 한라산 중턱에 원을 그리고 그 아래로 내려오지 않는 사람들은 무조건 죽였습니다. 농사를 짓고 말을 키우던 사람들이 하루아침에 삶의 터전을 떠나기는 쉽지 않았어요. 이 과정에서 제주도 민간인 10만 명이 학살됐습니다. 봉기에 참여하지 않은 사람들도 빨갱이로 몰려 죽었지요. 살아남은 사람들은 정해진 구역을 벗어나지 못했고, 서로를 감시하며 살아야 했어요. 말 그대로 역사의 비극입니다.

단독 정부 수립에 대한 여러 반발 속에서도 5·10총선거는 치러졌고, 제헌 국회가 결성됐습니다. 헌법을 만들기 위한 국회라는 의미지요. 이 국회가 제헌 헌법을 만들었어요. 국회가 하는 일이 입법이잖아요. 제헌 헌법에 따라 대통령은 간접선거로 선출했습니다. 초대 대통령으로 뽑힌 사람은 이승만이었어요. 이승만은 1948년 8월 15일 대한민국 정부 수립을 선포했습니다.

대한민국이라는 국호는 3·1운동을 통해 등장했고, 이를 계기로 대한민국 임시정부가 출범했으니 이때 수립된 대한민국 정부는 대한민국 임시정부의 맥을 잇게 되었습니다. 그래서 대한민국 헌법 전문에 3·1운동으로 건립된 대한민국 임시 정부의 법통을 계승한다는 내용이 명시되어 있는 것입니다.

북한 또한 김일성을 수상으로 하는 조선 민주주의 인민 공화국 정부를 수립했습니다. 결국 남북은 미국과 소련의 지휘 아래 각각의 정부를 세운 거예요. 김구가 그토록 바랐던 통일 정부 수립의 꿈은 물거품이 되어버렸습니다. 본격적인 냉전시대가 시작됐고, 냉전의 첫 전장은 슬프게도 한반도가 되고 말았지요.

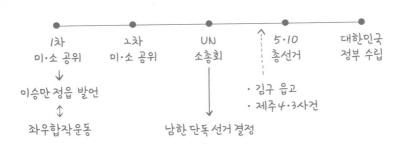

대한민국 정부 수립 과정

6·25 전쟁

남북에 정부가 들어선 지 채 2년이 지나지 않은 1950년 6월 25일, 북한의 기습적인 남침으로 전쟁이 벌어졌습니다. 동족상잔의 비극이 시작된 것입니다. 전쟁 준비가 되어 있지 않았던 남한은 속수무책으로 당했습니다. 북한은 소련제 탱크를 앞세워 거침없이 진군했어요. 단 3일 만에 서울을 점령하고 낙동강까지 밀고 내려왔지요. 당황한 대한민국 정부는 부산을 임시 수도로 정하고 미국에 도움을 요청했습니다.

16개국이 참여한 유엔군이 남한에 파견되었고, 미국의 맥아더 장군이 인천상륙작전으로 전세를 뒤집었습니다. 북한군은 남쪽에 고립되었고, 유엔군과 한국군은 38도선을 넘어 압록강까지 올라갔지요. 통일을 눈앞에 둔 상황에서 북한의 요청을 받은 중국이 개입했습니다.

이때가 한겨울이었어요. 게다가 국경 지역이니 얼마나 추웠겠어요. 중국군과 싸우는 것보다 추위와 싸우는 게 더 어렵다고 할 정도였지요. 인해전술을 앞세운 중국군은 압록강을 건너와 빠르게 남하했어요. 유엔군과 한국군은 다시 서울을 빼앗기고 후퇴하게 되었습니다. 이날이 1951년 1월 4일이라 1·4후퇴라고 해요. 이후 지루한 공방전이 이어졌습니다. 전쟁이 끝나지 않으니 일본에 투하했던 원자폭탄을 써야 한다는 말까지 나올 정도였습니다. 하지만 미국과 소련이 붙으면 제3차 세계대전이 일어날 수 있다는 우려 속에서 결국 휴전 협상이 벌어집니다.

1953년 7월 27일 정전 협정이 체결되면서 3년간 이어진 전쟁을 멈추게 되었습니다. 하지만 끝난 게 아니라 말 그대로 멈추었을 뿐이지요. 정전은 지금까지 이어지고 있습니다.

전쟁은 참혹한 상처를 남겼어요. 같은 민족끼리 싸웠기 때문에 그 상처는 더욱 컸습니다. 군인뿐 아니라 수많은 민간인이 목숨을 잃었고, 그 과정에서 10만 명이 넘는 전쟁고아가 생겼으며 이산가족은 1000만 명에 달했습니다.

광복과 함께 강대국에 의해 분단된 한반도가 전쟁이라는 비극을 맞이하면서 현대사의 일부가 막을 내리게 되었습니다. 어찌 보면 우리의 현대사는 한반도의 분단으로 인해 아직까지 제대로 쓰이지 않은 것인지도 모릅니다.

1950년대 정치사

제1공화국 이승만 정부의 수립

이승만 정부의 과제

1948년에 수립된 제1공화국 이승만 정부가 가장 먼저 해야 할 일은 두 가지였습니다. 첫 번째는 정의를 세우는 것이었어요. 친일파를 비롯한 민족 반역자들을 벌하는 거였지요. 역사의 심판이 얼마나 두려운 것인지 모두에게 알릴 수 있는 기회였습니다. 당장의 호의호식을 위해 침략자들에게 협력해서는 안 된다는 사실을 알아야 나중에 비슷한 일이 생겼을 때 그런 행동을 하지 않게 될 테니까요.

역사를 바로 세우는 일은 많은 사람에게 올바른 상상력을 심어주는 것과 마찬가지입니다. 상상력이 부족하면 자꾸 실수를 하게 되거든요. 내가 이런 선택을 해도 될까? 이런 행동을 하는 게 맞을까? 이런 생각을 할 때 어떤 일이 벌어질지 상상할 수 있는 근거가 바로 역사입니다. 그래서 정의가 필요합니다. 일제에 빌붙은 사람은 결국 패가망신한다는 결과가 있어야 하는 거예요.

그런데 이승만 정부의 구성원들은 일제강점기에 일제에 빌붙어 행정 능력을 키웠던 사람들입니다. 이들은 남북의 대치 상황 속에서 '반공'만을 외쳤어요. 대한민국에 자유민주주의 국가를 세우는 것을 우선으로 했습니다. 과거의 잘못보다도 현재의 문제가 중요하다고 판단한 거예요. 반민족행위처벌법이 제정되고 반민족행위특별조사위원회가 구성됐지만, 정부는 협조하지 않았습니다. 오히려 방해를 했지요. 친일 부호 박흥식, 황국 신민을 찬양한 이광수를 비롯해 많은 사람이 검거되었지만, 대부분 풀려나고 말았어요. 반민특위의 노력은 좌절됐고, 반민족행위처벌법마저 폐지되고 말았습니다.

친일 행위를 했던 사람들에 대한 처벌은 결국 이루어지지 않았습니다. 그들은 계속해서 기득권 세력으로 남았어요. 그러니까 사람들이 건강한 상상력을 갖게 될 리가 없지요. 나라를 팔아먹은 사람들은 떵떵거리며 사는 반면, 나라를 위해 싸운 사람들은 힘들게 살고 있잖아요. 그 사실을 너무나도 잘 알고 있는데, 누가 올바른 선택을 하기 위해 노력할까요. 이런 전례가 만들어졌다는 사실이 참 안타깝습니다.

이승만 정부의 두 번째 과제는 농지개혁이었습니다. 농민들

최소한의 한국사

의 꿈은 자기 땅을 갖는 거예요. 일제강점기에는 그렇게 할 수 없었습니다. 그런데 광복이 되었으니 농민들 입장에서는 땅을 갖고자 하는 열망이 커졌을 겁니다. 이 부분은 정부에서도 나름대로 노력을 했어요. 자유민주주의 국가이니 북한처럼 무상몰수와 무상분배를 할 수는 없었고, 유상매입과 유상분배를 했습니다. 정부가 돈을 주고 땅을 사들인 다음, 농민들에게 다시 돈을 받고 판 거예요. 이 같은 방식으로 농지 개혁에는 어느 정도 성과를 내기도 했습니다.

발췌 개헌과 사사오입 개헌

1948년 제헌 국회가 제정한 제헌 헌법은 대통령을 간선제로 뽑도록 규정했어요. 임기는 4년이고, 한 차례 중임이 가능했지요. 이승만도 국회에서 선출한 대통령이었습니다. 그런데 5·10 총선거에 이은 두 번째 국회의원 선거 결과, 이승만을 지지하지 않는 사람들이 대거 당선됐어요. 쉽게 말해 이승만은 중임이 어려워진 상황이었습니다.

1952년 이승만 정부는 국회의원들을 협박해 대통령 간선제를 직선제로 바꿨습니다. 국민들이 직접 투표해서 대통령을 뽑게끔 한 것입니다. 6·25전쟁이 계속되는 상황이니 직선제가 유리할 거라고 생각한 거예요. 예상대로 이승만은 다시 대통령에 당선됐습니다. 문제는 그다음입니다. 이승만 정부는 정권 유지를 위해 또다시 헌법을 고치려 했어요. '초대 대통령에 한해서는 중임 제한 규정을 없앤다'는 내용을 넣기 위해서였습니다.

1954년 헌법 개정안은 국회 표결에 부쳐졌습니다. 재적의원 203명 중 3분의 2인 135.333…명이 찬성해야 가결이 되는 상황이었어요. 투표에는 202명의 국회의원이 참여했고, 찬성표를 던진 사람은 135명이었습니다. 부결이 된 거지요. 그런데 집권당인 자유당은 여기에 수긍하지 않았습니다. 수학에 등장하는 사사오입, 즉 반올림을 들먹이면서 135.333…은 135와 같다는 거예요. 이런 억지 논리로 결국 개헌을 실시해버립니다. 그래서 이 사건을 사사오입 개헌이라고 해요. 이 결과 이승만은 1956년 3선에 성공합니다.

이승만 정부의 개헌

제헌 헌법 ――――→ 1차 개헌 ――――→ 2차 개헌
　　　　　　　　　 (발췌 개헌)　　　　　 (사사오입 개헌)
　　↓　　　　　　　　　↓　　　　　　　　　↓
· 대통령 간선　　　 · 대통령 직선　　　 · 초대 대통령
· 중임 1회　　　　　　　　　　　　　　 중임 제한 X

헌법은 약속이고, 누구나 그 약속을 지켜야 합니다. 민주주의 사회는 그 약속에 의해 움직입니다. 그런데 이승만 정부는 자

꾸 약속을 어겼습니다. 왜곡된 민주주의라고 할 수 있지요. 분명한 잘못이지만, 한편으로는 우리에게 연습이 너무 부족했던 것도 사실입니다. 서구의 민주주의는 몇백 년에 걸쳐 무수한 피를 보면서 만들어졌는데, 우리나라에는 단번에 들어온 거잖아요. 그러니까 아무래도 좌충우돌하게 되지요. 결국 우리나라의 민주주의는 이 땅의 시민들에 의해 계속 발전하게 됩니다.

3·15부정선거와 4·19혁명

1960년 3월 15일 제4대 대통령 선거가 열렸어요. 이승만 정부는 이 선거에서 대대적인 부정행위를 저질렀습니다. 당시 이승만 대통령은 나이가 너무 많았어요. 대한제국 시절 독립협회에서 활동했던 인물이잖아요. 만일 건강에 문제가 생긴다면 부통령이 대통령 직을 잇게 되어 있었습니다. 그런데 여당의 부통령 후보인 이기붕은 인기가 별로 없었어요. 야당 후보인 장면의 당선이 유력한 상황이었습니다. 만일 장면이 부통령으로 선출되고 대통령이 건강상의 문제로 물러나게 되면 정권이 넘어가게 되겠지요. 자유당은 그 사태를 막기 위해 부정 선거를 치른 것입니다.

이승만 정부는 투표함을 바꿔치기 하거나 사람들에게 돈을 주고 찍을 번호를 알려주는 등 갖가지 방법을 동원했습니다. 예를 들어 한 마을에 유권자 수가 100명인데 이기붕을 찍은 표가

150표 가까이 나오는 식이었지요.

이 사실을 알게 된 학생들은 광장에 나와 민주주의를 외치기 시작했습니다. 그 시절 엘리트는 두 그룹으로 나눌 수 있어요. 한 그룹은 미군 아래에서 교육을 받은 군인들이었고, 또 한 그룹은 근대적 교육을 받은 학생들이었습니다. 학생들은 부정선거와 독재에 항의하며 시위를 펼쳤습니다. 경찰은 이들에게 총을 쏘았어요. 그런데 시위에 참여했던 김주열이라는 학생이 실종됐습니다. 고등학교 합격 여부를 확인하러 마산에 갔던 김주열은 며칠 뒤 마산 앞바다에 떠올랐습니다. 눈에 최루탄이 박힌 처참한 모습이었어요.

김주열의 사진이 신문에 실리면서 수많은 사람이 분노했습니다. 학생들의 대대적인 시위에 시민들이 참여했고, 교수들은 시국 선언문을 발표하며 동참했어요. 4·19혁명이 일어난 것입니다. 이 일로 이승만은 결국 하야하게 되었습니다.

4·19혁명의 전개

3·15부정선거 → 4·19혁명 ⇒ 이승만 하야

제2공화국 장면 정부와 5·16군사정변

이승만 정부가 무너지면서 제2공화국인 장면 정부가 들어섰습니다. 장면 정부는 우리나라 역사상 최초이자 마지막으로 의원 내각제를 시행했어요. 이승만이 하야한 직후 과도기를 수습하기 위해 들어섰던 과도 내각이 3차 개헌을 했거든요. 대통령제는 독재 위험이 있다는 이유로 내각책임제로 바꾼 거지요.

내각책임제에서는 국무총리가 실질적인 통치를 합니다. 일본이나 영국처럼 대통령이 아닌 집권 여당이 모든 행정을 담당하는 거예요. 국회에서 윤보선이 대통령으로 선출되기는 했지만, 실권은 없었습니다.

민주당이 여당이 되고 장면이 총리가 되면서 그동안 이승만 정부 아래에서 억눌려 있던 목소리들이 한꺼번에 터져 나왔습니다. 장면 정부는 혁명으로 들어선 만큼 민주화 요구가 많았어요. 반공 체제에서는 있을 수 없었던 통일 운동이 일어나고, 그간 일어났던 미심쩍은 사건들에 대한 진상 조사 요구가 끊이지 않았습니다.

장면 정부는 이런 일들에 제대로 대응하지 못했어요. 나라 안은 항상 시끌시끌했습니다. 사실 민주주의라는 게 원래 그래요. 문제가 있으면 조용히 덮는 게 아니라 까발리고, 논의하고, 해결해 나가야 하거든요. 하지만 이걸 위기라고 인식하는 사람들이 있었어요. 혁명을 일으킨 학생들이 아닌 또 다른 엘리트 계층, 즉 군인들이 일어선 거예요.

군인들은 남북한이 대치하는 상황 속에서 혼란이 생기면 나라가 위험해질 수 있다고 판단했습니다. 그래서 박정희를 중심으로 군사정변을 일으켰어요. 1961년 5월 16일에 일어난 일이라 5·16군사정변이라고 하지요. 제2공화국은 이렇게 무너졌습니다. 군사 정변을 일으킨 세력들은 군사혁명위원회라는 걸 만들었어요. 초법적기구인 군사혁명위원회는 내각책임제를 다시 대통령제로 바꾸었습니다. 5차 개헌과 함께 박정희 정부가 출범하게 되었지요.

1960~1970년대 정치사

◆

18년간 지속된 박정희 정부

경제 발전을 목표로 한 제3공화국

박정희는 군복을 벗고 대통령 선거에 나왔습니다. 박정희가 대통령이 되면서 제3공화국이 시작되었어요. 박정희 정부는 크게 1960년대와 1970년대로 나누어 봐야 합니다. 18년간 정권을 이어갔는데, 시기에 따라 그 성격이 다르거든요.

이승만 정부가 그랬듯 1960년대의 박정희 정부에게도 주어진 과제가 있었습니다. 첫 번째는 경제 발전입니다. 당시 우리나라는 너무나 가난했기 때문에 가난에서 벗어나는 것이 박정희 정부가 해결해야 할 가장 크고 우선적인 과제였어요. 경제를 발전시키려면 돈이 필요했습니다. 국내에 돈이 없으니 해외에서 빌려야 하는데, 찢어지게 가난한 우리에게 돈을 빌려주겠다는 곳은 없었지요. 박정희 정부가 선택한 방법은 일본과의 수교였어요. 양국의 국교를 정상화하고 식민지 통치에 대한 배상금을 받기로 한 겁니다. 그러나 일본의 공개적인 사죄도 없이 덜컥 수교를 맺는다니 말도 안 되는 일이었습니다.

일제강점기에 우리 민족이 얼마나 큰 고통을 받았습니까. 박정희 정부의 선택은 나름의 해법이었겠으나 민족적 감정이 이걸 용서할 수 없는 거지요. 그래서 학생들은 1964년에 6·3시위를 일으켜 굴욕적인 한·일 회담을 반대했습니다. 그러나 정부는 회담을 강행합니다. 결국 1965년 한·일 협정이 체결되면서 양국은 수교를 맺게 되었어요. 일본은 식민지 지배에 대한 배상금이 아니라 독립 축하금 명목으로 돈을 건넸고, 이로 인해 학생들의 분노는 더욱 커졌습니다.

경제 발전을 추진하기 위해서는 더욱 많은 돈이 필요했습니다. 당시 미국은 베트남과 전쟁 중이었는데, 박정희 정부는 베트남에 파병을 했어요. 대신 미국으로부터 경제적인 지원을 받았습니다. 1960년대에는 돈이 너무 없으니까 이런 식으로 초기 자금을 확보한 거예요.

박정희 정부는 새마을운동을 펼치고 경제 개발 5개년 계획을 시행했습니다. 1960년대에 토대를 마련해 1977년에는 수출 100억 달러를 달성하며 한강의 기적이라 불리는 눈부신 경제성장을 이루었지요. 자본이 없는 나라니까 1960년대에는 신발이나 옷을 만드는 경공업 위주로 시작했어요. 그렇게 돈을 모은 다음 1970년대에는 중화학공업으로 뻗어나갔습니다. 지금의 포스코인 포항종합제철을 예로 들 수 있어요. 1970년에는 서울과 부산을 잇는 경부고속도로가 놓였습니다. 한반도 내에 물류가 돌아갈 수 있는 동맥을 만든 거지요.

화려한 성장의 이면에는 저임금에 시달렸던 노동자들의 희생이 있었습니다. 1970년에는 전태일 분신 사건이 발생합니다. 근로기준법 준수를 주장하며 자신의 몸에 불을 붙인 전태일이 요구한 것은 대단한 게 아니었습니다. 하루에 10~12시간만 일하게 해달라는 것, 일주일에 한 번만 쉬게 해달라는 것이었어요. 지금 보면 말도 안 될 정도로 소박한 요구예요. 그조차도 당시에는 불가능했던 것입니다. 우리가 급속한 경제성장을 이룩한 데는 쉬는 날도 없이 온종일 일했던 노동자들의 희생이 있었습니다.

10월 유신으로 들어선 제4공화국

대한민국 경제가 고속 성장을 이루는 동안 박정희는 두 번이나 대통령에 당선됐습니다. 이제 물러날 때가 온 것입니다. 하지만 박정희 정부 역시 약속을 지키지 않아요. 개헌을 통해 장기 집권을 추구하지요. 지금까지 이룩한 경제 발전을 본인이 직접 완성하겠다는 거예요.

대통령을 한 번 더 하려면 어떻게 해야 할까요? 또 헌법을 바꿔야 합니다. 그래서 세 번까지 대통령을 할 수 있도록 6차 개헌을 하고 박정희가 다시 대통령이 되었어요. 그런데 세 번째 임기가 끝나갈 무렵에는 아예 대통령 선거를 하지 않으려 합니다. 그냥 죽을 때까지 하겠다는 뜻이었지요. 이때 바꾼 헌법이 유신헌법입니다.

당시 박정희 정부의 중요한 정권 유지 수단은 '반공'이었습니다. 우리나라는 휴전 상태니 북한에 맞서자는 것이 주요 골자였지요. 그런데 세계의 냉전을 해소하는 닉슨 독트린이 발표됩니다. 그러니 반공을 외치던 박정희 정부는 난감해졌지요.

그래서 박정희 정부는 우선 7·4 남북공동성명을 발표했습니다. 자주, 평화, 민족 대단결이라는 통일 3대 원칙을 내세우면서 남한과 북한이 통일을 이룩하자고 합의를 본 것입니다. 어제의 적이 오늘의 동포라고 하니 사람들은 혼란스러웠겠지요. 이 틈을 타 박정희 정부는 자칫하다가는 북한에 흡수통일 되거나 적화통일이 될 수 있으니 남한은 강력한 대통령제 속에서 똘똘 뭉쳐야 한다고 주장합니다. 그러면서 1972년 10월 유신 체제가 선포됩니다. 그리고 7차 개헌으로 유신헌법이 제정되었지요.

유신헌법으로 인해 대통령에게는 무소불위의 권력이 생겼습니다. 국회를 해산시키거나 헌법을 정지시키는 권한까지 있었어요. 3권 분립은 의미가 없어진 겁니다. 평화 통일을 추진한다

최소한의 한국사

는 명분으로 만든 통일주체국민회의에서 대통령을 뽑도록 했는데, 이들은 그냥 대통령 지지자들이었어요. 이런 사람들이 체육관에 모여 대통령을 뽑으니 정말 죽을 때까지 박정희가 대통령을 할 수 있게 된 거지요. 게다가 대통령에게는 긴급조치권이라는 게 있어서 반발하는 사람은 얼마든지 잡아 가둘 수도 있었습니다. 제1공화국이었던 이승만 정부는 대통령이 선거에 출마할 수 있는 자격만 부여했다면, 유신헌법은 선거조차 할 필요가 없게끔 만들어놓은 거예요. 이 유신 체제를 제4공화국이라고 부릅니다.

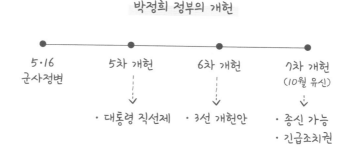

박정희 정부의 개헌

5·16
군사정변

5차 개헌
↓
· 대통령 직선제

6차 개헌
↓
· 3선 개헌안

7차 개헌
(10월 유신)
↓
· 종신 가능
· 긴급조치권

독재 정권에 대한 저항

이렇게 말도 안 되는 상황이 되니까 국민들은 당연히 저항했습니다. 1979년에는 부산과 마산에서 부마민주항쟁이 일어났어요. 학생들이 유신 체제를 그만두고 민주주의를 실시하라고 요구한 것입니다. 항쟁이 확산되는 과정에서 참모들은 진압 방식을 논의했습니다. 어떤 사람은 밀어버려야 한다고 주장하고, 어떤 사람은 달래야 한다고 주장하며 대립이 심해졌지요. 결국 중앙정보부장 김재규가 박정희에게 총을 쏜 10·26사태로 박정희가 사망하면서 유신 체제는 끝이 났습니다.

독재의 긴 터널을 지나온 사람들은 민주주의가 꽃피길 기대했어요. 서울의 봄이 찾아왔고, 민주주의를 향한 열망은 커져만 갔지요. 하지만 봄은 너무나 빨리 지나가 버렸습니다.

박정희가 5·16군사정변을 일으켰을 때 군복을 벗으면서 했던 말이 있어요. "나와 같은 불운한 군인이 없도록 합시다!" 정치를 위해 군을 떠나는 본인의 처지를 뜻하는 말이었죠. 그런데 길이 없었던 바다 위에 배가 한번 지나가면 또 다른 배가 그 길을 따라가게 되어 있거든요. 똑같은 일을 벌이는 사람이 나타나는 거예요. 박정희의 말은 그저 자신의 희망사항일 뿐이었습니다.

1980년대 정치사

◆

신군부의 등장과 민주화 투쟁

민주화운동의 토대가 된 5·18민주화운동

전두환과 노태우를 중심으로 한 신군부 세력은 어수선한 정국을 정리하겠다는 명목으로 1979년에 12·12사태를 일으켰습니다. 박정희 정부가 무너지고 국무총리였던 최규하가 대통령이 되었지만, 실권은 전두환에게 있었어요.

학생들은 다시 거리로 나와 신군부 퇴진을 외쳤습니다. 그러자 신군부는 1980년 5월 17일 전국으로 계엄령을 확대했습니다. 행정권과 사법권까지 군이 맡은 거예요. 무장한 군인들이 가로막으니 시위는 점점 잦아들 수밖에 없었습니다. 5·18민주화운동이 광주에서 벌어졌기 때문에 광주에서만 시위가 일어났다고 생각하는 사람이 많지만, 사실 시위는 전국에서 벌어지고 있었어요.

다만 다른 곳과 달리 광주에서는 시위가 멈추지 않았던 거지요. 이는 곧 부산이 광주가 될 수도 있었고, 서울이 광주가 될 수도 있었다는 뜻입니다. 우리가 광주에 빚이 있다는 이야기지요. 결국 시위를 멈추지 않은 광주는 신군부의 타깃이 되었습니다.

계엄령에도 불구하고 5월 18일 광주에서는 학생들과 시민들이 계엄령 해지와 유신헌법 철폐를 요구하며 시위를 벌였습니다. 계엄군은 시위대뿐 아니라 거리를 지나는 사람들까지 닥치는 대로 때리고 잡아들였어요. 총까지 쏘았습니다. 계엄군의 무자비한 폭력에 수많은 사람이 다치거나 목숨을 잃었어요. 분노한 광주 시민들은 시민군을 조직해 전남도청을 점거했지요. 하지만 5월 27일 탱크까지 끌고 온 계엄군에 의해 전남도청은 진압되고 말았습니다.

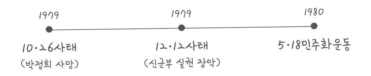

전날까지 시민군을 이끌며 대변인 역할을 했던 윤상원이라는 인물이 있습니다. 그가 계엄군이 들어온다는 이야기를 듣고 사람들에게 한 말이 있어요. "오늘 우리는 패배할 것입니다. 그러나 내일의 역사는 우리들을 승리자로 기억할 것입니다." 그의 말

최소한의 한국사

처럼 5·18민주화운동은 결코 실패하지 않았습니다. 훗날 세상에 알려지며 수많은 사람을 분노하게 했고, 민주화를 향한 국민들의 열망을 더욱 뜨겁게 달구었으니까요.

광주를 짓밟은 신군부는 국가보위비상대책위원회라는 걸 만들었어요. 국보위라고 하지요. 5·16군사정변이 일어났을 때 박정희를 중심으로 한 군사혁명위원회와 같이 무소불위의 권력을 휘두르는 조직이 또 만들어진 거예요.

국보위 위원장이었던 전두환은 사회 기강을 잡겠다며 삼청교육을 실시했습니다. 수많은 사람이 삼청교육대에 끌려갔어요. 단속반의 질문에 대답을 제대로 못했다거나 정부를 비판하는 말 한마디를 했다가 끌려가서 가혹행위를 당한 사람들이 수두룩했습니다. 엄청난 인권 탄압이었어요. 헌법도 바뀌서 다시 대통령 간선제를 실시했습니다. 박정희 정부 후반기와 마찬가지로 대통령 선거인단이 체육관에서 대통령을 뽑았어요. 유신헌법과 크게 다르지 않았습니다. 다만 대통령 임기는 7년 단임으로 바뀌었지요. 그렇게 제5공화국 전두환 정부가 출범하게 됩니다.

8차 개헌

- 대통령 간선제
- 7년 단임   ⇒ 제5공화국 출범

6월 민주항쟁

전두환 정부는 쿠데타를 일으키고 5·18민주화운동을 진압하면서 들어섰기 때문에 정통성이 취약했어요. 유신 체제와 달리 통행금지를 해제하고 해외여행을 자유화하는 등 유화정책을 실시했지만, 매년 봄만 되면 정통성이 흔들렸지요. 5월만 되면 시민들이 5·18민주화운동의 정신을 이어받겠다면서 시위를 벌였거든요.

이러한 상황에서 1987년 1월에 큰 사건이 발생했습니다. 바로 박종철 고문치사 사건입니다. 시위에 참여했던 박종철이라는 학생이 경찰 고문 과정에서 죽은 것입니다. 그런데 경찰은 거짓말을 늘어놓죠. 탁자를 "탁, 하고 쳤더니 억, 하고 죽었다"라는 유명한 말이 여기서 나온 거예요.

경찰의 말도 안 되는 거짓말에 학생들과 시민들은 또다시 들고일어났습니다. 이들이 요구한 것은 대통령 직선제였어요. 하지만 전두환 정부는 1987년 4월 13일 4·13호헌조치를 발표했습니다. 헌법을 수호하겠다는 거예요. 자기들이 만든 7년 단임 대통령 간선제를 그대로 실시하겠다는 뜻이었어요. 불에 기름을 부은 격이었지요.

4월에 발표된 호헌조치는 6월 민주항쟁의 도화선이 되었습니다. 그 어느 때보다 많은 학생과 시민이 거리로 쏟아져 나와 호헌 철폐와 독재 타도를 외쳤어요. 그 과정에서 연세대학교에 재학 중이던 이한열 학생이 최루탄에 맞아 사망했습니다. 국민들의 분노는 극에 달했습니다. 30대 직장인들까지 시위에 참여했어요. 국기하강식이 있는 오후 6시가 되면 거리의 버스와 택시들도 시위에 함께한다는 의미로 경적을 울렸습니다.

당시 시위의 본거지가 명동성당이었어요. 경찰이 진압을 시도하면 시민들이 몰려와 주동자를 보호했습니다. 최루탄이 터지면 눈물을 닦으라고 두루마리 휴지를 던져 날려주고, 랩이나 비닐을 잘라서 눈에 붙이라고 도와주는 사람도 있었어요. 최루탄 연기가 눈에 들어가지 말라고 눈 밑에 치약을 발라주기도 하고요.

전두환 정부는 공권력을 투입해 명동성당에 있는 시위대를 해산시키려 했습니다. 그러자 지금은 고인이 된 김수환 추기경이 이렇게 답했다고 합니다. "경찰이 성당에 들어오면 제일 먼저 나를 만나게 될 것입니다. 그다음 시한부 농성 중인 신부들을 보게 될 것입니다. 또 그 신부들 뒤에는 수녀들이 있습니다. 당신들이 연행하려는 학생들은 수녀들 뒤에 있습니다. 학생들을 체포하려거든 나를 밟고, 그다음 신부들과 수녀들을 밟고 지나가십시오."

학생들, 넥타이 부대를 비롯한 시민들, 그리고 종교 지도자들까지 힘을 합친 이런 모습이야말로 6월 민주항쟁을 상징하는 것 같아요. 결국 집권당 총재였던 노태우는 6월 29일 대통령 직선제를 받아들이겠다고 발표합니다. 6·29민주화선언은 항복 선언이었어요. 6월 민주항쟁이 승리를 거둔 것입니다. 5·18민주화운동은 6월 민주항쟁으로 비로소 완성되었다고 할 수 있어요.

9차 개헌 과정

박종철 → 4·13 → 호헌 철폐, → 6월 → 6·29
고문치사 사건　호헌 조치　독재타도 요구　민주항쟁　민주화선언

9차 개헌
· 대통령 직선제
· 5년 단임

제6공화국 노태우 정부와 남북회담

여·야의 합의 아래 9차 개헌이 이루어졌습니다. 평화적으로 결정된 임기 5년의 대통령 직선제는 지금까지 이어져 오고 있어요. 1987년 6월 항쟁의 영향이 계속되고 있는 셈입니다. 9차 개헌 이후 13대 대통령 선거가 실시됐습니다. 민주주의를 열망하는 분위기 속에서 치러진 만큼 야당에게 무척 유리한 선거였지요. 하지만 야당은 이른바 삼김이라 불리는 김영삼, 김대중, 김종필 사이의 후보 단일화에 실패했어요. 결국 선거는 여당 후보인 노태우와 야당 후보인 김영삼, 김대중의 3자 대결이 되었고, 개표 결과 노태우가 대통령에 당선되었습니다.

다음 해인 1988년 서울에서 세계인의 축제인 올림픽이 열렸어요. 올림픽은 발전한 대한민국의 모습을 전 세계에 알리는 기

회이기도 했지만, 분단국인 우리나라가 동서 화합의 장이 되었다는 점에서도 큰 의의가 있습니다.

당시 세계에서는 냉전이 거의 해체되고 있었어요. 노태우 정부도 이런 흐름에 발맞춰 북방 외교를 표방했습니다. 소련, 중국과 같은 사회주의 국가들과 수교를 하고 북한과의 관계 개선을 시도했지요. 남북이 유엔에 동시 가입하기도 했어요.

1990년에는 남북 고위급 회담이 열렸습니다. 박정희 정부 때 있었던 7·4남북공동성명은 비공식 만남이었거든요. 안기부장이 북한에 넘어가서 김일성을 만나 통일 3대 원칙에 합의한 거예요. 반면 노태우 정부는 공식적으로 회담을 진행했습니다. 그 결과 1991년에 남북 기본합의서가 채택됐습니다.

남북 기본합의서의 내용은 남북 관계를 규정짓는 거예요. 남한과 북한은 일반적인 국가 관계라고 할 수 없잖아요. 그래서 남북 간의 물자 교류는 민족 내부의 교류로 보았고, 서로의 체제를 인정하고 상호 불가침을 약속하는 내용을 담았어요. 이로써 남과 북이 앞으로 하나가 될 것을 염두에 둔 잠정적 특수 관계라는 구체화된 남북 관계가 만들어지게 되었습니다.

1990년대 정치사

◆

민주주의의 발전

문민정부의 등장, 김영삼 정부

노태우 정부 다음으로 1993년 김영삼 정부가 들어섭니다. 이때 대한민국은 선진국 대열에 합류했어요. 박정희 정부에서 만들어낸 한강의 기적을 토대로 경제 발전을 이루면서 드디어 경제협력개발기구OECD에 가입하게 된 거예요. 노태우 정부에서 일부 시행됐던 지방자치제를 전면적으로 실시한 것도 김영삼 정부 시절의 일입니다. 또한 금융실명제가 도입되면서 불법 비자금 같은 부정부패와 부조리 문제가 상당 부분 해소되기도 했지요.

김영삼 정부는 역사를 바로 세우기 위해 노력했습니다. 전두환과 노태우를 법정에 세워 12·12사태를 일으키고 5·18민주화운동을 진압하는 과정에서 일어난 범죄 사실에 대해 책임을 물은 거예요. 검찰 구형으로 전두환에게 사형 언도까지 내렸습니다. 1995년 8월에는 광복 50년을 맞아 조선총독부 건물을 철거하기도 했습니다.

그런데 1990년대 후반에 들어서면서 우리 경제에 빨간불이 켜졌습니다. 환율이 폭등하자 기업들이 흔들리기 시작했고, 외국 투자자들이 투자금을 거두어들이면서 나라가 보유하고 있던 외환이 갑자기 줄어든 거예요. 외환 위기가 닥친 것입니다. 기업은 줄줄이 도산했고, 발전을 거듭했던 경제가 한순간에 무너져 버렸습니다.

1997년 11월 21일, 정부는 국제통화기금인 IMF에 구제금융을 요청했습니다. IMF에서 돈을 빌리고, 대신 IMF가 요구하는 경제체제를 유지해야 했지요. 기업들은 강도 높은 구조 조정에 들어갔어요. 수많은 사람이 일자리를 잃었습니다. 너무나 어려운 상황이었어요. 그만큼 우리 경제의 기초가 부족했던 것입니다.

외환위기 극복과 남북정상회담, 김대중 정부

제15대 대통령 선거에서 야당 후보였던 김대중이 대통령에 당선됐습니다. 김대중 정부 수립이 지니는 의의는 역사상 최초로 선거에 의해 정권 교체가 이루어졌다는 점입니다. 이전까지는 한 번도 그런 적이 없었거든요. IMF 사태를 계기로 야당에게 평화적으로 정권이 넘어간 거예요.

1998년 출범한 김대중 정부의 가장 큰 과제는 외환위기를 극복하는 것이었습니다. 노동자와 기업, 국가의 협력을 위해 노사정위원회가 출범했고, 국민들은 다시 한번 똘똘 뭉쳤습니다. 제2의 국채보상운동이라고 불리는 금 모으기 운동이 전개됐어요. 온 국민의 노력으로 우리나라는 IMF 관리 체제에서 빠르게 벗어날 수 있었습니다.

김대중 정부는 남북 관계 진전에도 힘을 기울였습니다. 남북정상이 최초로 만나 6·15남북공동선언을 진행했지요. 박정희 정부가 7·4남북공동성명으로 남북통일의 토대를 닦았다면 노태우 정부는 남북 기본 합의서로 그 내용을 좀 더 구체화시켰다고 할 수 있어요. 김대중 정부는 이를 이어받아 남북 교류를 시작한 것입니다. 6·15남북공동선언이 가지는 의미는 여기에 있습니다. 이산가족 상봉, 개성공단 설립, 경의선 복원과 같은 실질적인 사업이 추진된 거지요.

보다시피 통일 문제는 민족적 과제이지 좌와 우의 문제가 아닙니다. 보수 정부도, 진보 정부도 모두 통일을 위해 노력했어요. 그래서 조금씩 전진할 수 있었던 것입니다. 우리 세대의 과제라면 분단으로 시작한 한반도의 현대사에서 분단의 역사를 마무리 짓는 것, 그래서 현대사의 진정한 첫 페이지를 열 수 있게 하는 것이 아닐까 하는 생각을 해봅니다.

이로써 기원전 2333년 고조선 건국부터 2000년 6·15남북공동선언까지, 반만년의 우리나라 역사를 살펴보았습니다. 주요 인물과 굵직한 사건만 살펴보았는데도 한 사람이 내린 선택이 역사의 흐름을 어떻게 바꾸어 놓았는지 눈앞에 그려지는 듯하지요. 제가 역사는 사람을 만나는 인문학이라고, 역사 속 인물들을 만날 때마다 한 번의 인생을 어떻게 살아야 하는지 고민하게 된다고 말하는 이유입니다.

현재를 사는 우리 역시 역사에 기록될 것입니다. 우리의 선택이 21세기 대한민국의 역사가 된다고 생각하면 마음가짐이 조금은 달라지지 않나요? 후손들에게 부끄러운 평가를 받지 않기 위해, 추운 하얼빈역에서 이토 히로부미를 기다리던 안중근처럼 선택의 갈림길 앞에서 우리가 지금까지 살펴본 역사의 교훈들을 떠올려 보면 좋겠습니다.

도판 출처

· 본문에 나오는 순서에 따라 실었습니다. 아래는 소장처에서 명시한 이름으로 본문의 이름과 다소 다를 수도 있음을 알립니다.

· 이 책에 수록된 도판의 대부분은 저작권자에게 원본 제공과 이용 허락을 받았습니다. 그러나 일부 출처가 불분명하거나 출처가 잘못 들어간 경우, 사실을 확인하는 대로 통상의 기준에 따라 승인 절차를 밟고 바로 잡도록 하겠습니다.

장군총 ©Wikimedia Commons

무용총 수렵도 ©게티이미지 코리아

강서대묘 사신도 중 현무(모사도) ©국립중앙박물관

연가칠년명 금동불입상 ©국립중앙박물관

백제 칠지도(모조품) ©연합뉴스

무령왕릉 입구, 내부 ©문화재청

무령왕릉 석수, 무령왕비 금제관식 ©국립공주박물관

백제 금동대향로 ©국립부여박물관

천마총 금관 ©국립경주박물관

황룡사지 목탑터, 황룡사 구층목탑 추정 복원도 ©문화재청

경주 첨성대 ©문화재청

고령 지산동고분군, 출토 갑옷과 투구, 은상감당초문환두대도병부 ©문화재청

가야 금동관 ©국립중앙박물관

수레바퀴모양 토기 ©국립중앙박물관

발해 영광탑 ©연합뉴스

불국사, 다보탑, 석가탑 ©문화재청

석굴암 ©문화재청

성덕대왕신종 ©국립경주박물관

최소한의 한국사

청자상감운학문매병 ©간송미술문화재단

합천 해인사 대장경판 ©문화재청

부석사 무량수전 ©연합뉴스

훈민정음 ©간송미술문화재단

혼일강리역대국도지도(모사본) ©규장각한국학연구원

원각사지 십층석탑 ©문화재청

인왕제색도 ©국립중앙박물관

단원풍속도첩 중 서당, 씨름 ©국립중앙박물관

대동여지도 ©국립중앙박물관

대동여지도 ©규장각한국학연구원

5천 년 역사가 단숨에 이해되는

최소한의 한국사

초판 1쇄 발행	2023년 6월 21일
초판 43쇄 발행	2025년 1월 7일

지은이	최태성
연구·검수	곽승연, 이상선, 김혜진, 권혜성(모두의 별★별 한국사)

펴낸이	임경진, 권영선
구성	서주희
교정교열	김정현
디자인	studio weme
제작	357제작소

펴낸곳	㈜프런트페이지
출판등록	2022년 2월 3일 제2022-000020호
주소	경기도 파주시 회동길 37-20, 204호
전화	070-8666-6033(편집), 031-942-0203(영업)
팩스	070-7966-3022
메일	book@frontpage.co.kr
인스타그램	instagram.com/frontpage_books
네이버 포스트	https://post.naver.com/frontpage_book

ⓒ 최태성, 2023

ISBN 979-11-982434-3-0(03910)